**부자는 돈이
일하게 한다**

부자는 돈이 일하게 한다

1판 1쇄 인쇄 2017년 8월 7일
1판 4쇄 발행 2018년 2월 20일
개정증보판 1쇄 발행 2022년 8월 10일

지은이 강용수
펴낸이 이기준
펴낸곳 리더북스
출판등록 2004년 10월 15일(제2004-000132호)
주소 경기도 고양시 덕양구 지도로 84, 301호(토당동, 영빌딩)
전화 031)971-2691
팩스 031)971-2692
이메일 leaderbooks@hanmail.net

ⓒ 강용수, 2022(저작권자와 맺은 특약에 따라 검인을 생략합니다)
ISBN 979-11-90616-71-3 03320

• 잘못된 책은 서점에서 바꿔드립니다.
• 책값은 뒤표지에 있습니다.

리더북스는 독자 여러분의 책에 관한 아이디어와 원고 투고를 설레는 마음으로 기다리고 있습니다.
책으로 엮기를 원하는 아이디어가 있으신 분은 이메일 leaderbooks@hanmail.net로 간단한 개요
와 취지, 연락처 등을 보내주세요.

부자는 돈이 일하게 한다

강용수 지음

개정증보판

중소기업 다니던 용수는 수익형 투자로 어떻게 마흔에 은퇴했을까?

리더북스

돈이 나를 위해
일하는 시스템을 만들어라

내 인생의 전반전은 암울했다. 나는 집안 형편이 어려워서 일찌감치 대학 진학을 포기하고 공업계 고등학교에 다녔다. 그리고 고3 때 열아홉 살의 나이로 사회생활을 시작했다. 직장에 다니면서 간절하게 공부가 하고 싶었는데 다행히 직장 상사의 도움으로 야간대학에 다닐 수 있었다. 낮에는 회사에서 열심히 일하고 밤에는 피곤한 몸으로 공부를 하다 보니 절대적으로 잠이 부족했다. 그때마다 나는 하루빨리 가난에서 탈출하여 부자로 살겠노라고 다짐했다.

그러나 나에게 부자가 되는 방법을 가르쳐주는 사람은 아무도 없었다. 지쳐서 포기하려던 순간에 우연히 들른 서점에서 재테크 관련 서적들이 눈에 들어왔다. 그 당시에는 재테크 열풍 속에서 《부자 아빠 가난한 아빠》, 《시골의사의 부자경제학》, 《부자 가족으로 가는 미래

설계》,《한국의 부자들》같은 책들이 베스트셀러가 되던 때였다. 수십 권의 책을 사서 밤새 줄을 치며 읽고 또 읽었다. 그러면서 성공한 사람들의 생각과 가르침을 몸소 실천에 옮겼다.

종잣돈을 마련하기 위해 한 푼 두 푼 아끼고 절약하던 시절을 회상하면 너무나 고통스럽고 힘든 순간들이 많았다. 하지만 이런 노력이 있었기에 마흔 살에 직장에서 은퇴하고 지금은 사업가이자 128억 자산가로 살고 있다. 앞으로 자산소득의 일부를 사회에 환원하기 위해 사회재단 설립을 추진하고 있다.

사업을 하면서 나처럼 가정 형편이 어렵고 배움이 부족하고 노력한 만큼 빠르게 결과가 나오지 않아서 낙심하는 사람들을 보게 되었다. 또한 이 시대를 힘겹게 살아가는 직장인, 자영업자들도 많이 만났다. 사람들은 내가 128억 자산가라는 소리를 어디서 들었는지 "나는 왜 재테크를 해도 돈이 모이지 않을까요?"라고 질문했다. 심지어 "어느 상황에서건 가장 쉽고 빠르게 부자가 될 수 있는 노하우를 알려주십시오."라고 막무가내로 요청하는 사람들도 있었다. 얼마나 잘살기를 바라는 마음이 간절했으면 이렇게 하겠는가.

나는 그런 사람들에게 눈이 휘둥그레질 만한 대단한 재테크 기술을 알려 줄 수가 없었다. 솔직하게 말하면 나는 쉽고 빠르게 돈을 벌 수 있는 방법을 알고 있어도 가르쳐줄 수가 없었다. 쉽고 빠르게 돈을 벌 수 있는 방법은 리스크가 크기 때문이다. 만약 내 말만 믿고 투자했다가 큰 손해를 본다면, 그것은 생각만 해도 끔찍한 일이다.

내가 이 책을 쓰려고 오래전부터 계획한 이유는 나처럼 물려받을 유산이 없거나 로또에 당첨되는 행운이 없는 사람들에게 스스로 부자가 될 수 있는 방법을 알려주고 싶었기 때문이다. 나는 손쉽게 돈을 벌고 재테크하는 노하우를 알려주려고 이 책을 쓴 것이 아니다. 이 책에는 오랜 시간 동안 내가 직접 실천하면서 자연스럽게 깨달은 부자의 습관과 적게 벌어도 목표를 세우고 차근차근 이루어나가면 어느 순간 잘 살게 되는 방법이 상세하게 소개되어 있다. 수입과 지출관리, 저축, 단계별 자산관리, 투자대상을 정하고 목표를 달성하는 노하우, 절세 요령 등 내 경험에서 나온 실전 지침이 빼곡하다는 것이 이 책의 차별성이다.

특히 자산(돈)이 나를 위해 스스로 일하게 만드는 원리를 집중적으로 설명하고 있어 많은 도움이 될 것이다. 자산관리를 알면 노후 준비의 절반은 성공한 것이나 다름없다.

소득에는 근로소득과 자산소득이 있다. 근로소득은 일해서 받는 급여나 일에 대한 보수다. 내가 일하지 않으면 보수를 받을 수 없다. 근로소득에는 직장인 외에도 전문직, 자영업자도 속해 있다. 의사, 변호사, 치킨집 사장 등은 본인이 일하지 않으면 수입이 발생하지 않는다. 아무리 훌륭한 의사라도 본인이 아파서 환자 진료를 하지 못할 경우 그에게 보수를 주지 않는다. 보수가 많을 뿐 노동이 소득인 셈이다. 또한 의사는 수입이 많아서 휴가 때 해외여행을 갈 수는 있지만 아무 때나 갈 수는 없다.

그러나 자산소득은 내 자산에서 나오는 소득이기 때문에 내가 직접 관리하지 않아도, 아니 가끔 관리만 해주면 된다. 나의 돈이 나를 위해 일하는 것이다. 부자란 내가 일하지 않고도 나의 돈이 나를 위해 일하게 만들 수 있는 사람을 의미한다. 부자가 되려면 내 돈이 나를 위해 일하는 시스템을 만들어야 한다. 그렇게 하면 경제적 자유를 얻을 수 있다. 내가 일하고 싶을 때 일하고 쉬고 싶을 때 쉴 수 있는 자유를 누릴 수 있다.

지금 월급쟁이로 살고 있다면 소액이라도 종잣돈을 마련한 다음에 고정수익이 나올 수 있는 투자대상을 찾아보라. 어느 순간에 쓰고도 남을 자산소득이 만들어질 것이다. 더 이상 근로소득이 필요하지 않은 상황이 오고 웃으면서 회사를 다니다가 은퇴하여 제2의 인생을 살수 있을 것이다.

경기 불황의 터널은 끝이 없다. 수명은 늘고 직장생활은 짧아졌다. 월급에만 의존할 수 없는 불안한 현실이어서 투잡을 하는 직장인, 맞벌이 가정이 늘고 있다. 더 이상 예금만으로는 늘어나는 생활비를 감당할 수 없는데다 노년 설계는 주먹구구다. 소액 투자로 자산소득을 늘리고 평생 월급을 받으며 살 수 있는 방법은 없을까?

나는 이 책을 쓰면서 오늘도 힘겹게 살아가는 사람들에게 어떻게 하면 자산소득을 늘릴 수 있는지 구체적으로 알려주고 싶었다. 나는 맨주먹뿐이고 박봉에 시달리는 월급쟁이로 살면서도 내 건물을 가진 부자가 되겠다고 다짐했다. 그 이후에 내가 직접 몸으로 겪은 이야기를 통해 누구나 쉽게 이해하고 활용할 수 있으며 객관적으로 증명된 부자 되는 방법을 전하려고 노력했다. 간절하게 부자가 되고 싶지만 그 방법을 몰라서 막막하고 답답했던 사람들에게 이 책이 하나의 길잡이가 되었으면 좋겠다. 또한 이 책이 미래가 불안한 사회 초년생, 직장인, 맞벌이 부부, 자영업자, 은퇴 준비가 안 된 사람, 재테크를 공부하는 사람들에게 작은 희망과 용기를 줄 수 있다면 더 이상 바랄 것이 없다.

강 용 수

CHAPTER 2

부자의 생각, 부자의 습관으로 전환하라

CHAPTER 3

경제적 자유를 얻기 위한 첫걸음

CHAPTER 4
부자가 되는 실전 투자 기술

CHAPTER 5
평생 월급을 받는 부자의 길

CHAPTER 6
수익형 투자는 느리지만 반드시 부자가 되는 공식이다

CHAPTER 1

부자는커녕
중산층도 되기 힘든 현실

01

인생 역전은
로또에만 있는 것이 아니다

로또에 열광하는 까닭

가끔 가족들과 외식을 할 때 당진의 삽교천 유원지를 찾아가곤 한다. 그곳에 가려면 아산시 인주면을 지나게 되는데 토요일 오후가 되면 눈앞에서 진풍경이 펼쳐진다. 많은 차량이 편도 2차선 도로를 점거하다시피 하고 길게 줄지어 서 있다.

이 광경을 처음 본 사람들은 누구나 '혹시 내가 모르는 새로운 맛집이 들어섰나?' 하고 주의 깊게 살펴본다. 그곳에는 다름 아닌 로또 판매점이 있다. 전국의 수많은 로또 명당(?) 중의 한 곳이다. 그 판매점 간판에는 "1등 6번, 2등 33번 당첨! 이번에는 여러분 차례입니다!" 라는 홍보 문구가 큰 글자로 쓰여 있다.

'이번에는 혹시 내 차례가 아닐까?'라고 생각하며 당장 차에서 내려 로또를 사고 싶은 충동이 일게 마련이다. 한편으로는 사람들이 왜 그렇게 줄을 서서 기다리는지도 이해가 된다. 큰 행운을 잡아보겠다고 가던 길을 멈추고 긴 줄에 서서 내 차례가 오기만을 기다리는 사람들을 보니 한때 "부자되세요" 하던 광고가 떠오른다.

 로또는 그야말로 천 원의 희망이고 행복이다. 로또의 여섯 숫자를 들여다보면서 '내가 산 로또가 1등에 당첨된다면 그 돈으로 무엇을 할까?' 생각하며 만면에 미소를 머금고 상상의 나래를 편다.

 '1등에 당첨되면 우선 집부터 사야지. 거실이 운동장만큼 넓은 아파트를 살까, 아니면 잔디가 깔린 정원에 작은 분수가 있는 집을 살까? 단독 주택을 사면 정원에는 과실수를 심어야지. 따사로운 햇살 아래 과일이 익어가는 풍경을 바라보며 거닐어보리라. 그다음에는 자동차를 사야지. 제네시스 G80 스포츠를 살까, 아니면 BMW나 벤츠를 살까? 좋은 차에 사랑하는 마눌님과 토끼 같은 자식들을 태우고 어디든 떠나리라. 부모님께 용돈을 두둑하게 드리고, 돈 걱정하며 사는 형제에게도 도움을 주리라. 그동안 친구들에게 언어먹을 때마다 미안했는데 거하게 한턱내면서 우쭐거리며 뽐내보리라.'

 이처럼 꿈의 세상에서 일주일을 지내는 것은 참으로 즐거운 일이 아닐 수 없다.

 일반적으로 10억이 넘는 당첨금을 받는 로또 1등이 될 확률은 814

만 5,060분의 1이라고 한다. 누군가로부터 로또 1등 당첨은 벼락을 일곱 번 맞고도 다시 살아날 확률이라는 말을 들은 기억이 난다. 그것을 알면서도 우리는 왜 매주 로또 복권을 사는 것일까? 각자의 사연이 있겠지만 대부분 지금의 고달픈 경제적 상황에서 벗어나고 싶은 욕망이 있기 때문이다. 과연 로또 복권 말고 부자가 될 수 있는 다른 방법은 없는 것일까?

5년 전 직장에 다닐 때 나는 연금복권을 한 주도 거르지 않고 샀다. 연금복권 1등에 당첨되면 20년에 걸쳐서 매달 5백만 원씩을 받는다. 세금을 제하고도 실수령액이 약 390만 원 정도이다.

내가 매주 연금복권을 산 이유는 행운을 바라는 마음도 있었지만 그보다는 한 주 동안 만나는 지인들에게 이벤트성 선물로 한 장씩 나누어주기 위한 것이었다. 나에게 연금복권을 받은 지인들 즉 친구나 거래처 사람들은 천 원짜리 선물로 생각하지 않았다. 매달 5백만 원의 연금을 받을 수 있는 행운의 티켓을 손에 쥔 것처럼 매우 즐거워했다. 비록 천 원짜리 약소한 선물이었지만 받는 사람들이 즐거워하니 주는 나 역시 즐거웠다.

사람들이 로또 혹은 연금복권에 열광하는 이유는 일확천금을 꿈꾸는 인간의 본성이 아닐까. 힘들이지 않고 단번에 많은 돈을 얻을 수 있다면 지금의 궁핍한 삶에서 벗어나 경제적으로 여유로운 삶을 살수 있을 것이다. 벼락부자가 될 수 있는 천 원짜리 행운의 티켓을 쥐고 일주일 동안 마음의 여유와 안정을 찾을 수 있다면 이보다 좋은 일은 없다. 그러나 당첨번호를 맞히고 나서 본전도 찾지 못했을 때의 실망감은 이루 말할 수 없다. 기대가 컸던 만큼 실망감도 클 수밖에 없다. 그로 인해 또 시작된 한 주가 길게 느껴진다.

부자가 되는 법칙은 단순하다

어쩌면 여러분은 하루라도 빨리 부자가 되고 싶을 것이다. 그러나 경제적으로 힘든 현실에서 부자가 되고 싶은 꿈은 요원해 보이고 부자가 되는 뾰족한 방법도 알지 못한다. 그래서 '복권에 당첨되면 인생이 풀릴 텐데' 하고 막연한 공상에 빠져 산다. 일순간 일확천금을 얻는 공상에 너무 빠져들면 '아껴 쓰고 절약해서 부자가 되라'는 말이 귓전에 들리지 않는다. 그것을 머릿속으로는 알아도 돈 한두 푼 아껴서 어느 세월에 부자가 될 수 있느냐고 반문하기 십상이다.

누구나 '한 달에 천만 원을 벌려면 어떻게 해야 할까?'라는 질문에는 금방 답을 못하지만, '지금 천만 원이 있다면 어떻게 쓰고 싶은가?'라는 질문에는 막힘없이 대답한다. 이처럼 돈은 벌기는 어렵지만 쓰기는 쉽다. 현재 수입을 절약한다고 해서 그 돈으로는 부자가 될 수 없다고 생각하는 사람은 기분 내키는 대로 펑펑 쓰고 만다. 그것도 모자라서 지름신이 임할 때마다 신용카드를 긁고 한 달 한 달 빚을 갚는 인생을 살아간다.

로또에 당첨되어 부자로 살겠다는 막연한 꿈은 버리는 것이 인생에 이롭다. 큰 기대를 했다가 내가 원하는 상황이 되지 않으면 속상하고 좌절감에 빠지기 때문이다. 그렇다고 부자가 되는 5년, 10년 후 목표를 세우라는 것도 아니다. 그보다는 일 년 앞을 내다보면서 지금 내가 할 수 있는 것을 조금씩 해나가겠다고 결심하고 행동으로 옮기는 편이 더 낫다. 그러면 소비를 줄이고 수입에서 어느 정도 저축을 해야 하는지 구체적인 실천 지침이 생긴다. 포기하지 않고 한 푼 두 푼 아끼면서 저축하면 반드시 돈이 쌓이고 쌓여서 열매를 맺게 되어 있다. 조만간 푼돈이 모여서 목돈을 쥐게 되고 그 종잣돈으로 좋은 투자를 거듭하면 부자의 길로 접어든다. 이것이 단순한 법칙 같지만 내가 아는 부자들은 모두 그렇게 해서 부자가 되었다.

인생 역전은 로또 복권에만 있는 것이 아니다. 경제적으로 힘든 현재의 삶에 비애감과 분노를 느끼고 내 삶을 변화시키려고 할 때 인생 역전이 시작된다.

02

자립심보다 훌륭한 유산은 없다

부모님에게 물려받을 유산이 없다면?

자녀를 키우다보면 또래 부모들과 만나서 얘기하는 기회가 종종 생긴다. 내 아내도 같은 동네에 사는 엄마들과 한 달에 한두 번 정도 만나서 이야기꽃을 피우곤 한다. 한번은 내가 아내에게 남편들도 참석할 수 있는 자리를 만들어 달라고 했더니 얼마 지나지 않아 부부동반 모임이 성사되었다.

들뜬 마음으로 약속 장소인 치킨집으로 갔다. 첫 만남이라 어색했지만 술잔이 비워질수록 분위기가 점점 화기애애해졌다. 여러 사람이 모여 살아가는 이야기를 나누다보니 우리 가족과는 다른 생활 패턴을 알게 되었다. 그분들은 대부분 외식, 명품 소비, 휴가, 해외여행, 골프, 캠핑 등을 하면서 재미있었던 일화들을 이야기했다. 나는 그분들이 하는 이야기에 공감할 수 없어서 꾸어다 놓은 보릿자루처럼 한옆에 가만히 앉아서 듣고만 있었다. 옆에서 부러운 얼굴로 이야기를 듣고 있는 아내를 보니 미안한 마음이 들었다.

그날 모임 이후에 나는 그분들에 대하여 궁금증이 생겼다. '나와 비슷한 연령대의 그분들이 그토록 여유로운 삶을 즐길 수 있는 것이 어떻게 가능할까?'

나는 아내의 얘기를 듣고 그 이유를 알게 되었다. 그들은 선대로부터 물려받은 재산이 있었던 것이다. 그들 대부분은 부모에게 재산을 증여 받아 물질의 풍요를 누리고 있었다. 그들과 내가 다른 점은 증여받은 재산이 있고 없고의 차이였다. 물론 그들이 누리는 경제적 풍요를 부모님이 모두 물려준 것은 아닐 것이다. 그러나 분명한 것은 재산이 많은 부모에게 미리 물려받은 것으로 부를 확대하고 그로 인해 경제적 자유를 누리고 있다는 사실이다.

경제력이 있는 부모님이 계시다는 건 분명 행운이다. 어려울 때 도움을 요청할 수 있으니 말이다. 그러나 부모님이 부자라고 해서 자식들에게 모두 득이 되는 것은 아니다. 오히려 부모에게 기대고 의존하는 나약한 자식이 될 수도 있고, 한 푼 두 푼 절약해서 모으는 과정의 중요성을 영영 모르고 살 수도 있다.

받을 유산이 없는 것이 축복이다

나는 집안 형편이 어려워서 일찌감치 대학 진학을 포기했다. 물론 공부를 열심히 해서 전교 1, 2등을 하는 성적으로 전액 장학금을 받고 대학에 갈 수도 있겠지만 그것은 내 의지만으로는 될 수 없다는 것을 일찍 깨달았다. 그래서 취업을 목적으로 기계과가 있는 종합고등학교에 진학했다.

나는 3학년 2학기에 첫 현장실습을 나갔다. 회사에서 한 달여 일을 하고 첫 월급을 받았다. 나의 이름과 사번이 적혀 있는 두툼한 노란색 봉투를 받아드는데 가슴이 벅차올랐다. 당장이라도 봉투를 열어 빳빳한 지폐를 세어보고 싶었지만 그 기쁨을 부모님께 먼저 안겨드리고 싶었다.

마치 금의환향하는 듯한 마음을 가다듬고 부모님에게 월급봉투를 드렸다. 그 순간 어머니는 눈물을 보이지 않으시려고 돌아앉으셨고, 아버지는 눈시울을 붉히면서도 대견한 마음이 들었는지 이내 빙그레 웃으셨다.

나는 우쭐했다. 어려운 형편에 조금이나마 보탬이 될 수 있어 무작정 기뻤다.

그 기쁨도 잠시 아버지는 월급봉투를 내 쪽으로 밀어 주면서 이렇게 말씀하셨다.

"이제 우리 막내도 다 컸구나. 이 돈은 다시 넣어 두거라. 나는 늙으면 형이 부양을 할 것이니 우리 걱정은 하지 마라. 이제부터 너는 네

앞가림을 잘 해야 한다. 힘들게 번 돈 함부로 쓰지 말고 꼭 저축하면서 돈 관리 잘 하며 살아가야 한다."

사회라는 정글에 내던져진 열아홉 살 청년은 부모님의 말씀을 모두 이해할 수 없었지만 고개를 끄덕이며 열심히 살겠노라고 다짐했다.

이제 두 자식의 아비가 되어 그날의 부모님 마음을 헤아려보면, 아버지께서는 자식의 땀이 밴 돈을 차마 받으실 수 없으셨던 거였다.

세월은 덧없이 흘러갔다. 아버지는 농사일도 하시고 건설 현장의 일일노동자로 일하시느라 건강이 점점 나빠지셨다. 더 이상 돈을 벌 수 없게 되셨다. 워낙 올곧으신 분이라 신세를 지는 것을 몹시 싫어하셨지만, 나는 매달 부모님께 생활비를 은행 통장으로 입금했다. 아버지는 내가 집에 들를 때마다 "아들아, 고맙다. 미안해." 한마디를 하시고는 멋쩍으신지 동구 밖으로 나가셨다.

자식은 죽을 때까지 철이 들지 않는다고 했던가. 나는 부모님의 은혜에 감사하여 당연히 생활비를 드린 것이지만, 아버지 입장에서는 가시방석에 앉은 기분이라는 것을 나중에야 알았다. 자식에게 짐이 되기 싫어하셨던 아버지는 생활비를 받으실 때마다 당신의 무능함을 얼마나 자책하셨을까.

아버지가 병상에서 임종하시던 날이었다. 따뜻한 눈빛으로 바라보시는데 눈물이 두 뺨을 타고 주르르 흘러내렸다.

아버지의 눈가에도 눈물이 흘러내렸다. 그리고 기력이 다해 나에게 말씀하셨다.

"고맙다. 미안해."

아버지에게 따뜻한 말 한마디 못했던 못난 아들인데 무엇이 고맙고 미안하신지…….

나는 마음속으로 아버지에게 이렇게 말했다.

'아버지, 감사합니다. 아버지는 저에게 아무것도 해준 게 없다고 자책하셨지만 저는 아버지가 가난해서 오히려 다행이었습니다. 만일 아버지가 부자이고 많은 재산을 물려받았다면 지금의 저는 없었을지도 모릅니다. 아버지는 세상 누구보다도 가장으로서 열심히 살아오셨고 자식들에게 자립심이라는 훌륭한 유산을 물려주셨습니다. 아버지, 사랑합니다. 그리고 존경합니다.'

나는 사람들이 유산 얘기를 할 때 "부모님에게 물려받은 재산이 아무것도 없었던 것이 오히려 나에게는 축복이었다"라는 말을 한다. 내 말을 듣고 사람들은 어리둥절해 한다.

부모님에게 물려받을 유산이 있는 사람이 다 그런 것은 아니지만, 대체로 힘들게 일하지 않으려고 한다. 아끼고 저축하지 않는다. 나 역시도 그런 사람들과 별반 다르지 않았을 것이다.

부모님으로부터 유산을 물려받은 사람들은 쉽게 재산을 탕진할 가능성이 높다. 자기가 피땀 흘려 번 돈이 아니기 때문이다. 이로 인해 이혼하는 사례들도 많다고 한다. 물론 유산을 잘 유지하고 좋은 일에 쓰며 아름답게 살아가는 사람들도 있다. 전자와 후자의 차이는 과연 무엇인가? 단순히 재테크를 잘한 차이 정도일까?

　부모가 아무리 많은 돈을 물려주어도 그것을 감당할 수 있는 준비가 되어 있지 않으면 그 돈은 먼지처럼 금방 날아간다. 누구나 그런 기회가 나에게 온다면 잘 관리할 거라고 장담하지만 한 번도 만져보지 못한 많은 자산을 관리하는 것은 생각보다 어렵고 힘든 일이다.

　그래서 현명한 부모는 자식에게 물고기를 잡아서 입에 넣어주지 않고 물고기 잡는 방법을 가르쳐주는 것이 아닐까. 자식에게 자립심을 길러주는 것만큼 훌륭한 유산은 없다고 생각한다. 부모님에게 물려받을 유산이 없다고 낙심할 필요는 없다. 가난하니까 더더욱 혼신의 힘을 다해 집안을 일으키고 재산을 모으려고 하는 것이 아닌가. '자립심'이라는 유산을 가치 없게 여기지 않기를 바란다.

03

서민에서 탈출하기
힘든 사회구조

내 자산이나 연봉으로 등수를 매긴다면

큰딸이 초등학교 2학년 때의 일이다. 아이가 학교에서 처음으로 시험을 보고 의기양양하게 집에 들어섰다. 우리 부부는 아이의 첫 시험 성적이 무척 궁금했다. 시험지에는 빨간 펜으로 성적이 쓰여 있었다. 한 과목은 100점이고 다른 과목은 90점이었다.

나는 그것을 보고 기뻐서 아이를 칭찬해주고 싶었다. 그런데 아내는 그 성적이 성에 차지 않는지 마뜩잖은 표정을 지었다. 아내가 딸에게 물었다.

"반에서 100점 맞은 아이가 몇 명이나 있니?"

나는 그 말을 하는 아내에게 놀라지 않을 수 없었다. 그렇지 않아도 시험 성적으로 등수를 매기는 것이 달갑지 않았는데, 아내는 딸아이의 성적을 다른 아이와 비교하고 있었기 때문이다. 하기야 이런 비교가 어디 성적뿐인가. 우리 사회도 소득 수준이 상위 몇 퍼센트에 속하는지로 사람들의 등수를 매기고 있지 않은가.

나는 그날 저녁 아내와 대화를 하면서 아이가 한창 뛰노는 시기인 만큼 시험 성적에 너무 얽매이지 않도록 하자고 했다. 또한 아이가 호기심을 갖고 사물을 관찰하고 탐구할 수 있도록 도와주자고 제안했다. 아내는 내 말을 듣고 "그래도 이왕이면 공부를 잘해서 백 점 맞는 게 낫지 않느냐?"고 반문했다. 아내와 나는 깊은 대화를 나누면서 아이가 새하얀 도화지에 순수한 마음으로 자기가 그리고 싶은 것을 그리도록 해주자고 의견을 모았다.

그날부터 우리 부부는 아이의 시험 성적에 연연해하지 않았다. 아이들은 밝게 자라고 있다. 하지만 학교 성적은 그리 좋지 않다. 그래도 지금껏 우리 부부는 시험 성적으로 아이를 평가하지 않은 것을 한 번도 후회해 본 적이 없다. 만약 자녀들이 성장해서 부모의 자산이나 연봉으로 부모의 등수를 매긴다면 얼마나 끔찍할까?

중산층의 기준

사실 아이들에게만 혹독한 성적표가 있는 것은 아니다. 우리 사회의 각 가정에도 성적표가 있다. 재벌, 부자, 중산층, 서민, 영세민으로 나누어 성적을 매기고 등수를 구분하는 것이 현실이다. 과연 우리 가정은 어디에 속해 있는 것일까?

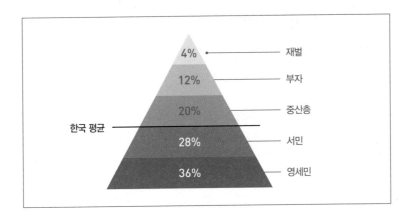

위의 표는 자산과 소득을 기준으로 만들어진 것이다. 이 표를 보면 우리나라의 중산층은 상위 16%~36% 내에 속해 있는 가정이다. 그런데 마치 봉건사회의 계급을 나타내는 것 같아서 마음이 불편해진다. 이토록 우리 가정도 자녀의 성적 못지않게 등수로 나누어지고 있다.

보통 중산층이라고 하면 우리 사회에서 중간계층을 의미한다. 중산층은 교육의 기회가 많고 경제적으로 여유가 있으며 사회·문화적 수준이 중간을 이루는 집단이다. 중간계층의 비율이 높으면 사회가 안정적으로 발전하고 그만큼 사회정의가 실현된다고 한다.

그럼 우리들이 적어도 이 정도 계층으로 살고 싶어 하는 중산층의 기준에 대해 알아보자.

중산층은 각 나라별로 정의가 다르다.

미국의 중산층(공립학교에서 가르치는 중산층의 기준)

- 자신의 주장에 떳떳하다.

- 사회적 약자를 돕는다.

- 부정과 불법에 저항한다.

- 비판적 사고를 가지고 있다.

영국의 중산층(옥스퍼드 대학교에서 제시한 중산층의 기준)

- 페어플레이를 한다.

- 자신의 주장을 확실히 하고 신념을 가지고 있다.

- 독선적으로 행동하지 않는다.

- 약자를 두둔하고 강자에 대응한다.

- 불의, 불평, 불법에 의연히 대처한다.

프랑스의 중산층(퐁피두 대통령이 Qualite de vie '삶의 질'에서 정한 기준)

- 외국어를 하나 정도는 구사한다.

- 직접 즐기는 스포츠가 있다.

- 다룰 줄 아는 악기가 있다.

- 남들과 다른 맛을 내는 요리를 만들어 손님을 대접한다.

- 사회 정의가 흔들릴 때 바로잡기 위해 나선다.

- 약자를 도우며 봉사활동을 한다.

대한민국의 중산층(직장인 대상 설문 결과)

- 부채 없는 아파트 30평 이상을 소유한다.

- 월 급여가 5백만 원 이상이다.

- 2000cc 급 중형차를 소유한다.

- 예금액 잔고가 1억 원 이상이다.

- 해외여행을 일 년에 한 차례 이상 다닌다.

세계 각국의 중산층에 대한 기준을 보면서 무엇을 느꼈는가?

이 기준을 보면 그 나라 국민들의 가치관과 의식구조를 엿볼 수 있다. 이 결과만 보더라도 우리 사회가 얼마나 각박한지 여실히 드러난다. 우리나라는 삶의 여유라는 게 없다. 하나부터 다섯까지 중산층의 기준이 모두 경제적인 부분에 집중되어 있다. 물론 다른 나라도 우리나라처럼 직장인을 대상으로 설문조사를 했다면 다른 결과가 나올 수도 있었겠지만 말이다.

여러분은 우리나라 중산층의 기준을 보면서 분명 자신의 현재 상황과 비교해 보았을 것이다. 그러나 이 다섯 가지 항목은 실제 중산층의 기준과 다를 수도 있다. 그러니 현재 그렇게 살지 못한다고 기가 죽거나 부러워하거나 신세한탄을 하지 않기를 바란다. 현재 중산층의 기준보다는 앞으로 5년, 10년, 20년 후의 나의 삶이 어떠한지가 더욱 중요하다.

일반적으로 우리나라 가정(가계)을 다섯 가지로 구분한다. 재벌, 부자, 중산층, 서민, 영세민이 그것이다. 이들에 대한 정의는 다음과 같다.

- 재벌: 재계에서 큰 세력을 가진 자본가
- 부자: 재산과 소득이 많고 노후준비는 물론이고 후대에 물려줄 자산이 있는 사람
- 중산층: 경제적인 수준과 사회·문화 수준이 중간 정도이며 노후를 준비할 수 있는 사람
- 서민: 사회적 특권이나 경제적 부를 누리지 못하고 노후가 준비되지 않은 사람
- 영세민: 수입이 적어 국가의 지원을 받아야 살아갈 수 있는 사람

여러분은 이 다섯 가지 구분 중 어디에 속하는가? 아마도 대부분은 재벌이나 부자를 꿈꾸었으리라. 재벌이나 부자가 된다면 얼마나 좋을까. 꿈은 이루어진다고 하지만 재벌이나 부자가 되는 것이 꿈이라고 이루어질까?

정부의 각종 부양정책을 맹신하지 마라

요즘 매스컴에서 정부가 발표하는 것을 보면 중산층이 줄어든다고

한다. 사실 너무 많은 중산층이 서민으로 몰락해가고 있는 것이 현실이다. 중산층이 붕괴하면 국가가 부양해야 할 가계가 증가한다. 때문에 국가는 중산층의 붕괴를 걱정하고 있는 것이다.

중산층이 붕괴하는 이유에는 여러 가지가 있겠지만 그 중에 가장 큰 비중을 차지하는 것은 저성장과 가계부채이다. 국가의 저성장은 국가와 기업의 문제라고 치더라도 가계부채는 왜 자꾸 늘어나는 것일까?

투자처를 잃은 큰손들의 돈은 잠을 자고 있다. 사람들은 집값이 떨어지니 집을 사지 않고 전세를 선호한다. 전세가가 천정부지로 치솟으니 서민경제는 더 어려워질 수밖에 없다. 경제가 침체되고 있으니 어떠하든 경제를 활성화시켜야 서민경제가 돌아간다. 정부는 경제성장률을 높이기 위해 경제활성화라는 모토로 건설 경기를 인위적으로 부양하고 나섰다.

먼저 투자자들을 끌어들이기 위해 규제하고 있던 DTI(총부채상환비율, Debt To Income), LTV(주택담보대출비율, Loan to Value ratio) 규제 완화를 실시했다. 모든 투자는 이익을 담보로 하지 않는다. 그래도 사람들은 투자를 함으로써 수익을 기대한다.

중산층은 정부의 경제활성화에 부응해 수익을 기대하며 담보대출을 받아 부동산을 취득했다. 서민들도 내 집 마련의 기회라고 여기며 대출을 상한으로 받아 내 집을 마련했고, 정년퇴직자들은 노후대비의 하나로 퇴직금을 탈탈 털어 월세 받는 아파트를 샀다. 결국 노후를 준비해야 하는 돈으로 부동산 담보대출이자를 갚는데 쓰고 있는 형국이 되고 있다. 너도나도 담보대출을 받으니 가계부채율이 천정부지로 늘어났다.

정부는 가계부채가 심각해지자 다시 금융규제를 들고 나왔다. 대출금을 거치기간 없이 이자와 원금을 동시에 갚아나가게 법을 만들어 가계부채를 줄이려고 한다. 정부의 '병 주고 약 주고' 식의 처방에 중산층만 붕괴하는 상황이 벌어지고 있다.

그렇다고 해서 무작정 정부만을 비판해서는 해결책을 찾을 수 없다. 이제는 능동적인 태도로 전환하여 서민에서 중산층으로, 중산층에서 부자로 한 단계씩 올라갈 수 있도록 노력해야 한다.

부자는 하루아침에 되는 것이 아니다. 그럼 부자가 되려면 어떻게 해야 할까?

당연한 얘기이지만, 피땀으로 모은 내 돈을 효율적으로 운영해야 한다. 우리나라는 앞으로 빈부의 격차가 더욱 심화될 것이다. 우리 모두 정신을 바싹 차려야 한다. 정부에서 유도하는 각종 부양정책에 끌려 다녀서는 안 된다. 나만의 포트폴리오를 가지고 주도적으로 끌고 나가야 한다.

04

금쪽같은 종잣돈을
한 방에 날려버리는 이유

내 차례까지 오는 일급 정보는 없다

"친하니까 너한테만 특별히 얘기해주는 거야."

"이건 일급비밀이야. 절대로 다른 사람한테 말하면 안 돼. 알았지?"

우리는 주변 지인이나 부동산중개업자, 증권회사 직원 등에게 이런 말을 수없이 들었다. 과연 그들이 특급 정보라고 알려준 내용이 신빙성이 높은 것일까?

발 없는 말이 천리 간다고 한다. 가만히 있는 나한테 들려오는 특급 정보는 누구나 다 알고 있는 내용일 가능성이 아주 높다.

주식시장, 금, 원자재 등 시장에서 나오는 정보는 바로 돈과 직결된다. 남들보다 얼마나 빨리 일급 정보를 얻고 그 추이를 분석하느냐에 따라 수익이 정해진다고 해도 과언이 아니다. 전문가들은 이런 고급 정보를 얻으려고 밤낮을 가리지 않고 정보원을 만나고 자료를 분석하고 공부한다. 내 주변 지인이나 부동산중개업자, 증권회사 직원 등이 알려준 일급비밀을 전문가들은 모르고 있을까? 세상에 공짜로 얻어지는 고급 정보는 없다는 것을 마음에 새겨야 한다.

예를 들어보자. 경마장에서 경마정보지를 매일 인쇄하고 판매하는 사람은 먼저 말과 기수의 전적과 컨디션을 수시로 확인하여 우승이 예상되는 말을 예측한다. 그렇게 예측한 것을 일목요연하게 표로 만들어 경마장에 온 사람들에게 판매한다. 판매업자가 예측한 말이나 기수가 과연 우승을 했을까? 그들의 예측이 적중률이 높다면 정보지를 파는 데만 연연할까? 예측 표를 만들어 판매하는 것보다 자신의 예측이 확실하게 적중하는 말에 배팅하여 수익을 내는 것이 돈 벌기에 더 수월할 것이다.

내 차례까지 오는 일급 정보는 없다. 평범한 내 귀에 들려 온 정보만 믿고 투자를 하면 이미 막차를 타고 있는 것이다. 세상에 쉽게 얻어지는 것은 없다. 만약 그런 것이 있다면 좋은 기회가 아니고 내 재산을 송두리째 빼앗기는 함정일 가능성이 높다.

개미투자자에게 불공평한 게임의 규칙

사회 초년생들뿐만 아니라 30, 40대 직장인들은 재테크 수단으로 주식투자를 많이 하고 있다. 왜 그렇게 많은 사람들이 주식투자를 선호하는 것일까?

그 이유를 몇 가지로 살펴볼 수 있다.

주식투자에는 목돈이 필요하지 않다. 적은 돈으로 얼마든지 할 수 있고 종잣돈이 많이 필요하지 않다는 장점도 있다. 소액으로 투자해 높은 수익을 낼 수도 있다. 그러다보니 목표수익률을 정하지 않고 무작정 투자하는 직장인들도 많이 있다.

예전에는 컴퓨터로 주식 매매가 이루어졌지만 요즘은 스마트폰으로도 거래를 할 수 있다. 그러니 더더욱 때와 장소를 가리지 않고 쉽게 주식투자에 뛰어드는 것이다.

그런데 주식을 하는 사람들이 모두 수익을 내는 것일까?

직장인, 주부, 소액투자자 등 일명 개미투자자들이 투자한 돈은 1년이 지나면 거의 반 토막이 난다는 통계가 있다. 주가는 하루에도 수십 번 등락을 거듭한다. 등락을 예측해서 수익을 낸다는 것은 사실상 불가능한 일이다.

또한 주식시장에서 개미투자자들이 손실을 보는 이유가 또 하나 있다. 이들은 각자의 본업이 따로 있기 때문에 투자에 집중할 수 없다. 직장인들은 회사일을 하면서 상사의 눈치를 살피며 자투리 시간을 이용해 주식을 사고판다. 이런 상황이다 보니 전문성이 부족한 데다 충분한 시간적 여유도 없어서 수익률이 떨어지는 것은 당연한 일이다.

그렇다면 전문적으로 주식투자를 하는 펀드매니저와 기관투자가들은 어떠한가? 그들은 상사의 눈치를 보지 않고 투자할 대상을 분석하여 정밀하게 투자한다. 투자금 역시 직장인보다 월등히 많다. 심지어 목표수익률도 5퍼센트 내외로 직장인에 비해 아주 낮다.

이렇게 불공평한 게임의 규칙이 어디 있는가! 공평한 규칙을 정해 놓고 게임을 해도 수익을 내기 힘든데 상황마저 불공평하니 개미투자자들만 손실을 떠안는 것이다. 돈을 벌겠다는 욕망과 열정만으로는 주식투자로 돈을 벌 수 없다. 자산투자에 대해 차근차근 공부해 나가면서 좋은 기회를 엿보아야 한다.

차이나펀드에서 큰 손실을 본 이유

이웃나라 중국은 한때 주식 상황이 매우 좋았다. 상해 주가지수가 2007년 10월까지 6천 포인트를 넘었다. 그 당시 많은 사람들이 차이나펀드에 열광했다. 당시 국내의 어느 펀드도 차이나펀드의 수익률을 능가하지 못했기 때문이다.

때마침 차이나펀드로 재미를 본 사람들이 많다는 소문이 돌았다. 술자리에서 직장인들은 펀드 수익에 대해 자랑했고, 매스컴에서는 중국 증시가 5천 포인트에 도달했다는 소식을 연일 전했다. 그러자 펀드에 '펀'자도 모르는 사람들이 차이나펀드에 관심을 갖기 시작했다. 가까운 지인들에게 펀드 가입방법을 물어보고 투자를 했다.

중국 내에서도 우리나라와 비슷한 일이 벌어졌다. 동서고금을 막론하고 사람들의 심리는 비슷하다. 중국의 노동자들이라고 해서 돈을 벌고 싶지 않았을까? 그들 역시 증시에 몰려들었다. 점심시간에 직장인들은 식사를 포기하고 줄을 길게 늘어서서 주식을 샀다. 이후 중국 증시는 6천 포인트에서 2천 포인트로 급락했다. 정점에서 바닥으로 떨어지는데 불과 6개월이 걸리지 않았다. 여기서 큰 손실을 본 사람들은 가난한 중국의 농공들이었다. 그리고 '차이나펀드에 투자하면 쏠쏠한 재미를 본다더라.'라는 소문만 믿고 남들보다 먼저 투자해서 큰돈을 벌겠다고 나선 한국의 투자자들도 여지없이 많은 손실을 보았다.

'거기에 투자하면 돈을 번다더라.'라는 소문이 내 귀에 들려올 때는 이미 증시나 부동산은 하향곡선을 타고 있다는 것을 간과해서는 안 된다. 내가 아는 지인들과 나 역시 차이나펀드에 투자해서 많은 손해를 보았다. 참으로 안타까운 일이다.

지금도 우리나라의 종합주가지수가 높아지고 있어 개미투자자들이 다시 주식시장으로 뛰어든다는 기사가 많이 나오고 있다. 우리는 왜 계속 똑같은 실수를 반복하는 것일까?

정점 상황을 예측하는 방법

주식시장이나 부동산시장은 호황과 불황을 반복하고 있다. 주식시장은 살아 움직이는 생명체와 같다고 해도 지나친 말이 아니다. 생물은 일정한 목표나 계획을 가지고 있지 않아서 그저 자기 기분 내키는 대로 움직인다. 제멋대로 등락을 거듭하는 시장에서 투자의 정점과 거품을 과연 알아낼 수 있을까?

귀신이라면 모를까 일반 사람들이 정점과 변수를 예측하기는 어려운 게 사실이다. 하지만 이런 정점 상황을 예측하는 방법이 한 가지 있다. 나는 주변 사람들의 모습을 주의 깊게 지켜본다.

- 재테크에 관심이 없었던 사람들이 주식이나 부동산을 사려고 알아보고 다닌다.
- 언제부터인가 모임의 대화 주제가 주식이나 부동산투자로 이어진다.
- 소득이 낮은 젊은 직원들이 부동산에 투자하려고 대출을 받는다.

나는 이런 모습이 보이면 그 시장은 과열, 거품 상황으로 가고 있거나 이미 도달한 상태라고 판단한다.

주식과 부동산투자에 있어 반드시 알아야 할 것은 수요와 공급의 법칙이다. 이 법칙은 아주 쉽다. 내가 산 금액보다 더 비싸게 사줄 누군가가 있으면 내가 돈을 벌 수 있다. 더 이상 수요가 없을 경우에는 내가 산 주식이나 부동산은 높은 가격으로 매매되지 않는다. 누군가 내가 산 가격보다 낮은 가격에 팔았다면 내 자산의 가치도 동반 하락한다. 그러므로 투자에 앞서 내가 산 자산을 다음에는 누가 살 수 있는지 알고 있어야 한다.

중국의 증시 상황을 예로 들어보면, 기관이나 외국인투자자가 주가를 올려 부자에게 팔고, 부자들은 더 높은 가격에 중산층에게 판다. 중산층은 서민에게 팔고, 서민은 다시 농공(영세민)에게 판다. 결국 농공들이 보유한 주식은 구매해 줄 사람을 찾을 수 없어 주가가 폭락한다. 즉, 폭탄의 심지에 불을 붙여놓고 돌리는 방식과 다를 게 없다.

종잣돈을 만들면서 미래를 대비하라

부동산투자에 관심이 많은 친구가 나에게 투자대상에 대해 물어본 적이 있다. 나는 투자상품을 골라주는 상담은 하지 않는 것을 원칙으로 삼고 있다. 그 이유는 내가 투자의 귀재가 아니기 때문이다. 내가 추천한 주식이나 부동산에 투자했다가 손해를 보면 어찌하겠는가. 아, 생각만 해도 끔찍하다.

그런데 나를 찾아온 친구는 워낙 막역한 사이여서 내 원칙만을 고집할 수는 없었다. 내가 아는 상식선에서 도움을 주어 친구가 수익을 볼 수 있다면 가계에 작은 도움이 될 거라고 생각했다.

그 당시에 그는 본인 소유의 다세대 주택에 살고 있었다. 그 집은 재개발 바람으로 가격이 불과 1년 만에 많이 올라 있었다. 그러나 주변 아파트 시세는 별로 변동이 없었다. 나는 친구에게 더 이상 다세대 주택의 가격 상승을 기대하기 어려우니 아파트로 갈아타면 좋을 것 같다고 권유했다.

내 예측은 맞아떨어졌다. 2년 사이에 아파트 가격이 많이 올랐고, 친구가 살고 있는 다세대 주택은 2년 전 가격 그대로였다. 하지만 그 친구는 나의 조언대로 아파트를 사지 않았다. 그는 나에게 미안했는지 그 이후에 더 이상 부동산투자에 대해 묻지 않았다.

그 친구는 그로부터 3년이 지난 후에 내가 예전에 추천해 주었던 아파트를 구입했다. 소유하고 있던 다세대 주택은 3년 전 가격 그대로 매도하고 아파트를 3년 전보다 훨씬 비싼 가격에 매입했다. 친구는 내 말을 듣고 2년간 지켜보니 내 말이 맞았다는 것을 알았다고 했다. 그래서 3년 되는 해에 뒤늦게 실행에 옮겼다고 했다. 하지만 그것은 올바른 결정이 아니었다. 3년 후에 나에게 다시 부동산투자에 대해 물었더라면 다른 답을 말해주었을 것이다.

그 친구는 다세대 주택에 10년 넘게 살면서 한 번도 시세 차익에 관심을 두지 않았다. 본인이 살고 있는 주택이 1년 사이 갑자기 오르자 부동산에 투자해야겠다는 생각을 했다고 한다. 투자대상을 알아보는 과정에서 많은 기회와 비용을 낭비하고 만 것이다.

우리는 항상 앞에 다가올 상황을 예의주시하고 대비해야 한다. 재테크 역시 미리미리 준비하고 시장 상황을 주시하면서 분석하는 눈을 키운다면 성공할 확률이 높아진다.

그러나 종잣돈을 만든 다음에 부랴부랴 투자처를 분석하면 올바른 선택을 하기 힘들어진다. 투자에 대해 미리 준비하지 않은 상황에서는 잘못된 선택을 하기 쉽고 당연히 낭패를 볼 수밖에 없다.

우리의 종잣돈이 어떻게 만들어진 돈인가? 남들이 가족과 근사한 음식점에 가서 외식할 때 집에서 자장면을 먹으며 만든 것 아닌가. 남들이 해외여행을 갈 때 근처 산행이나 하면서 만든 것 아닌가. 부모님에게 두둑한 용돈 한 번 드리지 못하고 형제에게 도움도 주지 못하면서 만든 것 아닌가. 세상에 베풀고 싶지 않은 사람이 어디 있으랴. 직장 동료나 동창에게 근사하게 술 한 잔 사지 못하면서 만든 귀중한 돈이 아닌가. "그 사람 참 돈을 쓸 줄 아는 멋있는 사람이야." 누구나 남들에게 이런 소리 들으면서 살고 싶은 것 아닌가.

그뿐인가. 직장 상사에게 "이따위로 할 거면 당장 때려치우고 집에 가서 애나 보라고!"라는 말을 들을 때 주머니에 넣고 다니는 사직서를 하루에도 열두 번 상사의 책상에 집어던지고 싶은 울분을 참으면서 만든 피 같은 돈이다.

직장 상사 눈치 보고, 주위 사람들에게 짠돌이 소리 들어가며 한 푼 두 푼 모은 귀하고 또 귀한 종잣돈이지 않던가.

그렇게 힘들게 모은 금쪽같은 종잣돈을 잘못된 투자로 한 방에 날려버린다면 얼마나 끔찍한 일인가. 안전한 투자처를 찾으려면 그 분야의 전문가가 되어야 한다. 이해가 가지 않거나 복잡한 투자는 하지 마라. 근거 없는 용감함을 이제는 자제해야 한다.

05

불요불급한 비용을 아껴
목돈을 만들어라

맞벌이를 하는데도 통장에 돈이 쌓이지 않는 이유

내가 어렸을 적에 어머니는 저녁식사를 한 다음에 빠뜨리지 않고
하시는 일이 있었다. 그것은 가계부를 쓰시는 일이었다. 시장에 다녀
오신 날에는 그날 구입한 물품과 지갑에 남아있는 돈을 확인하며 꼼
꼼히 기록하셨다. 가끔은 기억이 잘 나지 않는지 몇 번씩 지출한 내역
과 비용을 계산해보며 쩔쩔매는 모습을 보이시기도 했다.

아버지가 가계부를 검사하시는 것도 아닌데 어머니는 왜 그토록
꼼꼼하게 기록하셨을까?

그때는 이해가 가질 않았다. 지금 생각해보면 아버지가 건설현장
에서 힘들게 벌어 오신 돈을 조금이라도 절약하고 싶으신 거였다. 어

머니의 깊은 마음을 헤아릴 줄 모르는 철없던 아들이었지만 그 당시 꼬질꼬질 때가 묻은 낡은 가계부를 쓰시는 어머니의 모습이 보기 좋았다.

그래서였을까. 나는 결혼하면 내 아내도 당연히 근검절약하며 가계부를 쓰리라고 생각했다.

"여보, 이번 달은 당신 용돈을 더 줄여야겠어요. 당신이 쓰는 카드 값만 줄여도 콩나물을 열 번은 살 수 있다고요."

"용돈을 더 줄이라고? 나더러 죽으라는 거야! 남자는 주머니가 두둑해야 밖에 나가서 기가 죽지 않는 거라고! 대한민국 남자들 중에 나보다 용돈 적게 쓰는 사람 있으면 나와 보라고 그래!"

이처럼 나는 결혼을 하면 아내와 아귀다툼을 하면서 비상금도 털려보고 싶은 작은 꿈이 있었다. 어머니처럼 알뜰살뜰 가계부를 쓰는 아내의 모습을 보고 싶었다. 하지만 그것은 내 희망사항일 뿐이었다.

나는 결혼한 지 23년이 되었지만 아내가 가계부 쓰는 모습을 한 번도 본 적이 없다. 아니, 아내가 이 글을 보면 강력하게 항의할 수도 있으니 정확히 말해야 할 것 같다. 사실 아내도 가계부를 쓰긴 썼었다. 아마도 신혼 때였을 것이다. 그 당시에는 연초에 보험사나 여성지에서 부록으로 주는 가계부가 있었다. 아내도 여성지 부록으로 끼워 넣은 가계부를 받아들고는 굳은 결심으로 쓰곤 했었다. 작심삼일이라고 했던가. 한 달, 두 달이 지나고 봄이 오기도 전에 가계부는 어디론가 사라지고 말았다.

요즘에는 세상이 좋아져서 굳이 가계부를 쓰지 않고도 카드 명세서나 통장 입출금 내역을 보면 지출내역을 확인할 수 있다. 가계의 재정을 관리하는 아내들이 더없이 편리한 세상을 살아가고 있다. 기술이 첨단으로 발전한 문명시대에 산다는 것은 행복한 일이다. 앞으로 점점 더 좋아지는 세상에서 살아가리라. 하지만 그에 따른 지출도 많아진다는 것은 분명한 사실이다. 즉 혼자 벌어 살기에는 힘든 시대가 도래한 것이다.

　우리나라도 언젠가부터 맞벌이가 늘어나더니 이제는 그것이 당연시 되고 있다. 요즘 여성들은 맞벌이를 하며 살고 있기에 더욱더 가계부를 쓰기 힘들어진 면도 있다. 하루 종일 회사에서 일하고 돌아오면 집안일이 산더미처럼 밀려있는데 가계부를 쓸 여유가 있겠는가. 집에 파김치가 되어 돌아와서 가족을 위해 저녁식사를 준비하고, 아이들 공부도 돌봐주고, 집안 청소도 해야 한다. 더욱이 대한민국의 남편들 대부분은 가사(家事)에 거의 손을 놓고 있다. 맞벌이가 당연시 되는 이 시대를 살고 있으면서도 남자들의 사고는 아직도 조선시대에 머물러 있다. 아내가 돈도 잘 벌어오고 집안일도 말끔하게 잘하고 아이도 잘 양육하고 거기에 가계부까지 썼으면 하고 바라는 것은 슈퍼우먼이 되어 달라고 은근 강요하는 것이나 다름없다. 돌아보면 아내가 가계부를 썼으면 하고 바란 내가 참 염치없었던 것 같다.

　굳이 가계부를 쓰지 않아도 수입과 지출을 한눈에 다 볼 수 있는 편리한 세상에 살고 있는 건 분명한데 왜 우리의 통장에는 항상 잔고가 부족할까? 한 달 한 달 빠듯하게 살아갈 때마다 기운이 빠지는 게 현실이다. 수입은 고정되어 있는데 지출은 매년 늘어나고 있다. 돈을 아껴 쓰는 데도 늘어나는 지출을 감당하기 힘들어서 이제는 아내도 직장에 나가서 돈을 벌어야 하는 슬픈 현실이 벌어지고 있는 것이다.

티끌을 모으면 태산이 된다

1970~1980년대에는 대부분 아버지 혼자 일을 해도 온 가족이 먹고살았다. 이제 우리나라는 OECD에 가입할 정도로 선진국 문턱에 와 있다. 그런데도 우리 가정은 살림살이가 더욱 어려워져 가고 맞벌이를 하지 않으면 안 되는 상황이다. 왜 그런 것일까?

2, 30년 전보다 4인 가족의 운영비가 많아졌기 때문이다. 즉 세상이 바뀌었듯 가정경제의 패러다임이 확 바뀌었다는 뜻이다.

내가 고등학교에 다닐 때만 해도 우리 집에 가전제품이라고는 텔레비전과 작은 냉장고가 전부였다. 요즘에는 텔레비전이며 냉장고가 예전에 비해 대형이 되었고 심지어 두 대씩 있는 가정도 많다. 또한 김치냉장고는 필수가 되었다. 핸드폰이 식구 수대로 있고, 오디오, 에어컨, 공기청정기, 정수기, 커피메이커 등 가전제품을 일일이 열거할 수 없을 정도다. 그뿐인가. 큰돈이 들어가는 주택 담보대출금 이자, 사교육비를 비롯하여 각종 보험료에 자동차관리비까지 남자 혼자 벌어서는 가정경제를 운영할 수 없게 되었다. 그러다보니 여자들도 돈을 벌어야 하는 시대가 된 것이다.

혼자 벌어서는 가정경제가 유지되지 않아 맞벌이를 해야만 하는 시대다. 맞벌이를 해도 수입은 한정되어 있는데 고정생활비는 늘어나고 있다. 그렇다면 어떻게 목돈을 마련하여 재테크를 할 수 있을까?

그 답을 한마디로 말하자면, 반드시 절약해야 한다는 것이다. 돈은 하늘에서 뚝 떨어지는 것이 아니다. 로또에 당첨되면 일확천금을 얻을 수 있지만 그 확률을 보자면 기대하지 않는 편이 낫다. 우리가 벌어들이는 돈은 땀의 대가뿐이다. 그 한정된 돈을 어떻게 효율적으로 운영하고 목돈을 마련할 것인가? 첫 번째도 절약이요, 두 번째도 절약이다. 가난한 살림살이에서는 절약이 자산이다.

옛말에 '티끌 모아 태산이다'라고 했다. 아무리 작은 것이라도 모이고 모이면 나중에 큰 덩어리가 됨을 비유적으로 이르는 말이다. 목돈을 만들려면 작은 것 하나도 아껴 쓰면서 절약해야 한다.

티끌을 모으려면 무엇부터 해야 할까? 나는 가계부를 쓰라고 권유하고 싶다. 지금 가계부를 쓰는 목적은 지출내역을 알아보려는 것이 아니다. 가계부를 쓰는 목적은 절약이라고 정의하고 싶다. 가계부를 쓰면서 불필요한 지출이 있었는지 점검해보고, 다음에는 불요불급한 비용을 줄이는 계기를 마련해야 한다.

물론 아내에게 가계부를 쓰라고 하면 남편을 도끼눈으로 노려볼 것이고 그로 인해 남편들은 뒤통수가 뜨거워질 수도 있다(대한민국의 위대한 아내들이여! 그렇게 불쑥 화를 내지 말고 이 책에서 나중에 소개할 '월간 자산평가서 만들기'를 한 번 읽어보고 화를 내도 늦지 않습니다).

아내들이여! 걱정하지 마십시오. 벼룩도 낯짝이 있지 하루 종일 일하느라 고생한 아내에게 어찌 가계부까지 쓰라고 강요하겠습니까. 수고하신 아내들이여! 이제는 우리 남편들이 가계부를 쓰겠습니다. 아내들이여! 우리 남편들은 너무나 잘 알고 있습니다. 죽었다 깨어나도, 아니 열 번 죽었다 깨어나도 마눌님 같은 분을 아내로 맞이하기 힘들다는 것을.

"당신 손에 물 한 방울 안 묻히게 해 줄게. 나만 믿으라고!"

사실 허풍 쳤습니다. 어쩌겠습니까. 허풍이라도 치지 않으면 마눌님이 나 같은 놈한테 시집을 왔겠습니까. 거짓말을 해서라도 마눌님을 내 사람으로 만들고 싶을 만큼 사랑했고, 지금도 뜨겁게 사랑하고 있습니다.

네, 알지요. 아내들이 남편들의 감언이설에 콩깍지가 씌어 첫아이를 덜컥 낳았다는 것을요. 콩깍지 벗어지고 보니 금쪽같은 자식이 발목을 잡고 있어 웬수같은 인간 뒷발로 걷어차지도 못하고 있다는 것도요. 그뿐인가요. 쥐꼬리만큼 벌어오는 돈으로는 가정 살림이 유지되지 않아 맞벌이에 뛰어든 우리의 위대한 마눌님들이라는 것을요.

그래요. 솔직히 고백하건대 우리 남편들이 가진 것이라곤 불알 두 쪽밖에 없었습니다. 그래도 마눌님 사랑하는 마음은 저 태양만큼이나 뜨겁고 하늘처럼 푸르다는 걸 잊지 말아 주십시오.

오늘도 아내 고생만 억수로 시키는 남편들이여! 우리 마눌님의 수고를 덜어줍시다. 하여 오늘 하루쯤은 장미 한 송이 들고 일찍 퇴근합시다. 반질반질 윤이 나게 집안 청소해놓고, 아내가 좋아하는 음식 준비해놓고 기다립시다. 물론 식탁에는 장미 한 송이 꽂아놓고 우리 마눌님을 위한 날을 만들어봅시다.

"여보, 못난 놈 만나 고생만 하는 당신! 나는 다시 태어나도 당신과 알콩달콩 살고 싶습니다. 여보, 당신을 영원히 사랑합니다!"

하루 종일 이리저리 뛰어다니느라 퉁퉁 부은 마눌님의 다리를 주물러 줍시다. 그리고 사랑스럽게 잠든 마눌님 머리맡에서 가계부를 써 봅시다!

고정지출을 줄이는 법

3년 전이었다. 거래처 직원이 나를 찾아왔다.

"이직을 하려고 합니다."

그는 현재 근무하는 회사에서 받는 급여가 너무 적어 생활이 어렵다고 했다. 연봉을 많이 주면 내가 경영하는 회사에서 일하고 싶다고 했다. 이를테면 그는 셀프 스카우트 제의를 하러 온 거였다.

조금 당황스러웠다. 그의 연봉을 물어보니 결코 적은 금액이 아니었다. 내가 경영하는 회사 직원들도 그와 비슷한 연봉을 받고 있었다. 나는 그의 가정 살림이 어려운 구체적인 이유가 궁금했다. 먼저 그의 말을 들어보고 싶었다.

그는 아내와 맞벌이를 하고 있었고, 자녀는 없는 상태였다. 그런데 매달 고정지출이 350만 원 이상이었다. 나는 놀라지 않을 수가 없었다. 명색이 사장이고 4인 가족인 나보다 더 많은 지출을 하고 있었기 때문이었다.

나는 자세한 지출내역을 묻지 않을 수 없었다. 그는 주택 담보대출 이자, 본인과 아내의 자동차 리스료와 할부금, 정수기와 비데 렌털비, 전기세, 가스비, 상하수도 요금, 유·무선 전화비, 인터넷비, 기타 렌털비, 보험료, 기타관리비 등을 열거했다.

그가 맞벌이를 하고 자녀도 없는데 그렇게 많은 지출을 하고 있으니 앞날이 걱정되었다. 내가 보기에 그의 가정에 각종 할부금과 렌털비가 너무 많은 게 문제점으로 보였다. 그런 식으로 살아가면 더더욱 힘들어질 것 같다는 생각이 들었다.

나는 그의 가정에 재정 컨설팅을 해 주기로 했다. 우선은 자동차를 한 대로 줄이라고 했다. 그는 대중교통은 불편해서 이용할 수 없다며 펄쩍 뛰었다.

"그럼 늙어 죽을 때까지 렌털만 하다가 끝낼 겁니까?"

나는 아직 아이도 없는데 자가용 두 대를 유지하는 것은 낭비라고 분명히 말해주었다. 그리고 각종 렌털비를 지불하고 쓰는 가전을 반납하라고 했다. 렌털은 지금 당장은 돈이 적게 들어가는 거 같지만 장기적으로 보면 돈이 더 많이 지출되는 것이다.

렌털 가전을 한꺼번에 내 소유로 사려면 목돈이 드니 필요한 것부터 하나씩 사라고 했다. 잠시 불편해도 하나씩 하나씩 장만하다 보면 살림이 느는 재미도 쏠쏠하다고 말해주었다.

렌털을 반납하고 난 후에는 각종 가전을 사용했던 렌털비로 적금을 부어 목돈을 만들라고 했다. 물론 그에게 티끌 모아 태산이라는 말도 빼놓지 않고 해 주었다.

나는 그의 셀프 스카우트 제의는 정중하게 사양했다. 그의 연봉은 내 회사 직원들과 비교해 볼 때 결코 적은 게 아니었다. 무엇보다도 그가 근무하는 회사의 사장님과도 친분이 있는 터라 그를 직원으로 채용하는 것은 도덕적으로도 맞지 않았다.

1년이 지난 어느 날 거래처에서 우연히 그를 만났다. 그는 반가워하면서 이렇게 말했다.

"사장님 말씀대로 했더니 적금통장이 생겼습니다."

그가 활짝 웃으며 조금씩 재정상태가 좋아지고 있다고 했다. 나의 조언이 도움이 되었고 그 결과 적금통장이 생겼다는 말을 들으니 마음이 흡족했다.

06

무분별한 카드 지출은 삼가라

신용카드는 마법의 카드일까?

우리 삶을 힘들게 하는 원인 중 하나는 신용카드이다. 신용카드는 말 그대로 신용으로 먼저 소비하고 다음 달에 갚는 마법의 카드이다. 요즘 직장인들은 현금보다 카드를 많이 사용한다. 연말정산을 할 때 소득공제도 되고 많이 쓸수록 각종 포인트가 쌓이고 그 포인트로 다시 물건을 구입할 수 있으며 할인까지 더해지니 일석삼조라고 한다.

나도 현금보다 카드를 많이 사용하는 편인데, 신용카드는 해외 출장 시에만 사용하고 대부분 체크카드를 사용한다. 내가 신용카드를 꺼리는 이유는 단 하나이다. 신용카드를 사용하게 되면 불필요한 것들을 사게 되어 과도한 지출을 하기 때문이다.

신용카드의 장점은 외상이 된다는 것이다. 주머니에 현금이 없어도 사고 싶은 것은 한도 내에서 얼마든지 살 수 있다. 마치 공짜로 물건을 사는 것 같은 착각을 불러일으킨다. 과연 신용카드가 우리에게 이익을 주는 마법의 카드일까?

2000년대 초에 신용카드 대란이 일어났다. 정부에서 인위적인 경기 부양을 하기 위해 신용카드 규제를 완화하면서 시작된 사태였다. 마구잡이로 남발된 카드로 가계에 빚이 쌓이면서 4백만 명의 신용불량자가 발생했으며, 카드 값을 갚지 못하자 카드사까지 도산하게 되었다.

여러 번 언급하지만 세상에 공짜는 없다. 카드사는 절대로 자선사업을 하는 회사가 아니다. 카드사는 영리를 목적으로 운영하는 회사다. 카드사가 연말정산 소득공제에 포인트 적립금까지 주는 이유가 무엇일까?

물론 월급쟁이들이 카드를 많이 사용하면 연말정산 소득공제에 도움이 된다. 우리는 도움이 되는 것만 생각하지 말고 신용카드의 보이지 않는 이면을 들여다보아야 한다. 즉 신용카드는 과소비를 유도하는 독배(毒杯)라는 것을 잊어서는 안 된다.

사람은 좋은 걸 보면 갖고 싶고, 맛있는 음식을 보면 먹고 싶은 심리가 있다. 신용카드 한 장이면 눈에 보이는 것을 살 수 있고, 맛난 음식을 배부르게 먹을 수 있다. 한 달 후에 갚아야 한다는 생각은 뒤로 한 채 눈앞에 좋은 것을 보고 과소비를 하는 것이다.

외상을 하다보면 소도 잡아먹는다는 옛말이 있다. 물론 태산을 만들어 잘 살기를 바라지 않는 사람이라면 마음대로 사고, 먹고 싶은 거다 먹으면서 살아도 괜찮다. 그러나 티끌을 모아 목돈을 마련하고 그 돈으로 재테크를 하여 부자가 되기를 소망한다면 신용카드를 쓸 때 좀 더 신중하게 사용해야 한다. 눈앞에 것이 좋다고 하여 카드를 긁고 외상으로 사면 나중에 갚을 길이 없어 한 마리 남은 소도 팔아야 하는 지경에 이르게 된다.

앞으로는 동전이 없어진다고 한다. 어쩌면 가까운 시일에 지폐도 없어질지 모른다. 신용카드가 필수인 시대일수록 잘 쓰면 이익이요, 잘못 쓰면 자충수를 두는 꼴이 된다는 것을 잊어서는 안 된다. 무분별한 지출을 줄여 티끌을 모으자.

07

고정지출을 늘리게 하는
월급쟁이의 적

보험사만 배부르게 해주지 마라

대학을 졸업하고 낙타가 바늘구멍에 들어가듯 힘들게 취업에 성공한 사람들에게는 신용카드 외에 또 하나의 적이 있다.

우리 친척들 중에는 반드시 보험회사에 다니는 분이 있게 마련이다. 그분들은 어떻하든 연결고리를 만들어 접근한다. 그들의 공통점은 모두 친절하다는 것이다. 취업을 하면 축하 메시지를 보내거나 선물을 한 꾸러미 안고 찾아오기도 한다. 그렇게 진심 어린 축하를 해주고 돌아간 그분들은 한두 달이 지나면 반드시 다시 찾아온다. 이번에는 축하 선물이 아닌 보험가입 설계서를 가지고 온다.

어릴 적에 명절 때마다 그분들에게 받은 용돈에 대한 보답으로 생각하고 보험에 가입한다. 하지만 여기서 끝이 아니다. 결혼을 하면 실비보험, 자동차를 사면 자동차보험, 자녀가 생기면 교육보험 등을 권유한다. 자연스럽게 내 고정지출은 늘어날 수밖에 없다. 이것은 대부분의 사람들이 모두 공감하는 무섭고도 슬픈 현실이다.

월급쟁이의 지갑은 유리지갑이다. 그런데도 그놈의 인정 때문에 뿌리치지 못하고 보험사만 배부르게 해 주는 것이다.

고정지출 중 사교육비 다음으로 지출이 많은 것은 보험료이다. 우리는 원했든 원하지 않았든 많은 보험에 가입했다. 보험에 가입할 때마다 '이제는 더 이상 보험 가입은 하지 않으리라' 하고 결연한 다짐을 했다. 그런데 그 다짐은 잘 지켜지지 않았다.

여기서 보험에 대해 짚고 넘어가자. 사실 우리끼리 말이지만 내가 가입한 보험이 우리 가족이나 나에게 꼭 필요해서 자발적으로 가입한 적이 있는가? 대개는 친인척의 권유로 보험에 들게 된다. 친인척 중에 보험사 직원이 없어 다행이라고 여긴다면 그 또한 오판이다. 친인척의 사돈의 팔촌이 보험사에 종사하고 있기 때문이다.

대한민국은 콩 한 쪽도 나누어 먹어야만 하는 온정주의 나라다. 이렇듯 정이 철철 넘쳐나는 민족성이 있는데 거절을 하면 무언가 큰 잘못을 한 것 같고, 아주 몰인정한 놈으로 낙인찍히는 풍조가 있다. 이런 풍조야말로 구시대적이며 하루빨리 사라져야 하는 사회적 정서라고 외치고 싶다.

대한민국에 국적을 두고 있는 사람이라면 아무리 온정주의를 원망해도 어쩔 수 없다. 콩 한 쪽은 물론 입에 물고 있던 것도 내 주어야 의리가 있는 놈으로 인정해 주는 대한민국에 두 발을 딛고 서 있으니 말이다. 지인의 소개로 또는 사돈의 팔촌이 찾아오면 몰인정한 놈으로 낙인찍히기 싫어서 주머니 사정이 여의치 않아도 무리해서 보험에 가입하게 된다.

설계사의 주도적인 설명을 듣고 보험에 가입하다 보니 솔직히 내가 가입한 보험이 무슨 보험인지, 보장내용이 무언지 꼼꼼하게 알지 못한다.

얼마 전에는 거래처 사장의 소개를 받고 보험설계사가 찾아왔다. '앞으로 보험 가입을 하면 성을 갈리라' 이렇게 작심했지만 거래처 사장님의 소개로 오신 분을 어찌 거절할 수 있으랴. 무조건 대환영한다.

"불필요한 보험이나 중복된 보험이 있으면 손해잖아요."

그런데 이분은 내가 이미 보험을 여러 개 가입했고, 그 보험료를 내느라 허리가 휘고 있다는 것을 너무나 잘 알고 있다. 마치 계룡산에서 백일기도를 마치고 막 내려온 족집게 도사 같다.

그분은 시종일관 온화한 미소로 나의 가정경제를 위한 상담을 공짜로 해 준단다. 얼마나 이로운 말인가. 온정으로 마지못해 보험 가입을 했으니 중복된 것 또한 있을 거라면서 불필요한 보험은 싹둑 자르고, 저렴한 보험료에 보장도 두둑하게 받는 것을 소개해 주겠다고 한다. 두 마리 토끼를 한 번에 잡게 해 주는 상담이 공짜라니!

우리는 공짜라면 양잿물도 들이마시지 않던가. 공짜라는 말에 귀가 솔깃해서 설계사의 요청에 따라 가입해 있는 보험 서류철을 통째로 넘겨드렸다. 3~4일 후에 설계사가 음료수 한 박스를 사들고 찾아왔다.

"사장님과 가족에게 꼭 맞는 보험입니다."

설계사는 환하게 웃으며 나에게, 아니 우리 가족에게 꼭 맞는 보험 포트폴리오를 가지고 왔다고 한다. 설계사가 권유한 보험을 가입하지 않으면 손해를 보는 거 같아 또다시 가입을 한다. 결과적으로 보면 일부 보험은 해약하고 부족한 부분을 보충하는 보험을 하나 더 추가로 가입한 거였다.

우리는 보험의 성격을 잘 알아야 한다. 보험은 대부분 10년에서 20년 불입해야 하는 장기상품이다. 20년 후 원금은 물가 상승률을 고려해보면 수령액이 많은 액수가 아니다. 즉 손해를 보면서 매달 보험료를 납입하고 있는 것이나 다름없다.

그뿐인가. 살다보면 뜻하지 않은 위기에 처하게 되어 당장 목돈이 필요할 때가 있다. 목돈이 없으니 어쩔 수 없이 해약을 하게 된다. 중간에 해약을 하면 원금 손실을 보게 되는 것이 보험이라는 것을 누구나 알고 있을 것이다.

물론 인생이라는 우여곡절의 다리를 건너가는 길에는 각종 사고나 질병에 노출되어 있는 게 사실이다. 그 대비책의 일환인 보험이 필요한 것만은 틀림이 없다. 보험이 필요하다면 설계사가 추천하는 상품을 선택하기보다는 본인이 꼼꼼하게 확인해야 한다. 사사로운 온정에 이끌려 무턱대고 가입해서는 안 된다는 말이다.

지인, 거래처 사장의 소개, 팔촌의 처조카가 찾아와도 합리적인 사고로 살펴야 한다. 나에게 필요하지 않으면 냉정하게 거절해야 한다. 매몰차게 거절하지 못한다면 예우를 갖춰 식사를 대접함으로써 불필요한 장기 고정지출을 줄여야 한다.

우리의 목표가 무엇인가? 티끌을 모아야 하는 것이다. 티끌을 모으려면 인정사정을 두지 않고 눈물 콧물도 없어야 함은 물론이다. 몰인정한 놈이 되기 싫어서, 의리 있는 놈 되려다가 고정지출만 늘어나게 된다.

해지할 때 원금 손실을 보는 상품은 가입하지 마라

월급쟁이의 적이 비단 보험사뿐일까? 월급을 받으면 이리저리 쪼개어 쓰고 작으나마 저축을 하려고 은행을 방문한다. 여기에도 피해야 할 적이 존재한다. 설마 은행에도 적이 있다고?

은행 직원에게 금리가 높은 적금 상품을 안내해달라고 해보자. 그분들에게 바로 적금 상품을 안내받은 적이 있던가? 있다면 내 손에 장을 지질 것이다.

"요즘 누가 적금에 가입해요? 이자도 얼마 안 되는데요."

"펀드 하나 추천해 드릴게요."

"새로 나온 적립식 저축보험이 있어요."

은행 직원은 다양한 종류의 상품을 소개한다. 우리나라 저축률이 왜 낮아졌는지 실감하는 순간이다. 이자가 많다는 달콤한 말에 유혹된 우리는 덥석 방카슈랑스(은행과 보험회사가 제휴한 상품)를 가입하고 오는 경우가 대부분이다.

혹자는 "방카슈랑스가 왜 나쁜가?"라고 반문할지도 모르겠다. 내가 여기서 말하고 싶은 것은 보험은 장기상품이고 해지하면 원금 손실을 본다는 단점이 있다는 것이다.

우리의 목표가 무엇인가? 티끌을 모아 목돈을 마련해 재테크를 하려는 것 아닌가. 우리의 피 같은 돈에서 원금 손실을 본다면……. 아, 생각만 해도 등골이 오싹해진다.

우리는 냉정해야 한다. 사사로운 정에 이끌려서는 안 된다. 은행 창구 여직원의 미모가 미스코리아 뺨칠지라도 흔들리지 마라. 티끌을 모으려면 미스코리아 미모를 가진 여직원도 돌하르방처럼 보아야 한다. 그래야 내 마눌님 손에 물 안 묻히도록 해 주는데 한 걸음 더 나아가는 길이 아닐는지.

이렇듯 우리 주변에는 피 같은 돈을 노리는 적들이 많다. 물론 그들이 모두 적은 아니다. 미스코리아 같은 은행 직원이 권하는 상품이나 말고 다른 사람에게는 큰 이익이 되기도 한다. 모든 상품이 다 나쁜 것은 아니라는 말이다. 문제는 우리가 상품을 바로 보는 혜안이 부족하다는 것이다.

우리나라 국민들의 학력 수준은 상당히 높다. 웬만하면 대학졸업 자들이다. 그런데 교육 수준이 높아도 경제에 대해서는 초등수준이라고 감히 평가를 내리고 싶다.

부자가 되고 싶다면 반드시 경제에 대해서 알아야 한다. 은행에서 권하는 상품이 나에게 좋은 건지 도움이 되는 건지 식별할 줄 알아야 한다. 그렇지 못하면 주변 도처에 있는 적들의 달콤한 유혹에 빠져서 알토란같은 내 돈을 헛되이 날릴 수도 있다.

08

맞벌이 부부에게
작심하고 해주고 싶은 말

양육비를 벌기 위해 일터로 나가는 여성들

2000년대 초반 PC 통신에서 인터넷으로 급속도로 변할 즈음에 친구찾기 사이트인 '아이러브스쿨'이 많은 인기를 끌었다. 너 나 할 것 없이 친구찾기에 열광했다. 나의 초등학교 친구들도 이때부터 만남을 가졌고 지금도 정기적으로 모임을 갖고 있다. 작은 학교를 졸업했기에 오랜만에 본 친구를 기억 못하는 일은 없었고 금방 친해질 수 있었다.

15년 이상 친구들과 모임을 갖다 보니 각각의 형편을 누구보다 잘 알고 이해해주는 좋은 친구 사이로 발전해 갔다. 또래 친구들이고 비슷한 형편에서 자란 친구들이다 보니 공통점도 많았다. 배우자와 자녀들의 나이가 비슷하여 가족모임을 해도 불편함이 전혀 없었다.

나를 포함한 우리 친구들은 결혼을 하여 자녀 2~3명을 낳고, 지금 그 자녀들이 고등학교나 대학교를 다니고 있다. 친구들을 처음 만났을 때는 대부분 외벌이였다. 그런데 아이들이 자라면서 사교육비와 양육비로 지출이 많아지자 여성들이 하나둘씩 직장에 다니기 시작했다. 하지만 10년 이상 육아에 전념하다 보니 경단녀(경력이 단절된 여성)가 되었고, 전공한 전문직에 재취업하기도 힘들었다. 그러다보니 단순 노동을 하는 비정규직으로 취업한 여성들이 대부분이었다. 물론 월급도 적었다.

결혼한 여성들은 왜 사람들이 흔히 말하는 3D 업종도 마다하지 않고 직장에 다니는 것일까?

주부들은 우리 가정경제가 좋아지고 나빠지는 것을 누구보다 잘 아는 내무부장관님이시다. 내 집 마련도 해야 하고 노후자금도 준비해 놓아야 한다. 자녀들에게 들어가는 양육비용이 남편의 급여 상승보다 급속도로 올라가고 있으니 우리의 내무부장관님들은 빈털터리다. 허울뿐인 내무부장관직을 수행할 수가 없어서 결국 일터로 나가게 된 것이다.

여자는 연약하나 어머니는 강하다고 했다. 가정을 위해 열심히 일하는 여성들의 모습을 보면 어머니들은 옛날이나 지금이나 위대한 분들임에 틀림없다.

대한민국의 위대한 어머니들은 '나야 아무러면 어떤가. 내 남편, 내 사랑스런 자식들이 기 펴고 산다면 무슨 일인들 못하리'라는 생각으로 오늘도 억척스럽게 일터에서 일을 하고 있다. 어쩔 수 없이 가정경제를 위해 발 벗고 나선 어머니들께 경의를 표한다.

신세대 부부에게 하고 싶은 말

요즘 젊은 여성들은 결혼을 해도 직장을 그만두지 않는다. 결혼과 동시에 가사에만 전념하던 기성세대와는 다르다.

요즘 젊은 세대를 일컬어 Y세대(Y generation)라고 한다. 1982년부터 2000년 사이에 출생한 Y세대는 베이비붐 세대의 자녀 세대다. Y세대는 개인적이고 개방적이며 모방심리가 강하고 소비력이 왕성하다는 특징을 가지고 있다.

또한 N세대(Net generation)는 간섭을 싫어하고 독립심이 강하며, 특히 인터넷을 통하여 자신을 보여주려고 하는 성향이 강하다. 그들은 인터넷을 통해 폭넓은 사고와 의견을 접하고 새로운 것을 끊임없이 추구하려고 한다. 이밖에도 그들은 기성세대가 상상하지 못하는 가치관을 가지고 있는데, 눈에 띄는 건 N세대는 기성세대보다 훨씬 어른스럽다고 생각한다는 것이다. 기성세대 입장에서는 코웃음이 절로 나는 일이 아닐 수 없다.

"이마빡에 피도 안 마른 것들이 뭐 우리보다 어른스럽다고!"

그렇다고 그들 앞에서 이렇게 함부로 말했다가는 몰매 맞기 십상이니 인정해주자. 민주주의의 꽃이 무엇인가. 다양성을 인정하고 존중하는 데 있지 않던가.

신세대의 결혼관은 기성세대와는 크게 다르다. 기성세대는 결혼이 필수였지만 신세대는 결혼이 선택이다. 신세대는 결혼을 하면 맞벌이를 하는데, 그들이 맞벌이를 하는 이유는 사회적 여건이 녹록지 않은 것도 있지만 그 이전에 자기개발이 우선순위에 있기 때문이라고 한다. 가정경제에 우선순위를 두는 기성세대와는 크게 다른 모습이다.

그들은 결혼을 해도 살아보고 나서 혼인신고를 하며, 두 사람이 살아가는 생활비 외에는 각자의 돈주머니가 따로 있다고 한다. 이것은 기성세대가 맞벌이를 할 경우 부부의 수입이 오로지 가정을 위해 쓰여지는 것과는 다른 것이다.

신세대는 2세를 낳는 계획도 선택이고 두 사람만 알콩달콩 잘 살면 된다고 여긴다. 2016년 대한민국의 출산율은 OECD 국가 중에 꼴찌이고, 전 세계에서도 꼴찌에 가깝다고 한다. 신세대의 결혼관을 보면 출산율이 전 세계에서 가장 낮은 이유가 피부에 와 닿는다.

나는 신세대 부부에게 강력하게 말하고 싶다. 부부는 일심동체다. 결혼을 하고 한 가정을 이루었으면 한 몸인 것이다. 몸뿐만 아니라 돈도 한 지갑이어야 한다. 신세대의 아내들은 남편의 주머니를 가만히 두고만 볼 게 아니다. 자기개발도 해야 하지만 가정경제가 우선시 되어야 한다. 결혼을 했으면 집 장만, 노후설계 등 가정경제의 플랜을 제시하며 남편의 월급을 몽땅 빼앗아야 한다.

이렇게 말을 뱉어놓고 보니 마치 신세대 남편들이 나를 향해 장전된 총을 겨는 것처럼 심장이 벌렁거린다. 그래도 어쩌랴. 할 말은 해야겠다.

"신세대 남편들이여! 총을 내리고 내 말 좀 들어보소. 오늘 젊다고 항상 젊은 게 아니오. 나라고 피 펄펄 끓던 젊은 시절이 없었겠소. 그대들보다 더 뜨거웠다오. 용광로 같은 뜨거운 가슴은 세상을 다 움직일 것 같았소. 그 당당함으로 쉼 없이 달려오던 어느 날이었다오. 거울 속에 흰머리 희끗희끗한 중년 남자의 힘없는 얼굴을 보았다오. 아이들은 커 가는데 가정경제는 마이너스이고, 마눌님은 카드빚 갚고자 산업전선에 뛰어들어 있었다오.

"마누라가 사골 사다 삶으면 집 나가는 거래."

아내가 소족을 사다가 삶는데 선배님의 말씀이 확 떠올랐소. 순간 눈앞이 캄캄해졌소. '마눌님이 집을 나가버리면 나 혼자 어떻게 살 것인가? 아니 자식은. 참, 자식들은 이미 품 안의 자식이 아니지 않던가.'

내 주변에는 아무도 없고, 이빨 숭숭 빠져 노인네 냄새 풀풀 풍기는 내 노후의 모습을 상상해 보니 정신이 번쩍 들었소. 하여 나도 살기(?) 위해 울며 겨자 먹기로 페미니스트가 되었다오. 간도 쓸개도 없다고? 나도 그대들처럼 부러질지언정 휘지는 않겠다며 살았다오. 나의 꼿꼿함은 하늘도 벌벌(?) 떨 정도였다오. 나이 더 먹어 보시오. 세상에서 가장 무서운 것이 바로 마눌님이오. 악처가 열 효자보다 낫다는 말도 있지 않소. 세계적으로 유명한 소크라테스 부인도 악처라고 들었소. 그 유명한 소크라테스가 뭐가 부족하고 아쉬워서 악처에게 명성으로 쌓은 돈다발을 바치면서 굽신거렸겠소.

일장춘몽이오. 젊음은 영원한 것이 아니오. 꿈결같이 흘러가는 게 젊음이오. 나이 먹어서는 친구도 지인도 다 필요 없소. 그저 내 옆에서 등짝 긁어주는 마눌님이 최고지.

젊다고 객기부리며 흥청망청 돈 쓰지 맙시다. 손에 남는 건 빚뿐이오. 아무도 돌보지 않는 홀아비가 먼 훗날 내 모습이라는 걸 잊지 맙시다. 그러니 남자들은 젊을 때부터 마눌님에게 다정다감하게 굴어서 점수 따고 성실함을 저축해야 하오. 그렇게 저축한 것은 큰 사랑이 되어 나의 노년을 윤택하게 보상해 줄 것이오.

N세대 남편들이여! 이제부터 가정과 노후를 위해 월급 100퍼센트는 물론 비상금까지 탈탈 털어 마눌님에게 바칩시다. 그리고 오늘 뜨거운 밤(?)을 보내 출산율을 높입시다. 그것이 애국하는 길이오.

세상에 사람으로 태어나 나를 닮은 자식이 있다는 것 또한 말로는 설명할 수 없는 큰 기쁨이오. 그대들이 아기를 낳지 않는 건 자식으로 인해 얻어지는 무궁무진한 기쁨을 아직 모르기 때문이오. 부부의 사랑의 결실인 아기를 낳아보시오. 얼마나 어여쁘고 사랑스러운지 알게 될 것이오. 얼마나 자식이 예뻤으면 눈에 넣어도 아프지 않다는 말이 나왔겠소. 자식 때문에 삶이 더 보람 있고, 열심히 살고 싶은 욕망도 생기는 것이오. 하루 종일 회사에서 시달린 스트레스가 내 피가 흐르는 자식의 까르르 웃음에 다 녹아버리고, 내일 다시 회사로 뛰어가게 힘을 불끈 준다오.

멋진 그대들이여! 따뜻한 가정을 이루었으니 그대들을 빼닮은 붕어빵도 낳고, 내 사랑하는 가족의 미래를 위해 절약하여 목돈을 모읍시다.

그대들은 결혼하면서부터 맞벌이를 하니 기성세대의 신혼 초보다 여유를 가지고 살아가는 거 잘 알고 있소. 기성세대보다는 경제적으로 여유롭게 살아온 그대들이니 절약이 쉽지 않겠지만 반드시 씀씀이를 줄여야 하오. 맞벌이를 해서 소득이 늘어났다고 많이 지출하면 가난에서 벗어날 수 없소. 즉 평생 부자로 살기는 어렵다는 말이오.

맞벌이는 물질의 풍요를 누리며 사는 것이 목적이 아니오. 목돈을 모으려고 맞벌이를 하는 것이오. 조금 여유가 있다고 명품을 사는데 낭비하지 마시오. 그대들은 명품보다 더 멋지고 값진 젊음이 있으니 명품일랑 나중에 사고 먼저 절약하시오."

이왕 신세대 남편들에게 한마디 했으니 이번에는 아내들에게도 한마디 해주고 싶다.

"신세대 아내들이여! 이 책에 나오는 '가계부를 활용하는 방법'을 읽어보면 내가 신세대 부부들에게 왜 이렇게 긴 글을 써가며 부탁의 말을 하는지 알게 될 것이오. 오늘 당장 남편의 월급을 관리하겠다고 선언하시오. 그런 다음 가정경제 플랜을 설계하시오. 그렇게 해야 부자가 되는 길로 한 걸음 더 나아갈 수 있다오."

지금 우리 사회는 맞벌이를 해야만 살 수 있는 환경이 되었다. 우리는 증가되는 고정지출 때문에 소득을 늘려나갈 수밖에 없는 세상에 살고 있다. 그러나 증가되는 고정지출을 줄이지 않고서는 부자의 길을 갈 수 없다. 소득을 늘리는 것은 답이 아니다. 증가하는 고정지출을 줄이기 위해 노력하고 또 노력해야 한다.

09

해마다 반복되는
고정지출을 줄여라

쥐뿔도 없는데 돈 쓸 일은 많다

5월은 계절의 여왕이라고 한다. 그러나 나는 5월은 잔인한 달이라고 말하는 사람이다.

우리 부부는 연초에 매월 고정적으로 일정액을 저축하겠다고 다짐한다. 하지만 5월이 되면 우리의 다짐은 무너지기 시작한다. 5월 1일은 노동절, 5일은 어린이날, 8일은 어버이날, 15일은 스승의 날이다. 기념일에는 어김없이 선물을 해야 한다.

예를 들어 스승의 날을 보자. 학교 선생님들이 한두 명인가. 자녀가 둘이면 담임선생님도 두 분이다. 학교 선생님뿐인가. 피아노, 태권도, 미술학원 등 선생님을 꼽으면 열 손가락으로도 모자란다. 자식을 학교나 학원에 보내면서 스승의 날을 그냥 넘길 수 있는 배짱 두둑한 부모가 과연 있을까.

물론 그런 일은 없겠지만, 스승의 날에 선물을 드린 아이들은 선생님에게 1년 내내 사랑을 받는다. 그럼 내 아이는? 혹여 선물을 드리지 않아서 미운털이 박히고 화장실 청소만 하는 거 아닌가. 과용을 해서라도 선물을 드려야 부모 마음이 편안해진다.

감사한 마음보다는 의례적으로 주는 선물, 즉 돈의 가치로 판단하는 선물은 주고받을 때 진정한 의미가 담겨 있지 않다. 그런 측면에서 나는 김영란법은 아주 잘 만든 법이라고 생각하고, 두 손 들고 환영하는 사람 중에 한 사람이다.

이제는 우리나라 국민들도 성숙한 의식을 가져야 한다. 꼭 물질만을 가지고 가치를 따져서는 안 된다. 절제된 감사하는 마음, 마음만 받을 줄 아는 성숙함이 절실히 필요한 때이다.

그렇다. 아무리 김영란법을 논하고 성숙함이 어쩌고 해대도 기념일에는 꽃 한 송이라도 사 드려야 한다. 그래야 활짝 핀 선생님의 얼굴을 볼 수가 있다.

그뿐인가. 5월에는 기념일이 많다 보니 징검다리 연휴가 생길 가능성이 높다. 이 시기에 앞 다투어 가족여행이나 나들이를 떠나면 계획에 없던 지출을 하게 된다.

특히 자영업자인 경우에는 5월에 종합소득세를 납부해야 한다. 그리고 5월에는 아름다운 신부님이 많은 달이다. 그 도둑놈(?)을 생각하면 국물도 없지만 아름다운 신부님 얼굴을 떠올리면 버선발로 달려가게 된다.

내가 가진 것이라곤 쥐뿔밖에 없어도 나름 사회적인 지위와 체면이 있다. 아름다운 신부님 앞에 두둑하게 축의금을 드려야 직성이 풀린다. 이렇게 저렇게 숨 쉴 겨를 없이 생각지도 못했던 지출을 하고 나면 저축할 돈이 전혀 없다. 아니 생활비까지 모자라 카드로 서비스를 받아 근근이 버텨야 하는 지경에 이르게 된다. 그리하여 나에게 5월은 잔인한 달이다.

그 잔인함의 후유증은 6월에도 그치지 않는다. 서비스 받은 할부를 채 갚기도 전에 여름휴가가 다가온다. 남들 다 가는 휴가를 우리 가족만 가지 않는다면 아내와 아이들은 석 달 열흘 입이 닷 발은 나와 있을 것이 빤하니 어찌 집에만 있을 수 있단 말인가. 나는 간 큰 남자가 아니니 저렴한 비용을 들여 바닷가나 계곡을 다녀온다. 잠시 숨 돌릴 즈음이면 민족의 대명절 추석 연휴와 구정이 손짓하며 우리를 또 기다리고 있다.

우리는 이렇게 매년 반복되는 고정지출 속에 살고 있다. 그런데 고정지출에 대해 크게 신경을 쓰지 않는 사람들을 많이 보았다. 매년 있는 기념일이니 으레 지출하는 것으로 치부해 버리는 것이다. 그러나 어차피 지출해야 하는 돈이라고 치부해 버리면 안 된다.

우리의 목적이 무엇인가? 절약을 해서 목돈을 모으는 것이다. 기념일이라 할지라도 과용을 해서는 안 된다는 말이다. 무조건 값비싼 선물을 하기보다는 내 수준에 맞는 선물을 해야 한다. 실생활에 필요한 것, 저렴한 것으로 선물하고 한 푼이라도 줄여야 한다.

해마다 반복되는 연간지출을 줄이려면 무엇을 해야 하는가? 절약하는 플랜을 짜야 한다. 그럼 어떻게 줄일 것인가? 절약의 백미는 바로 가계부이다. 계획에 없는 막대한 지출을 막기 위해서는 가계부가 꼭 필요하다. 이 책의 '과거, 현재, 미래 가계부 만들기'에서 그 해법을 찾아볼 수 있을 것이다.

자녀에게도 경제교육을 해야 한다

우리가 무심히 흘려버리는 고정지출에 대해서 다시 한 번 생각해보자. 고정지출 중 많은 비중을 차지하는 것은 자녀의 사교육비이다. 자녀를 키우는 사람들은 이에 공감할 것이다.

우리 집 큰딸이 막 초등학교에 들어갔을 때의 일이다. 당시 어린 딸은 미술학원, 피아노학원에 다니고, 집으로 선생님이 찾아오는 학습지 등을 하고 있었다.

한번은 딸이 태권도학원에 다니고 싶다고 아내에게 졸랐다. 아내는 딸에게 "아빠한테 물어보렴"이라고 말했다. 이 말은 아빠인 나에게 결정권을 넘긴 것이나 다름없었다. 나는 딸에게 이렇게 말해주었다.

"아빠가 학원을 두 개 이상 보내줄 돈이 없네."

덧붙여서 나는 딸에게 "태권도학원에 다니고 싶으면 다녀라. 단, 미술이나 피아노학원 중 하나는 다닐 수 없다"고 말했다. 딸에게 우리 집이 돈이 넉넉하지 않다고 솔직하게 말한 다음에 그러니 학원은 우리 집 형편에 맞게 다녀야 한다고 했다.

아내는 내가 하는 말을 듣고 매우 놀란 눈치였다. 어린 딸에게 돈이 없어 못 보낸다는 말을 한 것에 대해 매우 불만인 듯했다. 아내도 생활비가 부족해서 딸의 학원 수강을 더는 늘릴 수 없다는 사실을 잘 알고 있었다. 하지만 우리 집이 가난하여 학원을 하나 더 보낼 돈이 없다는 말을 자식에게는 하고 싶지 않아서 이런저런 핑계를 댔던 것이다. 왜 아내의 마음을 모르겠는가. 혹시라도 우리 딸이 친구들 앞에서 기가 죽지 않을까 하는 노파심도 있었으리라.

"바비인형 갖고 싶어~ 곰돌이 푸도 사줘~."

딸은 인형을 유난히 좋아한다. 그래서인지 집에 인형이 있는데도 새로운 것이 있으면 사달라고 떼를 쓴다.

"인형 가격이 너무 비싸서 지금은 사줄 수가 없어. 아빠가 돈을 더 벌어야 살 수 있으니 다음 달까지 기다려 줄래?"

나는 딸이 간절히 갖고 싶은 것이 있다고 해도 준비된 예산에 없으면 사줄 수 없다고 분명히 말해주었다. 꼭 물건을 사고 싶으면 돈을 마련할 때까지 기다릴 줄 알아야 한다고 가르쳤다. 어린 자식이라도 부모가 돈이 있는지 없는지를 알아야 한다는 측면에서 그렇게 했다.

나는 자녀들에게 우리 가정의 재정상태에 대해서 말해주는 것을 좋아한다. 그것은 경제공부인 동시에 가정교육이라고 생각하기 때문이다. 이런 반복을 통해 우리 자녀들의 경제교육이 시작되었고, 아내도 이제는 나처럼 말하고 행동하고 있다.

수입과 지출의 황금 비율

지출을 적절하게 관리하는 일은 말처럼 쉽지 않다. 그렇다면 수입 대비 지출을 얼마나 하는 것이 이상적일까?

내가 생각하는 수입과 지출의 황금 비율은 이런 것이다.

- 미혼: 수입의 50% 이하로 지출
- 기혼, 외벌이, 자녀 없음: 수입의 60% 이하로 지출
- 기혼, 외벌이, 자녀 있음: 수입의 80% 이하로 지출
- 기혼, 맞벌이, 자녀 없음: 수입의 80% 이하로 지출(맞벌이 중 한 명의 소득 중에서)
- 기혼, 맞벌이, 자녀 있음: 수입의 90% 이하로 지출(맞벌이 중 한 명의 소득 중에서)

이 황금 비율은 개인 사정에 따라 다를 수도 있다.

이처럼 수입과 지출을 관리하여 비율을 정하고 생활해야 한다. 그래야 자녀를 출산하거나 맞벌이에서 갑자기 외벌이로 변화해도 우리

가정이 안전하게 유지될 수 있다. 물론 다른 사정으로 인해 황금 비율을 맞추어 살아가기가 어려울 수도 있다. 이런 경우 자신에게 맞는 황금 비율을 미리 만들어야 한다. 또한 여러 상황(경우의 수)에 맞는 지출 비율도 정해놓아야 한다. 그렇지 않으면 우리의 가정경제는 점점 더 어려워질 수밖에 없다.

이렇듯 한 가정을 이루고 살아가는 일은 쉬운 게 아니다. 여기서 다시 한 번 강조하고 싶은 게 가계부를 쓰는 일이다. 수입과 지출을 기록해야 나에게 맞는 황금 비율도 찾아내고 돈의 흐름을 파악할 수가 있다.

통장에 입·출금으로 인쇄된 내용을 바라보기만 해서는 돈을 관리할 수 없다. 매달 가계부를 쓰면서 지출 상태를 점검한다면 점차적으로 재정상태는 개선된다. 가계부의 데이터가 축적되면 나의 미래를 예측할 수 있는 좋은 엔진이 생긴다는 것을 명심하기 바란다.

10

아파트 평수 늘리다가
끝나는 인생

우리 인생의 보편적인 모습

집이란 과연 무엇인가? 집은 인간의 근원이 시작되는 곳이 아닐까.
하루 동안 지친 몸을 편안히 쉴 수 있는 안식처, 그리고 사랑하는 가
족의 웃음꽃이 피어나는 천국. 비가 새는 판잣집이라도 내 집이 좋은
이유는 내가 안주할 수 있는 곳이기 때문이다. 그래서 사람들은 너 나
할 것 없이 내 집을 마련하려고 애를 쓰는 것이리라.

사랑하는 사람과 첫 출발을 할 때 본인 명의의 집이 있다면 얼마나
좋을까. 하지만 대부분의 사람들은 전세나 월세방에서 신혼 살림살이
를 시작한다. 부모님의 도움 없이 내 집을 구입한다는 것은 낙타가 바
늘구멍에 들어가는 것만큼이나 불가능에 가까운 일이다.

신혼을 전셋집에서 출발하는 경우에 계약 만기가 되면 깨닫게 된다. 전셋집을 얻지 말고 그때 무리를 해서라도 집을 샀으면 좋았을 것을 하고 말이다. 왜냐하면 집값이 2년 만에 많이 오르고 전세금도 같이 올라 집주인이 전세금 인상을 요구하기 때문이다. 이때 우리는 고민에 빠진다. 또 전세를 구할까, 아니면 이참에 집을 사버릴까? 여러 번 고민하고 또 고민한 끝에 내 집을 장만하고 만다.

처음으로 생긴 소박한 집에 감사해서 눈물이 날 지경이다. 그러나 기쁨도 잠시뿐이다. 구입 당시 받은 대출금의 원금과 이자를 갚아가며 힘들게 살아간다. 자녀가 생기면서 그 집이 작다는 것을 느낀다. 하여 지금보다 조금 큰 평수로 이사를 한다. 평수가 크니 더 많은 대출을 받았음은 물론이다. 대출이자와 원금을 갚는데 등골이 휘어도 휘파람이 저절로 나온다. 집 가격이 많이 올랐고 대출금을 제외하고도 자산이 많이 늘어났기 때문이다.

세월은 유수와 같이 흘러간다. 어느덧 자녀들이 대학에 들어가고 군대를 다녀오고, 그리고 결혼을 한다. 이렇게 자녀들이 제 갈 길을 가고 나면 큰 집에는 아내와 나만이 살아간다. 덩그러니 썰렁하다고 큰 집에서 작은 집으로 줄일 수는 없다. 많아진 살림살이를 줄일 수도 없거니와 주말이면 분가한 자식들이 손주들을 올망졸망 안고 오기 때문이다.

내가 자식 낳아 기를 때는 예쁜지 몰랐다. 아니 예뻤다. 정말이지 눈에 넣어도 아프지 않았다. 그러나 먹고살기 급급하다보니 마음껏 사랑해주지 못했다. 그런데 내 자식이 결혼하여 낳은 손주들은 보기에도 아까울 지경이다. 어디서 그렇게 사랑스런 아기가 생겨났을까. 손주의 응가마저도 어쩜 그리 신기한지 감탄이 저절로 흘러나온다. 불면 날아갈까, 땅이 꺼질세라 발에 물도 묻혀주기 싫은 심정이다. 그렇게 어여쁜 손주들이 자야 할 방이 있어야 하니 평수 작은 집으로는 절대 이사를 못 가는 것이다.

내가 결혼해서 낳은 자식이 금쪽같은 손주를 낳아 오고 세월은 쉼없이 흘러간다. 어찌 가는 세월을 밧줄로 묶을 수가 있단 말인가.

나는 직장에서 은퇴를 하고, 흰머리 성성한 할아버지가 되었다. 이제 인생의 무대에서 내려와야 한다. 할아버지가 무슨 수입이 있겠는가. 그래도 내 젊은 날 허례허식 안 하고, 어여쁜 여자들한테 눈길 한번 주지 않고 똑바로 앞만 보고 뚜벅뚜벅 걸어왔으므로 집 한 칸이라도 남아있다.

우리 부부의 노후는 연금과 나의 든든한 집을 담보로 주택연금을 받아 생활하리라. 살고 사랑하면서 나의 역사가 시작되고 그 역사가 나의 노후까지 책임져주는 따뜻했던 나의 집.

"나는 그 집에서 열심히 살았어요. 꽃들이 만개하고 새들은 노래하고 푸른 잎들이 춤을 추던 봄날은 어느새 지고 작별의 시간이 되었군요. 한여름 뜨거운 햇볕 같은 인생의 무대에서 내 마눌님, 토끼같은 자식들 그리고 지인들과 부대끼며 오순도순 살아온 세월이 한량 없이 고맙기만 합니다. 그대들을 가슴속에 오래도록 고이 간직하고 기억할게요."

이승의 인연들과 멋지게 안녕을 고하며 영원한 안식으로 들어간다.

아마도 이것이 우리의 보편적인 미래의 모습은 아닐는지.

속 빈 강정처럼 살지 마라

그렇다. 우리네 인생은 내 삶의 근원이 되는 집의 평수를 늘려가며 살아가는 것일 게다. 그런데 행복의 모태가 되는 집의 평수를 줄여서 살기란 매우 어려운 일이다. 아내의 입장에서는 그간 마련한 살림살이를 버려야 하기 때문에 더더욱 고통스러울 것이다.

다른 예로 남자들의 자동차를 들 수 있다. 중형차를 타다가 경차로 낮추어 타기란 쉬운 일이 아니다. 실직을 하거나 사업이 파산하면 모를까 대부분 소형차에서 준중형으로, 중형에서 대형차로 점점 큰 차로 갈아타고 싶은 게 남자들의 희망사항일 것이다. 아파트와 자동차의 공통점은 낮추기가 매우 힘들다는 점이다.

간혹 가정의 재무상태가 갑자기 안 좋아진 사람이 나에게 찾아올 때가 있다. 대부분 수입이 갑자기 줄어들어 가정의 재무상태가 나빠져 있다. 그 수렁에서 어떻게 하면 빠져나올 수 있는지를 문의한다.

내가 해줄 수 있는 조언은 무엇이 있을까? 수입이 급격히 줄었으니 형편이 좋아질 때까지 지출을 줄이라고 말해준다. 구체적인 조언을 부탁하면 작은 평수로 이사하고, 자동차도 소형으로 바꾸고, 고정 지출을 점검하여 지출을 줄여나가라고 귀띔해준다. 이것밖에 뭐가 있을까. 딱히 방법이 없는데 내 말을 받아들이는 사람의 마음은 어떨까. 유추해 보건대 매우 자존심이 상했을 수도 있다.

어쩌면 그 사람은 이런 격려를 듣고 싶었는지도 모른다.

"쥐구멍에도 볕 들 날이 있다고 하질 않았습니까. 살다보면 좋은 날이 있으니 지금 당장 추가 대출을 받으세요. 대출받은 돈으로 그럭저럭 살면서 지금의 난관을 잘 극복해 보세요."

하지만 그것은 정답이 아니다.

우리는 허례허식하기를 좋아한다. 남들 앞에 기죽기 싫은 것이다. 우리 주변에는 정말이지 내 형편에 맞지 않게 살아가는 사람들이 너무나 많다. 집은 무조건 커야 하고, 자동차도 외제차에, 입고 있는 옷이며 가방, 신발, 머리부터 발끝까지 온통 명품으로 휘감아야 폼 나는 인생이라고 착각하며 사는 것이다.

나는 명품을 좋아하지 않는다. 아니 나도 좋아한다. 세상 그 누구나 좋은 건 취하고 싶은 것이 인지상정이 아닐까.

그러나 뱁새가 황새 따라가다가 가랑이가 찢어진다는 말이 있다. 내 형편에 맞추어 살아야 하는 것이다. 남들한테 기죽기 싫다고 분에 넘치는 과소비를 하다보면 빚더미에 앉게 되고 가랑이가 찢어진다.

요즘 젊은 부부들을 보면 아이에게 명품 옷을 사 준다. 귀한 자식이니 좋은 옷 사주고 싶은 건 당연하리라. 물론 형편이 넉넉하면 좋은 것을 사 줄 수도 있다. 그러나 남들 앞에서 기죽을까봐, 폼을 내고 싶다고 명품으로 휘감는다면 도시락 싸들고 다니며 말리고 싶다. 아이들은 하루가 다르게 쑥쑥 커간다. 비싸게 산 명품 옷을 몇 번 입을 수 있을까.

우리에게는 내일이 있다. 오늘만 사는 것이 아니라는 말이다. 내일 더 잘 살고 싶으면 오늘을 속 빈 강정처럼 살면 안 된다. 다 빛 좋은 개살구라는 말이다. 아끼고 절약해서 티끌을 모으자.

내일을 위해 오늘의 불편을 감수하라

나 역시 전셋집에서 결혼생활을 시작했다. 건설한 지 8년 정도 된 24평 임대 아파트였다. 임대 아파트가 무슨 전세냐고 말하겠지만, 당시 민영 임대 아파트에는 10년 후 분양하는 조건의 전세식 임대 아파트가 있었다.

복도식 아파트라서 이웃 주민들과 대면할 기회가 많다보니 자연스레 친하게 지낼 수 있었다. 그곳에 산 지 3년 정도 되었을 때의 일이다.

"여보, 우리 라인에 사는 철수네, 영희네가 신규 분양 아파트로 이사를 간대요."

아내는 퇴근한 나에게 흥분된 목소리로 이야기를 했다. 물론 내일 당장 이사를 가는 게 아니고 2년 6개월을 기다리면 입주를 한다고 했다. 신규 아파트 분양을 받은 사람들은 머지않아 이사를 가리라. 그러나 내 형편으로는 신규 아파트로 이사하기는 힘들었고 생각조차 못하고 있었다.

"신규 아파트에는 방마다 붙박이장이 있어서 장롱이 필요 없대요."

"아이들이 놀이터에서 노는 모습도 집에서 생생하게 볼 수 있대요."

"우리는 언제 그런데서 살아볼까요? 저 사람들은 참~ 좋겠다."

신규 아파트로 이사 가지 못하는 주민들은 삼삼오오 모여 철수네가 앞으로 이사 갈 아파트가 천국인 양 부러워했다. 아주머니들의 이야기를 듣고 있는 아내를 보자니 쥐구멍에라도 숨고 싶은 심정이었다. 그때 당시 그 아파트 라인에서 내가 제일 어리고 소득 또한 가장 적었다. 다들 자영업을 하거나 대기업에 다니는 고소득자였다. 다들 여력이 되니 신규 아파트를 분양받은 거였다.

몇 달이 지나서였다. 이웃 주민이 분양받은 아파트의 프리미엄이 1500만 원 정도 붙었다는 소문이 나돌았다. 나는 그때만 해도 프리미엄이 무엇인지조차 모르는 무지한 가장이었다.

"여보, 우리도 청약 넣어 봐요. 혹시 알아요 당첨될지."

아내는 다른 아파트 분양에 청약을 해보자고 했다. 나는 겁부터 났다. 나에게는 계약금을 넣을 돈밖에 없어서였다. 당첨이 된다면 중도금은 무슨 돈으로 내야 한단 말인가. 하지만 아내의 생각은 달랐다.

분양받고 나서 프리미엄만 받고 팔아 돈을 벌고, 다시 청약통장에 가입하면 된다고 했다. 아마도 아내는 이웃 주민들에게 조언을 받은 듯했다.

그래도 내 마음은 불안했다. 만일 당첨되었는데 사는 사람이 없다면 프리미엄은커녕 중도금은 어떻게 마련해야 하는가. 눈앞이 캄캄했다. 콩알만 한 간이 부들부들 떨렸지만 아내의 대담한 청약 제안을 흔쾌히 수락했다.

지금이야 인터넷으로 청약을 하지만 당시는 모델하우스에 방문해서 직접 접수해야 했다. 당첨 및 동 호수 추첨도 같은 곳에서 이루어졌다.

당첨자 발표가 있던 날 회사에 월차를 내고 수원에 있는 모델하우스를 방문했다. 그런데 뜻밖에도 당첨이 되었다. 당첨 받은 층이 5층인데 로열층은 아니라고 했다. 프리미엄을 받지 못하면 어쩌나 걱정이 앞서기도 했지만 기분은 날아갈 듯했다. 나는 소풍이나 운동회에서 행운 뽑기를 해도 한 번도 당첨된 적이 없었다. 그런데 아파트가 당첨되다니…….

휘파람을 불며 모델하우스를 나오는데 한 아주머니가 빙그레 웃으면서 다가왔다.

"아파트 당첨됐어요?"

나는 고개를 끄떡거렸다. 그분은 나를 자꾸만 따라오며 몇 호냐고 물었다. 혹시 사기꾼인가. 그깟 동 호수를 말해준다고 문제가 있을까.

103동 505호에 당첨되었다고 말해주었다.

"로열층이 아니라서 아쉽네."

아주머니는 2500만 원의 프리미엄을 주겠다면서 본인에게 팔라고 제안했다.

그 당시 나의 연봉이 2500만 원이었다. 아주머니가 제시한 프리미엄에 현기증을 느꼈다. 혹시 귀신한테 홀린 건 아닐까. 나는 정신을 차려야 한다고 다짐하며 고개를 세차게 흔들었다.

"제가 집에 가서 생각해 보겠습니다."

돌다리도 두드려 보라고 했던가. '내가 촌티가 줄줄 흐르고 어리숙해 보이니 저 아주머니가 사기치려고 접근하는 건지도 몰라.' 나는 명함을 받아들고 도망치듯 그 자리를 빠져나왔다.

2500만 원. 나의 1년 연봉이 하루아침에 생기는 것이 사실일까, 꿈일까. 집으로 달려와 아내에게 큰소리로 소상하게 보고했다.

"그것 봐요. 프리미엄 받고 팔면 되겠네. 2500만 원 벌었다!"

아내는 그 아주머니가 사기꾼이 아니고 '떴다방' 사람들이라고 했다. 떴다방? 그건 또 무슨 소린가. 아니 지금 그걸 알아야 할 때가 아니었다. 2500만 원을 한 번에 벌게 해준 나의 위대한 마눌님. 나 같은 못난 놈한테 대단한 능력을 가진 마눌님이 시집을 왔다니. 세상에 내 마눌님 같이 어여쁜 여자가 또 어디 있을까. 복덩어리 마눌님의 앵두 같은 입술에 연거푸 키스를 하며 번쩍 안고 방 안을 빙글빙글 돌았다. 예전에는 돌덩이처럼 무겁더니 그날은 하나도 무겁지 않았다. 마치

깃털처럼 가벼웠다.

"여보, 당신을 내 아내로 맞이한 것이 내 인생의 행운이오. 나한테는 당신밖에 없다는 거 알지? 나는 다시 태어나도 당신만을 사랑할 겁니다."

그 기쁨을 어찌 말로 다 형용할 수 있으랴. 그런데 문제는 다음날 찾아왔다. 당첨이 되어 1년 연봉을 하루아침에 벌었는데 왠지 모를 씁쓸한 느낌이 가슴을 스쳤다.

나는 그동안 회사일을 열심히 해서 승진하고 많은 월급을 받아야겠다고 생각했다. 그래서 누구보다 열심히 일했다. 그런데 한순간에 일 년 치 연봉을 벌 수도 있다고 생각하니 세상을 몰라도 너무 몰랐고, 어쩌면 내가 바보처럼 살아가고 있는지도 모른다는 회의감이 들었다. 나는 그날부터 세상 공부를 해야겠다고 결심했다.

회사일도 열심히 하고 공부도 부지런히 했다. 공부를 하다보니 내가 하는 공부가 세상 공부가 아닌 '재테크 공부'라는 것을 알게 되었다. 나는 '재테크'라는 단어조차 모를 정도로 무지했다. 20여 년이 흐른 지금도 나는 세상 공부를 하고 있고 앞으로도 쭈욱 공부를 계속할 것이다.

나는 생각지도 않았던 당첨이 되어 세상 바라보는 안목을 키워 준 그 아파트를 프리미엄을 받고 팔지 않았다. '지금 팔까. 아니 앞으로 더 오를지도 모르는데……' 이리 재고 저리 쟀다.

"아파트 입주 시기까지 놔두면 프리미엄이 곱빼기로 오를지도 모르잖아."

나는 아파트가 다 지어지면 5천만 원은 오를 거라고 철석같이 믿었다. 그러나 아내는 과욕은 금물이니 2500만 원을 받고 당장 팔자고 했다. 오기가 생겼다. 돈을 더 벌고 싶은 욕심에 '떴다방' 아주머니의 제안을 냉정하게 걷어차 버렸다.

퇴근길에는 내 아파트가 지어지는 현장에 들렀다. 바라만 보아도 배가 불렀다. 저 아파트 층수가 올라갈수록 프리미엄도 더 올라가겠지. 콧노래가 저절로 흘러나왔다. 그런데 이상한 일이었다. 아파트 층수가 올라갈수록 프리미엄이 점점 더 떨어졌다. 2500만 원 하던 프리미엄이 1년이 지나자 1500만 원까지 떨어졌다. 오를 거라는 과한 욕심이 불러온 오판이었다. 아내 말을 듣지 않은 게 땅을 치고 통곡할 만큼 후회스러웠다.

"여보, 이참에 우리도 내 집에서 한번 살아봅시다."

그래도 나약한 모습은 보여주기 싫었다. 나는 이 집안의 가장이었다. 우선은 뿔난 아내의 마음부터 잠재워야 했기에 덜컥 새 아파트에서 살자고 했다. 아니 아내한테 지청구만 듣는 무능한 남편이 된 깃만 같은 자괴감이 들어서였다. '나는 새가슴이 아니라고. 이래 보여도 나 배짱 있는 놈이야. 내가 그깟 집 하나 못 살까봐.' 하는 심정으로 허풍을 떨었던 것이다.

새 아파트에 살자는 말에 아내는 좋아서 어쩔 줄 몰라 했다. 새집에서 살게 된다는 것이 어찌나 기쁜지 프리미엄이고 나발이고 다 필요가 없는 모양이었다.

"우리도 새집으로 이사 가요!"

아내는 목에 힘을 주고 동네방네 자랑했다. 어디 아내뿐이랴. 아이들도 좋아서 친구들에게 자랑하며 꿈에 부풀어 있었다. 속 타는 사람은 나뿐이었다.

월급 받는 날은 더디게 다가오는데 중도금 내는 날은 왜 그렇게 빨리 다가오는지. 대출은 상한으로 받고, 회사에서 퇴직금 중간 정산까지 받아 중도금을 낼 수 있었다. 그러나 입주시 잔금은 나올 곳이 없었다. 더 이상 은행 대출은 받을 수 없는 상태였다. 생각해보니 아버지가 농자금 대출을 받을 수 있을 것 같았다.

"아버지, 농자금 대출을 받아 주시면 안 될까요? 제가 꼭 갚을게요."

나는 기어들어가는 목소리로 아버지에게 부탁드렸다.

"그랴. 우리 막내가 아주 큰일을 했구나. 사실은 네 앞으로 땅을 하나 사 놓은 게 있었어."

내가 첫 월급을 드렸을 때 아버지는 "네가 잘 관리하거라" 하시며 받지 않으셨지만 나는 그동안 어머니에게 용돈을 드렸다. 아버지가 워낙 몸이 약하여 자주 아프신 데다 밭이라야 조금밖에 없었으므로 생활비를 보내드린 거였다.

아버지는 자식의 돈을 쓸 수 없어 한 푼 두 푼 모았고, 가지고 계셨던 돈을 합하여 작은 땅을 사 놓으셨다. 그 땅을 팔아 2천만 원을 만들어 오셨다.

"옷도 사 입고 그러세요. 왜 그렇게 추레하게 다니세요!"

나는 작업복만 입으시는 아버지가 보기 싫어서 짜증을 내곤 했다. 부모님의 깊은 뜻을 모르고 쥐꼬리만큼 용돈을 드리면서 유세를 부렸던 자식이었다. 나는 2천만 원을 가지고 오신 아버지 앞에서 참회의 눈물을 흘렸다.

어느덧 입주 시기가 가까워졌다. 곧 내 명의의 집이 생긴다고 생각하니 마치 세상을 다 가진 것만 같았다. 비록 빚이 대추나무 연 걸리듯 걸려있지만 나 자신이 자랑스럽고 멋진 놈처럼 여겨졌다. 아내와 아이들 앞에서 목에 힘을 주고 어깨가 쭉 펴졌다. 드디어 온 가족이 손꼽아 기다리고 기다리던 입주 날짜가 코앞에 다가왔다.

나는 우리 가족이 새 아파트에 들어가 살 수 있는 여력이 되는지 가정경제를 점검해보았다. 내 월급은 한정되어 있고, 그 돈으로 우리 가족이 생활하고 은행 대출금을 갚기에는 힘에 겨울 것이다. 자칫 잘못하면 빚더미에 올라앉게 될지도 몰랐다. 결단을 내려야 했다.

"우리 그냥 여기서 살아야 할 것 같아."

아내와 아이들은 실망감을 감추지 못했다. 나는 처자식에게 죄인이 되어 얼굴을 들 수가 없었다.

나의 첫 집. 있는 돈 없는 돈 끌어 모아 내 생에 처음 가져보는 내 명의의 집. 그곳에서 사랑하는 가족과 간절하게 살고 싶은데 살지 못하는 그 비통함을 무엇에 견주랴.

회사에서도 일이 손에 잡히지 않았다. 여느 때보다 일찍 퇴근해 포장마차에서 강소주를 마시며 눈물을 삼켰다. 아무리 눈물을 삼켜도 한이 남았는지 집으로 돌아오는 길에 나도 모르게 눈물이 주르르 흘러내렸다. 그날따라 왜 그렇게 비는 부슬부슬 내리던지.

집에 돌아와서는 아무 일 없었다는 듯이 중국집에 전화를 했다. 자장면과 그동안 한 번도 먹지 않았던 탕수육도 곱빼기로 주문했다.

아내는 입을 비죽 내밀며 말했다.

"내가 왜 모르겠어. 우리 사정 뻔한데."

세상에 바다같이 넓은 마음씨를 가진 나의 마눌님! 아~ 나는 정말 복 터진 놈이었다.

아내와 아이들은 탕수육 곱빼기로 새집으로 이사 가지 못하는 나를 이해해 주었다.

나의 첫 집. 오늘은 충수가 얼마만큼 올라갔을까. 퇴근길에 공사현장에 들러 손가락으로 충수를 세어보며 가슴 설레던 그 집은 어떻게 되었는지 궁금하시리라.

그때 당시 평택은 외국인들에게 주택을 빌려주는 렌털이 있었다. 우리도 그 집을 월세를 주어 돈을 받을 수 있는 좋은 기회가 생겼다. 집을 내놓은 지 두 달 만에 제니퍼라는 중년 외국인 여성이 입주를 했다. 그런데 그분은 2년분의 월세를 한꺼번에 현금으로 주었다. 나는 너무나 깜짝 놀랐다.

나는 렌털을 하면 2년분의 월세를 한꺼번에 받는다는 것조차 몰랐다. 아내와 나는 낡은 임대 아파트 거실에서 거액의 돈을 세고 또 세어보며 즐거워했다. 새 아파트로 이사를 가지 못했지만 돈 세는 기쁨으로 아쉬움을 달랠 수 있었다.

세월은 흘러가고 정들었던 이웃들은 하나둘씩 이사를 갔다. 나도 내 집으로 가고 싶었다. 그러나 아직은 아니라고 여겼다. 자장면 곱빼기와 탕수육으로 아내와 아이들을 달래가며 그 낡은 임대 아파트에서 오래도록 살았다.

그렇다. 나의 첫 자산은 가족의 희생으로 만들어진 셈이다. 나는 가족을 희생시킨 못난 남편이요 아버지였다. 아내와 아이들이 새집으로 이사 가자고 울고불고 난리를 쳤다면 2년분의 목돈이 손에 들어올 수 있었을까. 그 자산은 수십 배로 불어나서 오늘 부자 가족이 되게 만들었다.

고마운 나의 사랑하는 가족은 내가 나락으로 떨어져도 유일하게 내 편이 되어 주는 든든한 버팀목이다. 내가 세상에서 똑바로 걸어갈 수 있게 해 주는 원동력이다. 나는 소중한 가족의 행복을 위해 열심히 살리라 다짐했고, 정말 열심히 살았다. 그리고 앞으로도 그렇게 살아갈 것이다.

CHAPTER 2

부자의 생각,
부자의 습관으로 전환하라

11

진정한 부자의 기준은 무엇인가?

가슴에 담은 소망

서두에 말했지만 나는 종합고등학교에 다녔다. 그 당시 공업계열이나 상업계열의 학교에서는 취업 위주의 공부를 집중적으로 했다. 대부분의 실업계 학생들은 대학 진학보다는 취업이 목적이어서 수능 (학력고사)에 대한 부담이 없었다.

학교 수업은 보통 오후 4~5시경이면 끝났다. 나는 학교에서 집까지 1시간 30분을 걸어서 갔다. 버스를 타면 20분 정도 걸리는 거리였지만 버스에서 내려 다시 30여 분을 걸어야 집에 도착할 수 있었다. 친구들과 삼삼오오 모여서 이야기를 나누거나 철마다 변하는 풍광을 감상하며 걷노라면 먼 거리가 길게 느껴지지 않았다.

어느 날 친구들과 하굣길에 서정리역 근처로 가게 되었다. 거기서 아주 멋진 대저택을 보았다. 그야말로 고래 등 같은 집이었다. 높은 담장과 엄청나게 큰 대문이 나를 압도했다. 마침 대문이 살짝 열려 있어서 안을 들여다보았다.

"이런 집에는 보통 맹견을 키워. 얼마나 무서운지 알아!"

친구들은 남의 집을 뭣 하러 기웃거리느냐고 타박하면서 개한테 물리기 전에 빨리 가던 길을 가자고 손짓했다. 솔직히 나는 친구들의 말이 귀에 들어오지 않았다. 설령 맹견한테 물려서 넓적다리 하나가 뜯겨지더라도 저택 안을 구경하고 싶었다.

이렇게 멋있고 웅장한 집은 태어나서 처음 보았다. 그 후 나는 서정리역 근처를 지나갈 때면 그 저택 쪽으로 발걸음을 옮겼다. 보는 것만으로는 눈에 차지 않아서 그 집 대문과 기둥을 만져보고 또 만져보았다.

'이런 집에는 누가 살까? 아마도 돈이 어마어마하게 많은 큰 부자가 살겠지. 산해진미가 가득 놓인 식탁에서 부자~ 같은 대화만 하겠지.'

나는 막연하게 상상을 하면서 이다음에 어른이 되면 나도 이런 집에서 살아보리라 다짐했다.

그 후 세월이 흘러서 나는 고향을 떠나 사회인이 되었다. 서른 무렵에 우연히 서정리역을 가게 되었다. 나는 일부러 그 저택을 찾아갔다. 고등학교 때 내 마음에 부자가 되겠다는 소망을 품게 해준 저택이었다. 그런데 그 집이 없었다. 아니 내가 꿈에 그리던 저택이 중국집으로 변해 있었다. 까닭이야 모르겠지만 가슴이 너무 아팠다. 이런 저택의 주인이 되겠다고 마음속에 아로새긴 내 꿈마저 산산조각이 날까 봐 속상하고 코끝이 찡했다. 나는 그 중국집에서 자장면을 시켜 먹으면서 반드시 성공하고 부자가 되어서 이런 저택에서 살아보리라 다짐했다.

마흔 무렵에 그 저택에 다시 가 보았다. 나는 또 한 번 놀랐다. 예전에 있던 중국집은 없어지고 그 자리에는 세련되고 멋진 오피스텔이 들어서 있었다. 그동안 살면서 힘들 때마다 가슴에 담은 소망을 이루기 위해 달려가라고 지친 등을 떠밀어 주었던 그 저택은 사라졌지만 서정리역을 가면 그 고래 등 같은 한옥집이 생각난다.

여러분의 소망은 무엇인가? 보통은 성공하고 부자로 살고 싶은 것이 아닐까. 우리는 인사말로 "성공하세요", "부자되세요" 하며 덕담을 건네기도 한다.

나는 자녀에게 무엇을 이루라고 가르쳐야 할지 한참 고민한 적이 있다. 자녀에게 성공하고 부자가 되라고 말해주어야 할까?

물론 부자가 되어서 여유롭게 사는 것이 가난해서 힘겹게 살아가는 것보다는 나을 것이다. 돈은 살아가면서 꼭 필요한 것이기는 하다. 하지만 돈으로 살 수 없는 것들도 많다. 하여 나는 돈이란 인생에서 필요조건이지 충분조건은 아니라고 생각하는 사람이다. 나는 아이들에게 진정 하고 싶은 일을 하면서 자유롭고 당당하게 살아가라고, 열정을 가지고 최선을 다하라고, 나 혼자 잘 먹고 잘 살지 말고 다른 사람들을 돌아보고 도울 일이 있으면 힘껏 돕는 사람이 되라고, 무슨 일이든 최선을 다하면 성공을 하고 물질은 부수적으로 따라오는 것이라고 말해준다.

부자가 되더라도 멋진 부자가 되라

5년 전 우리 가족은 경주로 여행을 떠났다. 1박 2일의 짧은 여행이었다. 아내는 좋은 곳도 많은데 몇 년 만의 여행을 하필 경주로 가냐고 불평했다.

나는 여러 가지 이유를 붙여가며 아내를 설득했다. 무엇보다도 자식 교육에 경주만 한 곳이 없다고 했다. 아내는 자녀교육이라면 가급적 잘 들어주는 편이라서 쉽게 동의해주었다. 사실 나는 아내의 지청구에도 아랑곳하지 않고 경주에 가고 싶었던 진짜 이유가 있었다. 책에서만 보았던 경주 교촌에 있는 최부잣집을 직접 눈으로 확인하고 싶어서였다. 경주 최부잣집은 조선시대부터 지금까지 대한민국에서 가장 멋진 부자이기 때문이다.

그곳에 가면 집 마루 앞에 멋진 글이 씌어 있는 목판이 붙어있다.

육훈 "집안을 다스리는 지침"

-과거를 보되 진사 이상의 벼슬을 하지 마라.

-만석 이상의 재물은 사회에 환원하라.

-흉년기에는 땅을 늘리지 말라.

-과객을 후하게 대접하라.

-주변 100리 안에 굶어 죽는 사람이 없게 하라.

-시집온 며느리는 3년간 무명옷을 입어라.

이것이 몇 백 년을 이어 온 부잣집의 가훈이다. 이런 가훈이 있었기에 몇 백 년을 이어 왔을 것이다. 존경할 수밖에 없는 분들이다.

부자란 무엇일까? 재산과 소득이 많고 노후준비는 물론이고 후대에 물려줄 자산이 있는 사람일까.

외국에는 백만장자라는 말이 있다. 백만장자라면 재산이 많은 아주 큰 부자를 일컫는 것일 테지만 나는 쉽게 백만 달러로 계산해 봤다. 원화로 환산하면 11억 원 정도 된다. 우리나라의 10억 만들기와 일맥상통하는 듯하다. 하지만 백만장자가 나온 시기를 감안하면 100억 정도 되지 않을까. 하지만 이런 정의는 조금 막연하다.

어떤 경제 전문가도 부자의 정확한 기준을 말하지 못한다. 우리나라 국민을 상대로 한 조사에서는 10억 이상의 자산을 소유한 사람이 부자라고 36퍼센트의 사람들이 답했다는데, 요즘 상황을 보면 강남의 10억짜리 아파트 한 채 정도의 수준이니 동의하기가 쉽지는 않다.

한상복 기자가 쓴 책《한국의 부자들》에서는 금융자산 10억 원을 소유한 자를 부자라고 보는 것이 합당하다고 했다. 한국의 기준으로 본다면 부의 대부분이 부동산에 편중되어 있다고 해도 과언이 아니다. 따라서 금융자산이 10억 원 이상이면 총자산은 매우 많을 것이다. 아마도 50~100억 원은 되지 않을까 생각한다. 오늘 10억이 10년 후의 10억과는 괴리가 있어 부자의 기준은 물가상승률에 따라 다르게 정해질 것이다.

돈이 나를 위해 일하는 시스템을 만들어라

고등학교 때 국어를 가르치던 선생님의 말씀이 생각난다. 그 선생님은 "내가 살고 있는 집이 있고, 그 집값만큼의 현금이 있고, 정년퇴직할 때까지 다닐 수 있는 직장이 있으면 부자다"라고 하셨다. 과연 부자는 어느 만큼의 자산이 있어야 할까? 개개인의 욕망이 다르기 때문에 부자의 기준을 금액으로 환산하기는 어렵다.

나는 진정한 부자란 마음이 부자인 사람이라고 생각한다. 담을 그릇을 정한 최부잣집처럼 지나친 욕심을 버려야 한다. 한마디로 표현하자면 '자유로운 사람'이 진짜 부자다. 여기서 말하는 '자유'란 쉬고 싶을 때 쉴 수 있고, 일하고 싶을 때 일할 수 있는 자유를 말하는 것이다. 은퇴시기를 본인이 정할 수 있고, 여행 가고 싶을 때 가족과 함께 여행하고, 일에 얽매이지 않는 것도 자유라고 할 수 있다.

돈 많은 사람들은 자신의 돈을 지키기 위해, 더 많이 벌기 위해 쉬지 않고 일을 한다. 그런 분들의 모습을 보면 그들은 진정한 부자라고 하기는 어렵다. 자신의 돈이 줄어드는 것이 두려워서 일만 하는 부자는 진정한 부자가 아니라는 말이다.

소득에는 근로소득과 자산소득이 있다. 근로소득은 일해서 받는 급여나 일에 대한 보수다. 내가 일하지 않으면 보수를 받을 수 없다. 근로소득에는 직장인 외에도 전문직, 자영업자도 속해 있다. 의사, 변호사, 치킨집 사장 등은 본인이 일하지 않으면 수입이 발생하지 않는다. 아무리 훌륭한 의사라도 본인이 아파서 환자 진료를 하지 못할 경우 그에게 보수를 주지 않는다. 보수가 많을 뿐 노동이 소득인 셈이다. 의사는 수입이 많아서 휴가 때 해외여행을 갈 수는 있지만 아무 때나 갈 수는 없다.

그러나 자산소득은 내 자산에서 나오는 소득이기 때문에 내가 직접 관리하지 않아도, 아니 가끔 관리만 해주면 나의 돈이 나를 위해 일한다. 자산소득에는 부동산, 채권, 주식, 펀드, 로열티 등이 있다.

우리나라 부자의 자산 중 많은 비중을 차지하는 것이 부동산이다. 상가건물, 오피스텔, 아파트, 원룸, 토지 등이 그것이다. 하지만 대부분의 부자들은 시세 상승만을 목적으로 부동산에 투자하지 않는다.

예를 들어, 5억을 들여 토지를 샀다고 가정해보자. 과연 그 토지에서 어떠한 수익이 나올까? 논이라면 쌀, 밭이라면 밭작물이 나올 것이다. 5억을 투자해서 나오는 쌀의 가치는 얼마일까? 토지는 시세 차익을 보고 투자하는 상품이다. 투자 대비 수익이 매우 낮다. 과연 부자들은 토지를 좋아할까? 물론 토지를 선호하는 부자들도 많이 있다. 하지만 모든 재산이 토지에 편중되어 있지는 않을 것이다. 그것은 일부분의 포트폴리오에 속해 있을 것이다.

나 역시 토지에 대한 투자를 선호하지 않는다. 내가 토지를 구매하여 건물을 지을 계획이 없다면 더욱더 투자하지 않을 것이다.

나는 150억 자산가를 꿈꾸고 있다. 현재 목표를 이루기 위해 열심히 살고 있으며 반드시 그 꿈을 이룰 것이다. 하지만 150억 원의 자산 금액에 목표를 정해 두지는 않는다. 다만 그 자산에서 나올 수익들을 기대한다.

부자란 내가 일하지 않고도 나의 돈이 나를 위해 일하게 만들 수 있는 사람을 의미한다. 부자가 되려면 내 돈이 나를 위해 일하는 시스템을 만들어야 한다. 그렇게 하면 경제적 자유를 얻을 수 있다. 내가 일하고 싶을 때 일하고 쉬고 싶을 때 쉴 수 있는 자유를 누릴 수 있다. 나는 자유롭게 살고 싶다. 나는 이런 '자유'야말로 진정한 부자의 기준이라고 생각한다.

12

자수성가한 부자들의 원칙

일과 공부를 병행하는 오뚝이

나는 열아홉 살부터 마흔 살까지 근 20년 동안 직장생활을 했다. 그동안 네 번 정도 직장을 옮겼다. 내가 하는 일은 기계설계였으며 사업을 하는 지금도 같은 일을 하고 있다. 한 우물을 팠기에 이 분야에서만큼은 전문가 소리를 듣고 있다.

나는 고등학교 3학년 때 현장실습생으로 취업했다. 첫 직장에서 군대에 가지 않고 회사에서 일하며 병역특례를 받는 것이 어떻겠느냐고 제안했다. 나는 그 제안을 받아들여 3년간 의무근무를 했다. 그리고 회사의 배려로 야간대학에서 공부를 했다. 대학에서 공부할 수 있게 도와주신 나의 은인 김계준 과장님을 생각하면 가슴이 먹먹해지고 너무나 감사해서 고개가 절로 숙여진다.

나는 회사에서 처음으로 야간대학을 보내준 1호 인물이었다. 나는 고마운 김계준 과장님과 회사를 위해 더욱더 열심히 일했다.

야간대학의 수업은 오후 6시부터 시작해 10시에 끝났다. 업무가 많을 때 학교에 가려고 오후 5시에 회사를 나올 때면 뒤통수가 뜨거워졌다. 동료들은 일하는데 나만 혼자 퇴근하는 미안함 때문이었다. 그 미안한 마음 때문에 수업이 끝나면 부랴부랴 회사로 돌아와 밀린 업무를 마쳤다.

그때 당시 내 월급은 시급으로 계산되었다. 추가 근무를 하면 잔업수당을 받았다. 하지만 나는 밤늦은 시간에 아무도 모르게 일을 했고 추가 수당을 청구하지 않았다. 과장님이 이 사실을 뒤늦게 알고 잔업수당을 청구하라고 했지만 나는 총무과에 청구서를 제출하지 않았다. 나는 대학을 보내준 회사에 감사한 마음을 그렇게라도 보답하고 싶었다.

일과시간에는 직장에서 일하고 밤에는 학교에서 공부하다 보니 친구들을 만날 시간이 없었다. 일요일에는 학교 숙제와 밀린 업무를 하기에도 부족했다. 친구들과 어울려 놀고 싶은 어린 나이에 일과 공부를 병행한다는 것은 말처럼 쉬운 일이 아니었다.

내가 일과 공부를 병행하게 된 계기는 고등학교 때 느낀 바가 있었기 때문이다. 내가 다니던 종합고등학교는 인문계 4반, 전자과 2반,

기계과 1반으로 편성되어 있었다. 나는 기계과를 나왔다.

학창시절 나는 전교회장을 했다. 한 반밖에 없는 기계과에서 학생회장을 하기란 어려운 일이었다. 지금의 정치구조를 생각하면 이해하기 쉬울 것이다. 야당, 그것도 제3야당에서 대통령이 당선된 것과 같은 것이었다. 이런 비유가 우습기는 하지만 아무튼 나는 힘없는 제3야당 출신으로 당당히 회장으로 당선되었고 학교의 리더가 되었다.

직장생활을 하다보니 고졸 학력으로는 열심히 일을 해도 과장 또는 부장으로 진급하기가 하늘의 별 따기라는 것을 알게 되었다. 나는 몇 년을 일해도 평사원인데 대학을 졸업한 사람이 뒤늦게 입사해 나의 상사가 된다면, 그것은 생각만 해도 자존심이 상했다. 내가 과연 나보다 늦게 입사한 사람을 상사로 모시고 일할 수 있을까. 아무리 생각해봐도 내 자존심이 허락하지 않았다. 내가 누구인가. 전교회장을 했던 사람이 아닌가.

나는 전교회장의 자존심을 지키며 직장생활을 하고 싶었다. 그래서 기필코 대학 졸업장을 받으리라 굳은 결심을 했다.

내 친구들이 군대 3년, 대학 4년을 마치고 취업할 때까지의 기간은 7년이었다. 친구들이 사회에 첫 진출하는 7년 동안 나는 야간대학을 졸업하고 회사에서 입지를 세우리라 마음먹었다. 대학에서 함께 공부한 친구들은 MT를 가고 미팅을 하며 즐거워할 때 나는 그들보다 앞서가려고 하루에 4, 5시간만 자고 열심히 공부했다. 미래의 멋진 내 모습을 만나기 위해 자투리 시간도 금처럼 활용했다. 그야말로 나는 오뚝이였다.

친구들이 대학을 졸업하고 취업했을 때 나는 그들보다 높은 직급에 있었다. 내가 야간대학을 졸업하고 높은 직급에 오르게 된 것은 1분 1초도 허투루 쓰지 않았기 때문이다. 시간을 금처럼 여기며 잘 활용했기에 목표를 이룰 수 있었고 오늘의 이 자리에 서 있는 것이라고 감히 말하고 싶다.

돈이 돈을 번다

톨스토이의 명언 중에 "시간은 금이다. 고로 나는 부자다."라는 참으로 멋진 말이 있다. 이 말은 듣는 사람마다 달리 해석할 수 있다. 예를 들어, 세계 통화 화폐를 달러로 선정할 당시만 해도 미국은 달러를 금으로 바꿔주고도 남을 만큼의 금을 보유하고 있었다. 그로 인해 세계 각국은 미국 화폐 달러를 세계 통화로 선정한 것이다. 이런 배경이라면 "시간은 돈이다. 고로 나는 부자다."라는 말도 이치에 맞는 것이다.

은행에서 대출을 받으면 매달 이자를 통장에서 인출해 간다. 월 단위로 납부를 하지만 사실 하루씩 계산하고 있는 것이다. 1월과 2월은 이자가 다르다. 1월은 31일까지 있고 2월은 28일까지 있기 때문이다.

나의 자산 파일에는 일일 자산소득, 일일 근로소득, 일일 이자지출이 기록되어 있다. 하루에 나가는 이자를 생각하면 휴일에 쉬더라도 그 시간을 헛되이 보내지 않게 된다. 하루 종일 소파에서 TV 리모컨을 붙잡고 누워있어도 이자는 나가고 있기 때문이다.

나는 하루 업무시간 중 4분의 1을 회의하는데 쓴다. 어떤 날은 하루 종일 회의만 하는 경우도 있다. 나에게는 철칙이 하나 있다. 그것은 어떤 일이 있어도 약속시간은 반드시 지켜야 한다는 것이다. 비가 오든 눈이 오든, 지구가 거꾸로 돌아가지 않는 한 예외가 없다.

시간은 금이라고 했다. 하여 나는 시간을 소중하게 여긴다. 약속시간을 철저히 지켜야 하는 건, 내 시간도 상대방의 시간도 소중하게 생각하기 때문이다.

한국에는 코리안타임이라는 게 있다. 약속시간을 잘 지키지 않는 한국인들의 습관을 빗댄 표현이다. 약속시간에 늦을 경우에는 갑자기 급한 일이 생겨서, 늦잠을 자서, 교통체증 때문에 등등의 갖가지 변명을 한다.

나는 약속시간보다 10분 내지 20분 전에 도착해 미리 회의할 내용을 정리한다. 상대방이 회의 시간에 늦으면 나는 기다리며 다른 업무를 본다. 회의 시간에 늦은 사람이 회의실에 들어오면서 하는 말은 항상 "늦어서 죄송합니다."이다. 약속시간에 늦은 사람은 죄송한 마음으로 회의를 시작하게 된다. 약속시간에 늦은 사람과 먼저 와서 기다린 사람 중에 회의의 주도권은 누구에게 있는가를 생각해보자. 특히 예민한 사안을 협의하고 설득해야 하는 회의에서는 오랫동안 기다린 사람이 조금이라도 유리한 위치에 서게 되는 것은 당연한 일이 아닐까.

자수성가한 부자들은 시간관리는 기본이고 자기관리가 철저하다. 그리고 자산관리 또한 철두철미하게 한다. 자산관리라고 뭐 대단하게 생각할 필요는 없다. 자신의 돈관리에 철저하다는 것이다. 이들 부자들은 시간과 돈의 관계를 잘 알고 있다.

뛰어난 능력을 가진 고소득자를 제외하면 대부분 사람들의 근로소득은 높지 않다. 근로소득만으로는 부자가 될 수 없다. 우리에게 주어진 시간은 한정되어 있고 나의 몸은 하나이기 때문이다. 내가 아무리 일을 잘한다고 해도 두세 가지의 일을 여러 곳에서 동시에 할 수는 없다. 업무 능력이 뛰어난 직장인이라고 해도 보통 직장인에 비해 1.5~2배 정도 신속하게 업무처리를 할 수 있을 뿐이다. 이처럼 근로소득 외의 자산소득이 없으면 부자가 되는 데 시간이 너무 부족하다.

자수성가한 부자들은 작은 자산부터 시작하여 아주 조금씩 자산을 키워나간다. 그러기 위해서는 자신만의 원칙과 기준이 필요하다. 그들은 힘들게 모은 종잣돈을 한순간에 날려버릴 수도 있다는 두려움이 있기 때문에 더욱더 준비를 철저히 하고 공부에 매진한다.

여러분은 이 책에서 자수성가한 부자들의 방식과 원칙을 계속해서 배워나갈 것이다. 그것을 실천에 옮기는 것은 여러분이 판단할 문제다.

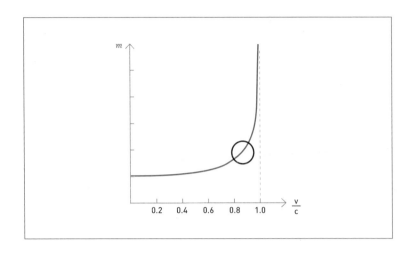

아인슈타인의 상대성이론에 E=MC²이라는 공식이 나온다. '속도가 빛의 속도에 가까워지면 질량이 급속도로 증가하게 된다.'는 것이다. 아인슈타인의 업적 중 하나인 이 법칙은 부자들에게도 적용되고 있다. 그리고 나의 자산 성장곡선에도 그대로 그려지고 있다. 참으로 대단한 법칙이다.

속도와 질량의 법칙에서 Y축에 자산, X축에 시간을 넣고 그래프를 그려보면 자산 성장곡선이 나오게 된다. 자산 성장곡선은 처음 몇 년간은 매우 낮게 올라가는 것을 알 수 있다. 작지만 계속 상승하고 있으며 어느 순간부터는 기울기가 증가되고, 나중에는 급속도로 높게 오르고 있는 것을 볼 수 있다.

이처럼 부자들은 자산소득의 증가로 자산 성장곡선을 만들어내고 있다. 나는 위의 표에 표시된 지점을 지나고 있었다. 자산 증가는 한 순간에 이루어지지 않는다. 매우 천천히 이루어진다. 그러나 철저하게 관리하지 않으면 천천히 이루어지는데 그치고 만다. 상승곡선은 지속적인 분석과 관리를 통해 만들어지는 것이고 한번 만들어진 곡선은 쉽게 내려가지 않는다.

한국 속담에 "돈이 돈을 번다."는 말이 있다. 모든 부자가 자산 성장 곡선을 그리고 관리하는 것은 아니다. 관리하지 않아도 이 곡선처럼 그들의 자산은 성장해 나가고 있다. 즉 돈이 돈을 벌고 있는 것이다.

돈이 돈을 벌게 하는 종잣돈을 모으는 것은 힘든 일이다. 그러나 그 자산을 유지하는 것 또한 어려운 일이다. 부자가 되기 전에 자산을 관리할 수 있는 시스템을 만들어야 한다. 자산을 관리할 수 없다면 부자도 될 수 없다는 것을 명심하기 바란다.

13

정확히 알아야 할
자산과 부채의 차이

대출받아서 장기투자 하지 마라

내가 경영하는 회사는 3년 동안 두 번의 공장 신축을 했다. 2014년에 처음 공장을 신축하고 2년이 지나 사업이 확대되어 2016년에 제2공장을 신축했다. 2016년 여름 제2공장으로 이전하고 기존 공장은 협력업체에 임대를 주었다.

나는 공장을 신축할 때 두 번 모두 모 건설사에 발주했다. 자연스럽게 그 회사 사장님과 친분을 갖게 되었다. 이분은 땅 투자를 선호해서 몇 곳에 땅을 소유하고 있었다. 특히 지방에 매물로 나온 저렴한 땅을 사고 있었다. 그 사장님은 이렇게 말했다.

"리미티드(limited) 한정판에는 프리미엄이라는 게 붙게 되어 있죠!"

그분의 소신은 땅은 한정판 재화이기 때문에 언젠가는 오를 수밖에 없다는 것이다.

나는 그분의 말에 동의하지 않는다. 물론 대한민국의 국토는 한정되어 있다. 그러나 한정된 땅이라고 해서 다 프리미엄이 붙고 대박이 나는 것은 아니다.

그분은 돈을 벌려면 땅을 사야 한다는 자기만의 소신을 굽히지 않고 땅에 집중 투자한다. 그런데 문제는 대출까지 받아서 땅을 사는 것이다.

투자를 할 때 간과해서는 안 되는 게 있다. 부동산, 아파트 등의 투자는 하루아침에 수익을 내는 것이 아니다. 다시 말해 번갯불에 콩 볶아 먹는 것이 아니라는 말이다. 부동산은 긴 시간을 두고 가는 장기투자다.

그분 말대로 국토는 한정판이기 때문에 오를 수도 있으리라. 그러나 대출을 받아 투자한다면 그 긴 시간 동안의 대출금 이자와 각종 세금을 따져봐야 한다.

그분의 자녀는 두 명이다. 모두 대학생이다. 그분이 대출까지 받아 땅을 사면서 생긴 은행 부채 때문에 대학생 자녀들에게 등록금을 줄 형편이 되지 못한다. 자녀들은 아르바이트를 하며 학비를 벌어 학교에 다니고 있다. 먼 훗날 그 한정판 땅이 수익이 났다고 하자. 그런데 그 수익이 온전한 수익이라고 할 수 있을까.

그동안 은행에 낸 이자, 각종 세금, 자녀들이 아르바이트를 하며 등록금을 벌어야 했던 시간, 자녀들의 생고생을 돈으로 환산하면 어마어마한 것이다. 그래도 그분의 소신은 꿋꿋하다. 자녀들이 몇 년 만 고생하면 된단다. 자녀들이 대학을 졸업하고 돈을 벌어 함께 부채를 상환하기를 기대하고 있다. 나는 그분과 더 이상 언쟁하고 싶지 않아서 억지로 동의를 하고 대화를 마무리했다.

내가 하고 싶은 말은, 내 자산이 아닌 대출금을 받아서 하는 장기투자는 하지 말라는 것이다. 대출이자와 부동산 세금을 빼고 나면 남는 게 없는 장사가 되기 십상이다.

물론 나도 땅값 상승이 기대되는 지역에 땅을 사고 싶다. 하지만 지금은 그럴 상황이 아니다. 현금자산이 없기 때문이다. 은행 대출금과 재산세와 종합부동산세를 내가며 땅을 사고 싶지는 않다. 여력이 된다면 공기 맑고 경치 좋은 시골에 조그만 별장 하나 정도 짓고 싶기는 하다. 한 달에 한두 번, 혹은 세상살이에 시달릴 때 가족들과 그곳에 가서 편안한 휴식을 취하고 싶다.

그러나 지금은 잠시 소망을 접어두고 있다. 아직도 내가 원하는 자산 목표에 도달하지 않은 상태이기 때문이다. 땅 투자는 목표 달성 이후에 도전해도 늦지 않는다고 생각하고 있다.

급하게 먹는 밥이 체한다고 했다. 대출금까지 받아가며 서두르지 말자. 한정판인 대한민국 국토, 그러나 나의 자산이 확보된 후에 투자해도 늦지 않다.

수익형 자산과 비수익형 자산

자산이란 무엇일까? 사전에 명시된 정의는 '개인이나 기업이 소유하고 있는 경제적 가치가 있는 유형, 무형의 재산'이다. 하지만 회계적으로 보면 '자본+부채=자산'이라고 하고 우리가 알고 있는 자산은 자본을 의미하며 '자본-부채=순자산'을 말하는 것이 맞다.

앞에서 여러 번 근로소득과 자산소득에 대해 언급했다. 그럼 과연 우리의 자산 중에 소득이 발생할 수 있는 수익형 자산과 비수익형 자산은 무엇이 있을까?

• 비수익형 자산

1. 아파트(거주하는 집): 재산세를 발생시키며 고장나거나 파손되면 비용이 발생함(집의 가격이 상승하면 시세 차익을 볼 수 있음).

2. 자동차: 보험료, 자동차세, 수리비, 주차비 등 비용 발생(오래되면 중고 시세가 떨어짐).

3. TV, 냉장고, 세탁기: 전기요금 발생

• 수익형 자산

1. 수익형 부동산(임대 목적의 부동산): 아파트, 주택, 상가, 창고, 공장, 토지 등

2. 주식: 주가 상승으로 수익이 날 수 있음. 배당주 주식 등

3. 채권: 국채, 공사채, 회사채 등

4. 어음, 차용증: 회사 어음할인, 개인 채무 등

5. 로열티, 지적 재산권: 특허, 음원 저작권 등

6. 사업: 내가 없어도 되는 사업, 네트워크 마케팅

7. 연금: 국민연금, 퇴직연금, 개인연금 등

수익형 자산에는 이처럼 많은 종류가 있다. 과연 우리는 어떤 것에 투자할 것인가? 각자 고민해야 할 일이다.

나는 수익형 부동산투자를 좋아한다. 나로서는 다른 수익형 자산에 비해 어렵지 않고 경기와 금리 변동에 가장 둔감하고 원금손실의 리스크가 비교적 적기 때문이다.

주식은 손실에 대한 리스크가 너무 크다.

채권은 수익률이 너무 낮고 회수가 오래 걸린다.

어음은 부도날 리스크가 있어 두렵다.

차용은 돌려받지 못할 가능성이 높다.

특허는 전문지식이 있어야 한다.

내가 없어도 되는 사업은 찾고는 있으나 쉽게 찾기 어려울 듯하다.

네트워크 마케팅은 다단계라는 색안경을 끼고 보는 사람들이 있어서 싫다.

우리는 여러 가지 이유로 투자를 하지 않는다. 그리고 이러한 투자를 다 할 필요도 없다. 나에게 맞는 투자를 하고 이해하기 어려운 투자는 하지 말아야 한다.

부채는 종류가 많지 않다. 부채에는 은행 대출금, 개인 채무, 가불금, 신용카드 대금, 월세 보증금, 전세 보증금 등이 있다.

부채율이 높은 경우에 투자는 금물

간단히 자산과 부채를 정리해보았다. 이제는 각자의 자산과 부채를 따져보고 자산과 부채의 비율을 점검해봐야 한다. 이 비율이 투자의 시기를 정할 수 있는 기준이 되기 때문이다. 이것은 나의 자산 중 부채가 차지하고 있는 비율을 말하는 것이다. 앞으로 부채율이라고 줄여서 말하기로 한다.

나는 아무리 좋은 투자상품이 생기더라도 부채율이 높을 경우에는 투자하지 않는다. 무리하게 투자하는 경우 국가적인 위기로 인한 급격한 금리 상승까지도 대비해야 한다. 설마 하는 순간 내 자산이 모두 날아가 버리고 만다는 것을 기억하자.

1997년 우리나라는 외환위기를 겪었다. 당시 국민들은 일자리를 잃고 기업은 파산했다. 한국전쟁 이후 최대의 국가적 위기였다. 1998년 우리나라 콜금리는 25.8%까지 상승했으며 1년 예금 이자를 연 20% 준다는 광고가 쏟아졌다. 하지만 이 위기 속에 정기예금을 하는 사람은 없었고 주식투자를 하는 사람도 찾아보기 어려웠다.

일부 주식투자를 하는 사람들 중에서는 외환위기가 다시 오면 삼성전자 주식을 살 좋은 기회라고 한다. 1998년 삼성전자의 주가는 최저 31,219원까지 하락했었기 때문이다. 하지만 다시 그런 위기가 오더라도 삼성전자의 주식을 매수할 수 있는 개미투자자는 거의 없을 것이다. 그 상황이 오면 삼성전자보다 우리 개인들이 더 힘들어졌을 것이기 때문이다. 이때에는 투자보다는 살아남는데 목적을 두어야 한다.

고금리 상황에서 살아남지 못하면 다른 사람들과 같이 파산할 수밖에 없다. 근로소득과 자산소득의 수입으로 고금리 상황에 버틸 만큼의 부채율을 정해야 한다.

나는 부채율을 최대 70% 이상 넘지 않아야 한다는 기준을 세우고 있다. 그리고 부채율이 40% 이하로 내려오는 시점부터 투자를 한다. 무리해서 투자를 하지 않기 위한 나만의 기준이다. 이 기준은 각자의 여건에 따라 달라질 수 있다. 우리는 이러한 기준을 만들어 놓아야만 언제 닥칠지 모르는 위기에 대처할 수 있다.

나의 현재 부채율은 22%이다. 투자대상을 물색하는 중인데 1년째 좋은 투자대상을 찾지 못했다. 우리는 투자금이 모이면 조급해진다. 빨리 사고 싶은 마음에 판단력이 흐려진다. 어린아이들이 설날에 많은 세뱃돈을 받으면 쓰고 싶어서 허둥대는 상황과도 같다. 하지만 나는 분기마다 시장조사를 하고 좋은 투자처가 없으면 더 이상 조사하지 않는다. 잠시 시간적 여유를 가지고 이성적인 사고를 하자는 게 나만의 법칙이다.

1년 내내 부동산 매물 확인만 하다보면 판단력이 흐려져 좋지 않은 투자대상에 투자하는 오류를 범할 수 있다. 한정된 대한민국 국토에도 좋은 투자대상은 얼마든지 있고 여유 있게 기다리면 된다.

3개월 후 다시 시장조사를 꼼꼼히 한다. 마음에 들고 수익이 기대되는 투자대상에 투자하면 된다. 한번 구매한 투자대상은 오랫동안 보유하는 게 좋다. 오래 보유하면 수익을 창출할 대상인데 한두 달 안에 결정하는 것은 좋은 투자방법이 아니다. 하지만 내가 찾던 좋은 투자대상이 나왔다면 주저하지 않는다.

"투자대상이 마음에 듭니다. 두 시간 내로 전화 드리겠습니다."

나는 중개인에게 이렇게 말한다. 왜냐하면 계약서를 작성하기 전에 과연 이 물건이 좋은 것인지 수익률 계산을 다시 한 번 해봐야 하기 때문이다.

"두 시간 안에 전화 주실 거죠?"

나의 투자성향을 잘 아는 중개인들은 투자대상을 소개하고 내가 흡족해 하면 두 시간을 기다려준다.

나는 어떤 수익형 부동산을 소개하든 두 시간 안에 판단을 내릴 수 있는 시스템이 준비되어 있다. 두 시간 안에 결론이 안 나고 고민이 되는 투자대상이라면 과감하게 포기한다. 간혹 포기한 투자대상이 나중에 생각해보니 아주 좋은 상품이었더라도 후회하지 않는다. 나에게는 또다시 기회가 올 것이기 때문이다.

자산과 부채의 차이를 이해하고 자산 중 수익형 자산과 비수익형
자산을 구분해보자. 그리고 수익형 자산을 만들어보자.

내가 살고 있는 집의 평수를 늘리고 자동차를 대형 고급차로 바
꾸는데 많은 돈을 지출하지 마라. 이것들은 나에게 비용만 안겨 줄
뿐이다.

14

성공 투자가로
자리매김하는 방법

가난한 아빠에서 부자 아빠로

내가 낡은 임대 아파트에 살고 있던 30대 초반에 있었던 일이다.

초등학교 친구 중에 아파트 관리소장을 지내고 지금은 부동산중개
업을 하는 친구가 있다. 그는 나름 열심히 사는 친구였기에 나와는 코
드가 잘 맞았다. 오랜만에 만난 우리는 꼬치구이 집에 가서 소주잔을
주거니 받거니 하면서 이런저런 이야기를 나누었다.

"새 아파트로 이사는 갔냐?"

친구는 나에게 분양받은 새 아파트에서 사니까 좋냐고 물었다. 나
는 빚이 많아 새 아파트는 월세를 주었고 아직도 낡은 아파트에서 살
고 있다고 솔직하게 말했다.

"열심히 살다보면 좋은 날도 있겠지. 한 잔 쭈욱 마시자."

친구는 당황하는 눈치였고, 내가 무척이나 불쌍해 보였는지 꼬치구이를 내 입에 넣어주었다. 그리고 소주를 연거푸 따라 주었다.

나는 재테크에 관한 생각을 그 친구에게 말했다. 빚을 다 갚아도 당분간 이사 갈 계획은 없다고 말이다. 종잣돈을 더 마련해서 월세 놓을 아파트 한 채를 더 살 것이고 물론 그때까지 낡은 아파트에서 계속 살 거라고 했다.

"뭐얏!"

친구는 혹시 《부자 아빠 가난한 아빠》 책을 보고 그렇게 따라하는 거냐고 묻고는 이렇게 말했다.

"따라한다고 다 부자가 되는 게 아니다. 그럼 세상에 가난뱅이는 한 사람도 없겠네!"

나는 친구가 말한 그 책을 읽어보지 않았기에 사실 그 내용을 모르고 있었다. 친구와의 대화는 뒷전이고 그 책 내용이 궁금했다.

"인마! 열심히 살면 되는 거야. 인생 별거 있냐!"

그의 따뜻한 충고를 들으며 우리는 헤어졌다.

다음 날 출근하자마자 인터넷서점에서 그 책을 구입했다. 나는 그 당시 재테크에 막 눈을 떠서 공부를 시작하는 중이었다. 한 달에 3~4권의 책을 읽으며 재테크에 푹 빠져 있었다.

《부자 아빠 가난한 아빠》란 책을 읽고 나서 부자 아빠의 이론과 나의 삶이 유사점이 있다는 것을 알게 되었다. 그리고 나의 투자 마인드가 나쁘지 않다는 생각에 기뻤다. 그 책을 읽고 나서는 더 이상 주식투자, 부동산경매, 땅 투자 등의 책을 사서 읽지 않았다. 대신 가계부 쓰기, 절약법, 부자 습관 등의 주제를 다룬 책들을 읽고 실천에 옮겼다.

나는 책을 읽으면서 나에게는 일회성 수익 창출을 내는 투자는 좋지 않다는 것을 깨달았다. 그래서 장기적이고 고정수익을 내는 투자 대상을 찾으려고 노력했다.

지금은 저금리시대이고 부동산 가격 상승이 둔화되어 수익형 부동산에 관심이 많다. 그러나 그 당시에는 부동산 시세 상승의 투자와 주식투자에 대한 관심이 높았던 시기였다. 나는 더 이상 시세 차익을 기대하거나 주가 상승을 기대하는 투자에 관심을 두지 않았다.

사업가와 투자가로 살 수 있는 방법을 연구하라

로버트 기요사키가 쓴 《부자 아빠 가난한 아빠》에서는 네 가지 유형의 직업을 소개하고 있다.

이 책에서는 직업의 유형을 봉급생활자, 자영업자, 사업가, 투자가로 분류하고 있는데, 각각의 정의는 다음과 같다.

• 봉급생활자: 시스템을 위해 일한다.

• 자영업자: 시스템 그 자체이다.

• 사업가: 시스템을 만들거나 소유하거나 통제한다.

• 투자가: 시스템이 돈을 투자한다.

대부분의 사람들은 봉급생활자와 자영업자에 속해 있다. 특히 봉급생활자가 가장 많다. 이 분류에서 구별하기 힘든 부분은 자영업자와 사업가다.

나의 예를 들어보면 쉽게 이해할 수 있을 것이다. 나는 현재 자동화 장비를 제조하는 회사를 운영하고 있다. 직원은 12명이며 직원들은 각자의 맡은 분야에서 일하고 있다. 여기까지만 보면 나는 사업가라고 할 수 있다. 주변에서도 내가 사업을 한다고 사업가라고 부른다. 하지만 나는 아직도 회사에서 해야 할 일이 많다. 나는 주로 수주 영업과 기계설계 분야를 책임지고 있다. 내가 일하지 않으면 회사가 잘 돌아가지 않는다. 나는 수주 영업과 설계를 해야 한다. 이런 상황이라면 나는 사업가가 아니고 자영업자이다. 시스템을 만들고 소유하지만 그 시스템에 속해 있는 구성원과 같이 일해야 하기 때문이다.

주변의 고소득자들을 보면 나와 같은 경우가 많다. 변호사, 의사 등을 보면 소득은 높지만 본인이 시스템 속의 구성원이다. 나의 경우 사업가가 되려면 영업을 전담하는 직원이 있어야 하고, 기계설계를 도맡아 하는 팀장급 직원이 필요하다. 하지만 아직 적임자를 찾지 못했고 직원들의 능력을 높이거나 실력이 좋은 직원을 채용해야 한다. 그래서 아직도 나는 자영업자인 것이다. 하지만 여기서 끝은 아니다. 나는 수익형 자산이 있고 이 자산이 나를 위해 쉬지 않고 열심히 일하고 있다. 내가 회사에서 열심히 일할 때나 집에서 여가를 보낼 때도 내 자산은 스스로 열심히 일하고 있다. 이렇게 나는 자영업자이면서 투자가인 셈이다.

나도 8년 전에는 봉급생활자이면서 투자가였다. 우리는 봉급생활자, 자영업자에서 사업가, 투자가로 이동해야 한다. 더 이상 늙어서 일할 수 없기 전에 사업가나 투자가가 되어야 한다. 사업 투자로 월급과 자영업 소득보다 많은 돈이 발생하면 경제적으로 자유로워질 수 있고 부자의 길로 갈 수 있다.

우리가 살아가는 이 시대는 하나의 직업만으로는 살 수 없다. 하나의 직업으로 먹고살기 힘들다고 해서 퇴근 후에 또 다른 일을 찾아서 투잡을 하라는 것이 아니다. 시간을 쪼개서 사업가와 투자가로 살 수 있는 방법을 공부하라는 얘기다. 사업가나 투자가가 되기 위해 본업을 버리라는 말로 들었다면 큰 오산이다. 봉급생활자, 자영업자로 살면서 천천히 성공 투자가로 자리매김하고 투자의 왕도가 되었을 때 하던 일을 그만두어도 늦지 않다.

가속의 시대에 탄탄한 일자리는 없다

우리나라에서 머리 좋고 공부 잘하는 우등생들은 공대를 기피하고 의대나 법대에 들어가려고 애를 쓴다. 수입이 안정적이고 사회적으로 대우받는 직업이기 때문이다.

우리나라의 부모들이 바라는 자녀의 직업은 다음과 같다.

1순위: 의사, 변호사, 판사, 검사

2순위: 공무원, 공기업 직원

3순위: 대기업 직원

4순위: 중소기업 직원

5순위: 창업

과거에는 이러한 직업 선호도가 맞았으리라. 그러나 우리 자녀가 살아갈 앞으로의 사회는 크게 달라질 수도 있다. 파산하는 의사들이 늘어나고 변호사들이 넘쳐나는 사회가 될 것이다. 또한 평생직장이라 여겨졌던 공무원들조차 그 자리를 보장받기 힘든 날이 올 것이다. 앞으로는 나만의 사업과 콘텐츠로 승부하는 시대가 도래할 것이다.

실제로 자수성가한 부자들 중에는 중소기업 근로자 출신이거나 소규모 창업을 한 사람들이 많은 비중을 차지하고 있다. 그 결과는 미래에 대한 불안감 때문에 더 공부하고 실천하여 만들어진 산물일 것이다.

처음부터 높은 소득과 안정적인 여건에서 일한 사람들은 미래에 대한 불안감이 낮아서 공부하지 않고 마음먹은 것을 실천에 옮기지 않는 경우가 많다. 좋은 직업을 가졌으니 거기에 안주하는 것은 당연하다. 그러나 우리는 미래를 내다볼 줄 알아야 한다. 지금은 글로벌시대다. 어떤 이는 가속의 시대라고도 한다. 하룻밤 자고 일어나면 다른 세상이 열린다. 그만큼 변화무쌍한 시대라는 뜻이리라.

우리는 지금 내 자리가 아무리 탄탄해도 안주하면 안 된다. 가속의 시대이니만큼 오늘 탄탄한 내 일자리가 내일 어떻게 될지 아무도 모르는 일이다. 영원무궁토록 탄탄한 직업은 없다. 따라서 대비책을 강구해야 한다.

부모는 내 자식이 공부 잘해서 좋은 대학에 가고, 고액 연봉을 받는 직업을 가지기를 소망한다. 하여 등골이 빠지게 일을 하여 비싼 사교육비를 감당하면서 자식을 가르친다. 그토록 부모가 많은 돈을 투자해서 가르쳤으니 자식은 명문대학을 나와 고액의 연봉을 받으리라. 결혼도 하고, 아파트를 사고, 자녀를 낳아서 잘 키우며 살아가리라.

나는 이 책에서 그다음을 어떻게 해야 하는지에 대한 답을 이야기하고 싶다. 공부를 못했거나, 안정적이지 못한 직업을 갖고 있거나, 내 소유의 아파트가 없어도 된다. 현재의 상황에서 어떻게 하면 미래에 안정적인 노후자금을 만들고, 조기 은퇴를 해서 자유로운 삶을 살 수 있는지에 대해서 얘기하고 싶다.

일상에서 스쳐 지나가는 기회를 잡아라

나는 봉급생활자였지만 사업가와 투자가의 길을 찾을 수 있었다. 나의 새 아파트에서는 월세를 받는 자산소득이 발생하고 있었다. 하지만 그 이후 좀처럼 자산소득을 증가시킬 무언가를 찾을 수 없어 고민하고 있던 참이었다.

어느 날 우연히 우리 회사에 납품을 하는 업체 사장을 만났다.

"납품대금 3천만 원을 3개월짜리 어음으로 받았어요."

그분은 어음할인 수수료가 많아서 차 떼고 포 떼고 나면 남는 게 없다며 투덜거렸다.

나는 그분에게 어음 금액과 수수료가 얼마인지 물었다. 그분의 말을 듣고 보니 정말 많은 금액이 어음할인하는데 수수료로 들어가고 있었다.

그분은 지나가는 말로 나에게 어음을 할인해줄 수 있느냐고 물었다. 어음발행 업체는 내가 알 수 있을 정도로 인지도가 높은 곳이었다. 나는 그분의 제안을 선뜻 받아들였고 곧바로 거래가 이루어졌다. 그분은 어음할인 방식과 만기시 어음 수령 방식에 대해 설명해주었다. 또한 어음할인 업체의 할인 방식 또한 설명해주었다. 그 당시 어음은 통상 월 2%를 선이자로 제하고 지급한다고 했다. 나는 1.5%만 받고 어음을 할인해주겠다고 제안했다. 거래처 사장은 좋은 조건이라며 흔쾌히 동의했다.

나는 곧바로 내 마이너스통장에서 이자 부분을 제외하고 2,865만

원을 송금해주었다. 그러자 그분은 어음 뒷면에 자필로 서명을 해서 나에게 건네주었다. 3개월 후에 내 통장에는 어음발행업체에서 정상적으로 보낸 삼천만 원이 입금되었다.

나는 이 거래를 통해 많은 수익을 얻었다. 당시 마이너스통장의 이자는 연 5%였는데 따져보면 삼천만 원에 3개월간 이자가 37만 5천 원이었다. 내가 어음할인으로 받은 이자는 135만 원이었고 그로 인해 97만 5천 원을 벌 수 있었다. 이 거래에서 나와 협력업체 사장은 모두 이익이 생겼고 서로 기뻐했다.

이후 나는 마이너스통장 금액을 일억 원까지 늘렸으며 많은 어음을 할인해주었다. 물론 조심해야 할 것들도 있었다. 어음을 발행한 회사가 어떤 회사인지 확실하게 확인하고, 잘 모르는 회사의 어음은 받지 않았다. 나는 어음 거래를 직장생활을 그만둘 때까지 6년가량 했다. 이자를 받은 수익금은 전액 부채의 원금을 갚는데 사용했다.

나는 그때만 해도 월급쟁이였다. 그리고 어음을 할인해주는 사업가이면서 월세에서 수익이 나오는 투자가이기도 했다. 비록 자산에서 나오는 수익은 많지 않았지만 수익을 점점 늘릴 수 있었다. 나는 이러한 사업가와 자본가의 개념을 머릿속에 새겨 넣고 지금도 좋은 투자처나 또 다른 사업 분야를 찾고 있다.

우리의 일상을 눈여겨보면 많은 기회가 숨어 있다. 우리는 스쳐 지나가는 기회를 잡아서 투자할 수 있는 안목을 키워나가야 한다.

15
피가 되고 살이 되는 부자 습관

매일 반복되는 업무에 지쳤거나 한가한 점심시간에 나는 포털 사이트에서 최신 정보를 찾는다. 내 관심사는 부자가 되는 것이기 때문에 '부자'라는 단어가 들어간 내용을 많이 검색하는 편이다.

어느 날 인터넷 검색을 하다가 우연히 이영권 박사의 《부자들의 성공습관》이라는 오디오북을 보게 되었다. 오디오북은 좀 생소하긴 했지만 구매하여 들어보았다. 이영권 박사가 직접 실천하고 있는 내용을 바탕으로 한 강의였다. 그분의 강의를 듣고 자수성가한 배경부터 가난이라는 콤플렉스를 극복하기까지의 과정이 나와 비슷한 점이 있어 공감이 갔다.

나는 이영권 박사의 블로그에 방문해 오디오북을 듣고 감동했다는 감사인사를 남겼다. 다음 날 이영권 박사는 블로그에 남긴 내 글을 보고 친히 전화를 해주었다. 강의를 듣고 느낀 점이 많다고 하니 본인도 기쁘다고 했다. 마침 내가 사는 평택에서 멀지 않은 수원에 살고 있으니 수원에서 강연회가 잡히면 나를 초대하겠다고 했다. 통화를 마치고 나는 어리둥절했다. 마치 텔레비전에 나오는 연예인과 통화한 느낌이었다. 그 당시 이영권 박사는 명지대학교 교수이고 라디오에서 아침 시간에 '시사포커스'라는 프로를 진행하고 있었다. 또한 TV에도 나오는 유명 인사였다.

그 이후 나는 이영권 박사의 강의에 초청받았고 이메일로 서로 안부를 묻는 사이가 되었다. 이영권 박사의 입장에서는 나와 같은 사람들이 많을 것이다. 하지만 나는 그분을 진심으로 존경했고 그분이 가르쳐주신 대로 실천하려고 노력했다.

이영권 박사의 강의 내용 중에서 내가 중요하게 생각하고 지금도 실천하고 있는 다섯 가지 습관에 대해 소개하려고 한다.

아침 시간을 활용한다

직장에 출근하려면 일찍 일어나야 한다. 직장인들은 잠이 덜 깬 상태로 일어나 허둥지둥 출근 준비를 하고 집을 나선다. 만원 버스에 부대끼고 옴짝달싹 못하는 지옥철에서 마음속으로 다짐한다. '나도 빨리 돈을 벌어서 아침에 늦잠을 자고 편안하게 살아야지.'

그런데 돈이 많고 출세한 사람들이 늦잠을 잘까? 그들은 늦게 일어나도 전혀 사는 데 지장이 없는데도 스스로 새벽에 일어난다. 성공한 부자나 기업 경영자, 정치인일수록 조찬모임에 빠지지 않고 참석한다. 일반인들이 친구들과 아침식사를 같이하는 경우는 거의 없다. 주로 퇴근하고 저녁을 먹든지 주말에 만나서 식사를 하거나 여가를 같이 보낸다. 그런데 성공한 사람들은 왜 아침에 모여서 같이 식사하고 회의를 하는 것일까?

성공한 사람들이나 부자들은 일반인보다 스케줄이 촘촘하게 짜여 있다. 일과시간에는 여러 사람이 같이 만날 시간을 정하기 어려워서 조찬모임을 하는 것이다. 뒤집어 생각해보면 이른 아침에 모임을 가질 수밖에 없으니 불행해 보이기도 한다. 하지만 그분들은 그것이 습관이 된 지 오래여서 불평하지 않고 스스로 새벽에 일어나 모임에 참석한다.

보통 사람들이 하루 중에 누구의 방해도 받지 않고 활용할 수 있는 시간은 출근 전 아침 시간이다. 이 시간을 활용해 운동을 하거나 독서를 할 수 있고, 여러 가지 자신만의 여가를 보낼 수도 있다. 이렇게 소중한 아침 시간을 꿀잠을 자는데 쓰는 것은 성공을 떠나서 인생을 낭비하는 것이다.

나는 아침 시간을 대부분 산책하는데 쓴다. 먼동이 희끄무레 밝아오기 시작하는 시간에 강아지와 함께 산책하거나 혼자 새벽 공기를 마시며 걷는 것을 좋아한다. 보통 만 보 정도를 걷는다.

내가 사는 집 앞에는 부락산이라는 작은 산이 있다. 아침에 일찍 일어나 신선한 공기를 마시며 부락산 정상에 올라갔다가 내려온다. 사실 처음 일주일은 일찍 일어나는 것이 너무나 고통스러웠다. 일찍 일어난 탓에 회사에 출근하면 정신이 맑기보다는 졸음이 몰려와서 더 더욱 힘든 하루가 되었다. 그런데 세 달 정도 지나자 아침에 늦잠을 자면 오히려 몸이 찌뿌둥하고 컨디션이 하루 종일 좋지 않았다.

나에게 아침 한 시간은 하루 중 가장 즐거운 시간이다. 그 누구에게도 방해받지 않는 오롯이 나만의 시간이기 때문이다. 이 시간에 나는 건강, 부모님, 회사 업무 등의 생각을 한다. 맑은 정신으로 생각을 하면 좋은 아이디어들이 많이 떠오른다. 그리고 지난 일들을 되돌아보는 시간도 갖는다. 아내, 자녀, 직원에게 했던 말실수를 반성하기도 한다. 특히 재정상태에 대해서 많이 생각한다.

'어떻게 하면 더 좋은 투자를 할 수 있을까?'

'더 빨리 자산을 모을 수 있는 방법은 없을까?'

시간은 돈과 같은 것이다. 자산관리는 돈을 관리하여 자산을 키워가는 것이다. 하지만 자산을 키워가는 시간 또한 중요한 요소 중 하나이다. 얼마나 빠른 시간에 자산을 만드느냐에 따라서 나의 은퇴시기가 결정되기 때문이다. 시간을 효율적으로 관리하는 것은 자산을 관리하는 것과 같다. 시간을 낭비하는 사람은 결코 부자가 될 수 없음을 기억하길 바란다.

꼭 먼동이 터오는 새벽이 아니어도 좋다. 저녁이든 새벽이든 아무도 방해하지 않는 나만의 시간을 가져보시라. 그 시간은 내가 지금 여기에서 안주하지 않고 가까운 미래에 발전할 수 있는 길로 인도하는 골든 타임이라는 것을 알게 될 것이다.

정기적으로 운동한다

우리는 건강하게 살려고 피트니스센터에 회원으로 등록하고 운동을 시작한다. 그런데 피트니스센터 관계자의 말을 빌리면 회원 중에 60% 이상은 한 달 이상 다니지 않는다고 한다. 그리고 25%는 세 달 이상 다니지 않는다고 한다. 나 역시도 3개월 이상 피트니스센터를 다녀본 적이 없는 듯하다. 저녁 약속이 있어서 한두 번 빠지다보면 자연스럽게 운동하러 가는 것이 귀찮아진다. 그래서 나는 아침에 일찍 일어나는 것이 습관이 되자마자 아침에 운동을 하기로 했다.

열심히 일해서 자산을 불려나가고 성공한 부자가 되었는데 건강을 잃으면 무슨 소용이 있겠는가. 힘들게 절약하고 공부하여 만든 자산들이 많은 수익을 내고 있는데 아파서 써보지도 못하고 병원에 누워 있으면 얼마나 억울하고 아쉽겠는가.

"참 불쌍하지. 먹을 거 안 먹고 입을 거 안 입고 악착같이 힘들게 돈 벌더니 이제 살 만하니까 죽었네. 쯧쯧……."

우리 주변에서 많이 듣는 소리다. 재산을 잃으면 조금 잃는 것이요, 건강을 잃으면 전부를 잃는 거라고 했다. 우리는 미련하게 돈 벌 궁리만 했지 건강은 뒷전이었다. 건강은 건강할 때 지켜야 한다고 했다.

나의 어머니는 농촌지역에 사신다. 나와 같은 평택시에 살고 계시지만 농촌에서 조그마한 땅에 밭농사를 하고 계신다. 시장에 내다 팔려고 농사를 짓는 것이 아니다. 당신께서 필요한 만큼 수확하여 자녀나 친척들에게도 나누어주신다. 어머니는 농사일을 하시다 보니 71세인데도 도시에 사는 노인보다 더 늙어 보이신다. 아들로서 몹시 속상한 일이다. 나는 어머니에게 농사짓는 일을 줄이고 노인정에 가셔서 이야기도 하고 식사도 같이하시라고 말씀드렸다. 어머니는 이렇게 말씀하셨다.

"내가 노인정에 가면 거의 막내야. 노인들 식사 차려야 하고 잔심부름도 맡아서 해야 하니 힘들어."

어머니는 나이를 더 먹으면 노인정에 가시겠다고 하신다. 그렇다. 우리가 사는 이 시대는 의학이 발달하고 잘 먹고 건강해서 백 살까지 거뜬히 살 수도 있다. 100세 시대를 살고 있는 요즘 유행어 중에 '9988'이란 것이 있다. 99세까지 팔팔하게 살다가 죽는 거란다. 그러나 99세를 산다 해도 병상에 누워서 죽을 날만 손꼽아 기다린다면 그것처럼 괴로운 일도 없다.

여러분은 지금 당장은 부자가 아니지만 앞으로 반드시 부자가 될 것이다. 맛난 것도 먹고 여행도 하면서 팔팔하게 99세까지 살려면 지금부터 건강에 신경을 써야 한다.

긴 병에 효자 없다고 했다. 내가 건강해야 마눌님도 좋아하고 자식들도 기쁜 마음으로 찾아온다. 건강을 위해 운동하자. 건강만큼 귀중한 것은 세상에 없다.

한 달에 최소한 한두 권의 책 읽기

요즘에는 책을 읽는 사람들을 보기 힘들다. 예전에는 버스나 지하철을 타면 독서를 하거나 신문을 보는 사람들을 쉽게 볼 수 있었는데 스마트폰이 보급되면서 남녀노소를 불문하고 그것만 쳐다보고 있다. 책을 읽고 있으면 오히려 그 모습이 이상하게 보일 정도이다.

이것은 정보를 얻는 수단이 변화되었기 때문이기도 하다. 예전에는 정보를 얻고 지식을 쌓으려면 서점이나 도서관을 찾아갔다. 그런데 요즘에는 어린아이들조차 궁금한 것이 있으면 스마트폰이나 인터넷을 통해 손쉽게 해답을 구한다. 참으로 편리한 세상, 좋은 세상이 되었다. 그러나 인터넷에 나도는 정보 중에는 광고 수익을 노리고 고의적으로 거짓되고 과장된 내용을 소개하는 것도 있으니 주의해야 한다.

책은 마음의 양식이라고 했다. 책에는 인터넷에 없는 깊이 있는 지식이 있고 저자가 오랫동안 연구하여 얻은 통찰이 있다. 정보를 습득하는 것도 마찬가지다. 인터넷에서 얻는 정보는 단편적인 것이지만 책에는 더 방대하고 깊은 차별화된 정보들이 가득하다. 관심 분야에 대한 정보, 지식, 통찰을 구하는데 책만큼 훌륭한 것은 없다.

나는 관심 있는 분야가 있으면 기본적으로 다섯 권 이상의 책을 읽어보고 그곳에 투자한다. 나보다 먼저 공부한 전문가들의 의견을 들어보는 셈이다.

또한 책을 읽으면 자녀들 교육에도 이롭다. 부모가 책 읽는 모습을 보고 자란 아이들은 저절로 독서를 많이 하게 된다. 부모가 책 읽는 모습은 아이들에게 좋은 가르침인 것이다.

인맥을 관리한다

보통 5년 이상 왕래가 없던 친구나 지인이 오랜만에 연락을 해오면 우선 반가운 마음이 든다. 그런데 얘기를 하다보면 보험 가입이나 자동차 구매를 권유할 때가 많다. 그런 일을 여러 번 겪다보면 한동안 연락이 뜸했던 지인들의 연락을 받을 때 '그동안 연락 한 번 없더니 아쉬우니까 전화했나' 하고 기분이 언짢아진다.

나는 친구나 지인들이 많은 편이다. 그래서 그들은 학창시절 함께 공부했던 친구의 연락처가 알고 싶으면 나에게 먼저 전화를 해서 묻는 경우가 많다.

"있잖아, 노래 잘하던 철수하고 미스코리아 될 거라고 뽀샤시 화장하고 다니던 영희 전화번호 좀 알려주라."

친구들은 나한테 도깨비 방망이라도 있는 줄 아는 모양이다. "철수와 영희 전화번호를 알려다오 뚝딱!" 하면 10년째 두문불출하고 있는 두 사람의 전화번호를 단박에 알 수 있을 거라고 생각한다. 나는 친구들의 부탁을 받으면 친구의 친구, 사돈의 팔촌한테까지 묻고 물어서 기어코 전화번호와 살고 있는 집 주소까지 다 알아내 알려준다.

나는 지인들의 부탁을 들어주는 것을 매우 좋아하고 한편으로는 즐긴다. 친구들의 경조사, 각종 모임 등에 보내는 단체 문자는 내가 도맡아서 하고 있다. 일명 궂은일의 대명사 돌쇠인 셈이다. 그래서일까. 나의 경조사에는 많은 사람들이 찾아온다. 왜 내 주변에 사람들이 많이 모이는 것일까?

나는 친구, 지인을 비롯하여 내 주변의 모든 사람들을 관리(?)하고 있다. 나는 만나는 모든 사람들을 소중한 인연이라고 생각한다. 그분들이 나로부터 멀어지는 것을 원하지 않는다. 그래서 내가 먼저 주기적으로 안부를 묻는 메시지를 보내고 전화를 한다. 행여 내가 어느 지인에게 연락을 자주 하지 못해서 그 사람이 삐쳐 있으면 당장 달려가 커피를 마시며 오해를 푼다. 이처럼 나는 사람들과 돈독한 관계를 유지하려고 애를 쓴다.

내가 지인들을 관리한다고 했지만 나는 성의 없게 일괄적으로 단체 메시지를 보내지 않는다. 한 분 한 분이 내게는 소중한 인연이기 때문에 정성을 들여 개별적으로 메시지를 보낸다.

나는 크리스마스가 다가오는 연말에는 리스트에 있는 지인들에게 책을 사서 선물하는데, 이때 책과 함께 진심이 담긴 글을 써서 함께 보낸다. 책을 선물 받은 지인들은 감사의 마음을 전화나 메시지로 보내온다. 이런 답신을 받으면 첫눈을 바라보고 있는 것처럼 마음이 들뜬다.

내가 그분들에게 무언가 도움을 받으려고 이렇게 하는 것은 아니다. 오히려 내가 그분들에게 도움을 줄 것이 없는지 살피는 것이다. 내가 그분들에게 도움을 주면 나도 언젠가는 그분들의 도움을 받을 수도 있을 것이다. 여하튼 나는 한 번 맺어진 인연은 소중하게 생각하고 사람들이 나의 보물이라고 여긴다.

각박한 세상살이 목 놓아 울고 싶을 때 말없이 술 한 잔 따라주는 인생의 친구가 곁에 있다는 건 얼마나 큰 위로인가. 내 허물을 알고도 덮어주는 친구가 있다는 건 얼마나 든든한 일인가.

나는 내 주변의 보물 같은 사람들과 세상 떠나는 그날까지 인생의 좋은 친구로 남고 싶다. 하여 오늘도 나는 소중한 보물님들에게 기꺼이 돌쇠가 되겠다고 다짐한다.

경제를 공부한다

경제를 모르고서는 절대로 부자가 될 수 없다. 반드시 자산을 운용하는 방법을 알아야 좋은 투자를 할 수 있다. 감나무 밑에 누워서 아무리 입을 벌리고 있어봤자 감이 내 입속으로 떨어지지 않는다. 감나무가 있는 밭에는 바람 잘 날이 없다. 바람이 불면 바람 부는 쪽으로 몸을 움직이고 그 아래에서 입을 쩍 벌려야 감이 내 입속으로 떨어지는 것이다.

부자가 되려면 주가, 금리, 정부 정책, 세계의 경제 흐름 등을 눈여겨보고 공부해야 한다. 경제는 생물이다. 살아 움직이고 있기 때문에 계속 변화의 추이를 파악하고 상황에 맞는 적절한 투자처를 만들어야 한다.

새해가 되면 정부나 경제연구소에서 발표하는 경제 전망들을 주의 깊게 살피고, 날마다 경제신문 등을 보면서 변화의 추이를 파악해야 한다. 그리고 정치에도 관심을 가져야 한다. 정치권의 정책에 따라 경제는 크게 변화하기 때문이다. 급변하는 경제상황에 얼마나 발 빠르게 대응하느냐에 따라 많은 투자의 기회가 주어진다. 경제를 공부해야 나의 자산을 지키고 키워 나갈 수 있다.

이처럼 피가 되고 살이 되는 다섯 가지 부자 습관을 몸에 익혀야 한다. 그러나 습관이란 하루아침에 만들어지는 것이 아니다. 그것은 여러분도 이미 알고 있을 것이다. 오랜 시간 반복하면서 만들어지는 것이 습관이다. 부자가 되는 다섯 가지 습관도 한꺼번에 습관화시키려고 하면 얼마 안 가서 포기할 수도 있으니 한 가지씩 실천하길 바란다. 한 가지가 몸에 익었을 때 또 다른 습관을 기르는 것이 바람직하다. 시작했다면 중도에 포기하지 말고 인내를 가지고 좋은 습관을 내 습관으로 만들어라.

16

인생의 멘토와 약장수를
구별하는 법

투자할 때 선행되어야 하는 원칙

요즘 평택시에는 주말이 되면 거리에 진풍경이 펼쳐진다. 가로수 사이사이에는 각종 광고 현수막들이 서로 경쟁하듯 걸려 있다. 비단 평택시만의 풍경은 아닐 것이다. 불법 현수막을 단속하고 철거하는 부서가 주말에 쉬기 때문일까. 주말에는 더 많은 광고 현수막들이 나무 사이에 매달려 춤을 추고 있다.

자세히 보면 광고 현수막 중 대부분은 미분양 아파트, 오피스텔, 전원주택, 다세대 주택 등 부동산투자와 관련한 것이다. 나는 거리를 지나면서 그 현수막들을 쭉 읽어본다. 그때 느끼는 건 현수막 문구 또한 점점 진화하고 있다는 것이다. 처음에는 단순한 분양 정보에 국한된 문구였는데 요즘은 궁금증을 유발하는 문구에 웃음을 자아내는 문구까지 다양하다.

거리에 걸려 있는 현수막 문구를 보고 전화 상담을 받거나 직접 찾아가서 상담을 받고 투자하는 사람도 있다. 그런 사람들은 대부분 막연히 투자를 해서 노후를 준비하고 싶은 것이다.

이 문제에 대해서 생각해보자. 거리에서 볼 수 있는 광고 현수막 중에 과연 좋은 투자대상의 물건은 없는 것일까. 나에게 찾아오는 사람들 중에는 거리의 현수막을 보고 과연 투자를 해야 하는지의 여부를 묻는 분도 있다.

내가 분석해본 결과 거리의 광고 현수막이라 해서 나쁜 투자대상은 거의 없다. 일부 과장된 부분이 있기는 하지만 그것은 투자할 사람이 결정해야 하는 문제다. 수익의 목표를 정하고 그 대상에 투자해 목표를 달성할 것인지는 당사자가 판단해야 하는 몫이다.

지금도 기억나는 현수막 문구가 있다. "일억에 3채, 월 180만 원!" 나는 이 현수막을 보고 일억 원에 세 채를 주는 것도 대단한데 월 180만 원을 준다니, 하고 깜짝 놀랐다. 이것이 사실이라면 엄청난 수익이 기대되는 아주 좋은 투자대상이다. 과연 그렇게 엄청난 수익을 낸다면 저런 광고 현수막을 내걸 필요가 있었을까. 현수막을 거리에 걸기도 전에 100% 분양 완료는 물론 프리미엄까지 붙었으리라.

내가 사기성 광고물을 본 지 한 달이 채 되기도 전에 친구로부터 전화를 받았다. 친구는 의기양양한 목소리로 나에게 만나자고 했다. 나는 그나마 한가한 시간에 맞춰 친구를 만나러 나갔다. 친구 얘기를 들어보니 그는 최근에 원룸형 오피스텔에 투자를 했다. 일억에 세 채를 주겠다고 광고하던 바로 현수막 투자상품이었다. 나의 안목으로는 사기성이 농후한 광고물이라 여겼는데, 다른 사람도 아닌 친구가 그 상품에 투자를 했다니 뒤로 자빠져도 코가 깨질 일이었다.

나는 친구가 가져온 계약서와 홍보 전단지를 꼼꼼히 살펴보고 투자 물건의 문제점을 알아냈다. 이 투자대상은 한 채에 일억 원이 넘는 분양가이며, 대출금을 제외하고 실제 투자금액이 3,500만 원이었다. 월세를 한 달에 60만 원 받을 수 있다고 한 것은 광고 내용이 과장되긴 했지만 틀린 것은 아니었다.

그런데 이 투자대상은 문제점이 있었다. 주변의 원룸 월세는 고작 40만 원 정도였다. 아무리 좋아야 45만 원을 넘지 않았다. 더욱이 일반적인 원룸 월세에는 관리비(공동전기, 계단청소비), 상하수도 사용료, 인터넷 사용료가 포함되어 있다. 하지만 친구가 투자한 상품은 월세 60만 원에 아무것도 포함되어 있지 않았다. 결국 입주자는 60만 원 월세뿐 아니라 부대비용까지 내야 하는 것이었다. 주변에 저렴한 원룸이 많은데 어느 누가 비싼 돈 주고 그 원룸에 살겠는가.

좋은 투자를 했다며 나에게 "잘했다. 아주 잘했어."라는 평가를 받고 싶었던 친구는 내 얘기를 듣고 얼굴빛이 창백해졌다. 친구는 나에게 어떻게 하면 좋겠냐고 되물었다.

친구가 투자한 상품은 수익이 전혀 나지 않는 상품은 아니었다. 분양업체에서 광고한 60만 원은 받지 못하더라도 월세를 낮게 받는다면 투자할 수 있는 투자대상이었다. 하지만 한 가지 생각해봐야 하는 문제가 있었다. 친구가 투자했던 원룸은 여러 명이 공동 소유권을 갖고 있는 공용 소유 건물이었다. 그렇기 때문에 내 원룸이 공실이 생기더라도 관리비는 집주인이 납부해야 한다. 이 사안을 알고 난 후 친구는 계약금을 포기하고 곧바로 해약했다.

지금은 친구가 투자했던 원룸형 오피스텔 입주가 시작되고 있다. 부동산중개소에서는 이 오피스텔의 매도 물량이 많이 나와 있는 상태라고 했다. 분양가보다 천만 원 이상 낮게 매도 주문이 나와 있으나 거래는 잘 이루어지지 않는다고 했다. 친구가 계약금을 포기하고 해약한 것은 그나마 잘한 결정이었다.

만약 내 친구가 투자에 주변 원룸의 시세를 한 번이라도 알아보았다면 계약금을 날렸을까?

무슨 투자를 하든 앞서 선행되어야 하는 원칙이 있다. 그것은 주변 인프라가 어떻게 형성되어 있는지를 꼼꼼하게 시장조사부터 하는 것이다. 내 친구처럼 광고만 믿고 덥석 투자했다가는 낭패를 보기 십상이다. 무슨 투자든 내 돈을 투자하는 것이다. 시간이 없다고 핑계대지 마라. 휴일이면 하루 종일 잠만 자지 말고 그 동네 답사를 다녀라. 발품을 판 만큼 내 지식이 쌓여간다는 것을 잊지 마시라.

멘토에게 수시로 자문을 구하라

우리 주변에는 각 분야의 전문가들이 많이 있다. 부동산중개업을 하는 부동산 전문가도 있고, 보험회사의 직원인 보험 전문가들도 있고, 은행원인 금융 전문가도 있다. 그런데 이들이 정말 나에게 가장 좋고 적합한 상품을 권하고 있는가를 생각해봐야 한다. 이런 직업을 가진 사람들이 모두 나쁜 투자를 권한다는 말이 아니다. 다만 그들이 왜 내가 선택한 상품 외에 다른 상품을 권하고 있는지를 그들의 입장에서 생각해봐야 한다는 것이다.

예를 들어, 공인중개사의 경우를 보자. 법정 중개 수수료율 표를 보면 그 의미를 알 수 있다.

내가 건물을 10억 원에 내놓았다고 가정해보자. 중개업자는 매수인과 계약금액에 대해 서로 협의를 한다. 매수인 입장에서는 싸게 사고 싶은 게 당연지사이고 매도인 입장에서는 한 푼이라도 비싼 가격에 팔고 싶은 것이 당연지사다. 가격 조율 과정에서 10억 원에 내놓은 건물을 8억 9천만 원까지 깎아준다고 하면 중개업자는 나에게 너무 많이 깎아준다고 만류한다. 그러면서 9억 원까지만 깎아주라고 권유한다. 왜 그렇게 할까? 8억 9천만 원과 9억 원은 중개 수수료가 두 배 가까이 차이가 나기 때문이다.

과연 공인중개사는 매도·매수인의 입장에서 중개하는 것일까? 처음에는 여러 가지 이유를 만들어 나에게 깎아주라고 권유한다. 그러나 정작 수수료율 차이가 구간 이하로 거래될 듯하면 태도를 바꾼다.

법정 중개보수 요율표

	종별	거래가액	상한요율	한도액
주택	매매/교환	5천만원 미만	0.6%	250,000원
		5천만원 이상 2억원 미만	0.5%	800,000원
		2억원 이상 6억원 미만	0.4%	–
		6억원 이상 9억원 미만	0.5%	–
		9억원 이상	0.9% 이내에서 중개업자와 협의	
	임대차 (매매/교환 이외)	5천만원 미만	0.5%	200,000원
		5천만원 이상 1억원 미만	0.4%	300,000원
		1억원 이상 3억원 미만	0.3%	–
		3억원 이상 6억원 미만	0.4%	–
		6억원 이상	0.8% 이내에서 중개업자와 협의	

물론 모든 공인중개사가 그렇다는 것은 아니므로 오해하지 않기를 바란다.

또 보험설계사는 어떤가. 그들은 나의 부족한 보장부분을 찾아내어 보험 가입을 권유한다. 그러나 소득 대비 보험료 비중이 높은 것에 대해서는 말해주지 않는다. 어느 설계사는 기존에 가입한 상품이 현재 내 상황과 맞지 않는다고 하면서 기존 보험을 해지하고 새로운 보험에 가입하라고 권유한다.

나에게 진정으로 도움이 되는 멘토가 있는가 하면 나의 무지함을 이용해 본인의 이익만을 챙기려는 약장수들도 많이 있다. 어떻게 하면 이들을 구별할 수 있을까? 나에게 다가오는 사람을 모두 색안경을 끼고 바라볼 수는 없는 노릇 아닌가.

나에게는 멘토와 약장수를 구별하는 기준이 있다. 나에게 진심으로 도움을 주는 멘토는 나에게 먼저 찾아와 도움을 주지 않는다. 내가 먼저 멘토를 힘들게 찾아야 하고 그에게 만나달라고 부탁해야 한다. 그가 만남을 수락한다고 해서 무작정 찾아가서도 안 된다. 그가 편한 시간에 찾아가야 나에게 도움이 되는 진짜 지식을 얻을 수 있다. 따라서 우연을 가장하여 나에게 먼저 찾아와 자기가 나의 멘토가 되어주겠다고 얘기하는 사람들은 대부분 약장수일 가능성이 높다.

나에게는 존경하는 멘토들이 있다. 《부자 아빠 가난한 아빠》의 저자 로버트 기요사키, 명지대학교 이영권 교수, 시골의사 박경철 원장, 인문학 강사 최진기 선생이 그들이다. 나는 그분들을 간절히 만나고 싶지만 아쉽게도 아직 만나지 못했다. 그분들을 직접 만나지는 못했어도 그분들의 책과 강의 그리고 인터뷰를 보고 듣는다. 그분들의 생각과 전달하는 메시지를 잘 듣고 헤아리며 그것을 실천에 옮기고 있다.

이 책을 읽는 여러분도 부자의 길로 가는 자산 생성 과정에서 예상치 못한 많은 문제에 봉착할 것이다. 때로는 자신의 투자 마인드나 투자 방식에 대해 점검받고 싶을 때도 있을 것이다. 이럴 때 멘토가 필요하다. 나의 멘토가 여러분에게도 멘토가 될 수는 없다. 우리는 가치관과 목표기준이 서로 다르기 때문이다. 나에게는 A가 멘토라면 여러분에게는 B가 멘토일 수 있다는 말이다. 여러분에게 진정으로 도움이 되는 멘토를 만나서 수시로 자문을 구하고 소통하여 당당하고 자유롭게 부자의 길을 가기 바란다.

CHAPTER 3

경제적 자유를 얻기 위한 첫걸음

17

목표 설정과 성취의 즐거움

상상하면 현실이 된다

새해가 되면 많은 사람들이 새로운 마음가짐으로 목표를 세운다. 여자는 다이어트, 남자는 금연이 단연 일순위 목표다. 외국어 공부를 하고 몸짱이 되겠다는 목표도 세운다. 그런데 목표를 세우고 한 달도 안 돼서 포기하는 사람이 부지기수이다. 열 명 중 여덟아홉은 한두 달 안에 포기하고 만다. 하지만 거꾸로 생각하면 열 명 중 한두 명은 목표에 도전하여 이루어낸다는 뜻이기도 하다.

부자가 되는 것도 마찬가지다. 부자가 되고 싶다는 갈망만으로는 꿈을 이룰 수 없다. 부자가 되려고 실천 목표를 세웠어도 얼마 안 되어 그것을 포기하면 가난에서 벗어날 수 없다. 부자는 로또에 당첨되거나 부모님에게 유산을 물려받지 않는 이상 단기간에 될 수 없는 것이다. 그렇기에 부자가 되는 기술보다 부자가 되는 습관을 만드는 것이 선행되어야 한다. 습관이란 단기간에 만들어지는 것이 아니기에 고통을 감내하고 이겨내면서 차곡차곡 쌓아가야 한다.

인내는 쓰지만 그 열매는 달다고 했다. 부자가 되려면 장맛비가 내리는 강을 맨몸으로 헤엄쳐 건너야 하고, 눈발이 휘날리는 높은 봉우리를 기어 올라가야 한다. 괴로움이나 어려움을 참고 견뎌내야 비로소 부자가 될 수 있다.

나는 회사 사무실 벽에 화이트보드를 걸어놓고 반드시 이루어야 하는 목표를 적어놓았다. 책상에서 일을 하다가 고개를 들면 큼지막하게 써놓은 목표가 눈에 들어온다. 그때마다 가슴이 뛴다. 우리 집 서재에도 화이트보드에 여러 가지 목표를 써놓고 갖고 싶은 것들의 사진을 붙여놓았다.

"우리 집에는 아들이 또 한 명 있다니까~."

화이트보드에 붙어있는 사진을 보고 아내는 유치하다고 놀려댄다. 어른이면 어른답게 행동해야지 어린애처럼 그게 뭐냐는 식이다. 나는 아내의 지청구에도 바윗돌처럼 끄떡하지 않는다. 내 희망사항을 바라보며 멋진 상상의 나래를 편다.

나는 넓은 정원이 있는 집에서 강아지랑 뛰어노는 아이들을 만나고, 주말에는 멋진 자동차를 타고 마눌님과 여행을 떠난다. 이런저런 상상을 하다보면 나도 모르게 실없이 웃기도 한다. 나는 이런 상상을 좋아한다. 상상을 많이 할수록 더욱더 목표 달성 의지가 높아진다고 믿는다. 나는 상상하는 것이 현실이 되도록 더욱더 노력할 것이다. 열아홉 살 때 대저택을 본 이후로 장래 희망으로 삼고 노력해왔던 것처럼 말이다.

나는 단기 목표가 있고, 중장기 목표도 있다. 그것을 반드시 이룰 것이기 때문에 한 치의 여유가 없다. 하루하루를 계획표대로 살면서 수시로 내가 세운 목표에 근접하고 있는지 점검한다. 내 삶을 뒤돌아보면 내가 열심히 사는 만큼 조금씩 목표 달성 기간이 단축되었다는 것을 알 수 있다. 하여 기간이 단축되는 기쁨을 만끽하려고 오늘도 열심히 살아가고 있는 것이다.

아끼고 저축하라

어느 날 아내가 세탁기의 수명이 다된 것 같다고 했다. 그 당시 사용하던 세탁기는 아내가 혼수로 가지고 온 낡은 세탁기였다. 아내는 주변 사람들은 드럼세탁기를 사용하고 있는데 우리 집만 유일하게 통돌이세탁기를 사용한다고 투덜거렸다. 나는 아내에게 드럼세탁기를 사줄 여유가 없었다. 물론 돈이 없는 것은 아니었다. 단지 그 돈은 나의 미래 목표에 투자해야 할 귀한 돈이었다.

고장 난 세탁기를 새것으로 교체하면 목표 달성 기간이 한 달 이상 뒤로 밀려날 것 같았다. 이런 생각을 하니 끔찍했다. 그래서 고민 끝에 내가 직접 고쳐보겠다고 했다. 아내에게 주말에 시간을 내서 말끔하게 고쳐놓겠다고 약속하면서 며칠만 참아달라고 부탁했다.

주말에 나는 무작정 세탁기를 분해했다. 다행히 고장 원인을 발견했다. 세탁기 바닥 회전판에 동전이 들어가서 어느 순간 멈춰버린 것이었다. 나는 수리를 마치고 안도의 숨을 내쉬었다. 옆에서 지켜보던 아내는 내가 고칠 수 없기를 바라는 눈치였다. 세탁기가 다시 작동되는 것을 보고 아쉬워하는 표정이 역력했다. 아내는 이번에는 운 좋게 고쳤을지 모르지만 곧 낡은 세탁기가 고장 나서 운명을 다할 거라고 했다.

나는 아내의 말에 전적으로 동의한다. 또 고장이 난다면 수리비가 많이 들어서 세탁기를 사야 할 상황이 벌어질 것이다. 그렇다면 어떻게 해야 할까? 목표 달성 기간을 늦추어야 할까?

나는 며칠 동안 고민한 끝에 아내에게 돼지저금통을 보여주었다. 그 돼지 등에는 매직으로 이렇게 써놓았다. "드럼세탁기 돼지."

아내는 그것을 보고 박장대소했지만 나는 진심을 담아 마련한 것이다.

다음날부터 동전이 있으면 모조리 돼지저금통에 넣었다. 옷을 갈아입을 때 주머니를 뒤져보면 가끔 천 원, 오천 원, 어느 때는 만 원짜리 지폐가 나올 때도 있었다. 그런 날은 횡재라도 한 기분이었다. 우리 네 식구는 동전과 지폐를 아내의 꿈인 드럼세탁기 돼지에게 드렸다.

나는 돼지저금통에 돈을 넣을 때마다 소망했다. 부디 이 저금통이 가득 찰 때까지 세탁기가 씽씽 잘 돌아가 주기를.

6개월이 지나자 돼지저금통은 가득 찼다. 다행히 세탁기는 계속 작동되고 있었다. 드럼세탁기 돼지의 배를 갈라서 아내와 이마를 맞대고 앉아 동전을 세어보았다. 돼지가 워낙 크고 토실토실 살이 붙어서 세탁기를 살 수 있을 정도의 돈이 마련되었다.

그런데 이변(?)이 일어났다. 간절하게 드럼세탁기를 사고 싶어 하던 아내가 세탁기를 사지 않겠다고 했다. 아내의 말을 듣는 순간 내 눈은 화등잔처럼 크게 떠졌다.

"세탁기가 아직 잘 돌아가는데 저축이나 하자고요."

내가 화이트보드에 목표를 적어놓았을 때 유치하다고 했던 아내, 떼쟁이 아들 하나를 더 키운다고 고개를 흔들었던 아내도 내심 내가 세운 목표에 관심이 있었던 거였다.

아내는 우리 집의 내무부장관님이시니 누구보다 재정상태를 잘 알고 있었다. 우리 가족이 절약할수록 통장에 돈이 쌓여가고 있다는 것을 말이다. 아내의 목표는 드럼세탁기를 사는 것이었지만 고물 세탁기라도 아직까지 잘 돌아가고 있으니 선뜻 새것으로 살 엄두를 내지 못한 것이었다.

나는 드럼세탁기를 사기 위해 모은 돈을 저축했다. 그렇게 하니 화이트보드에 적어놓은 목표가 2개월 정도 단축되었다.

고물 세탁기는 삐리릭~ 삐리릭~ 소리를 내며 돌아갔다. 그 소리가 날 때마다 나는 콩알만 한 간이 움찔움찔했고, 나도 모르게 눈길이 아내에게 쏠렸다. 아내의 혼수품이었던 세탁기는 그 후로도 오래도록 삐리릭~ 삐리릭~ 소리를 내며 돌아갔다. 바가지 긁지 않고 고물 세탁기를 오래도록 사용해준 아내에게 이 지면을 통해 고마움을 전한다.

마흔 살 은퇴 프로젝트

직장생활을 하던 서른세 살쯤에 나는 은퇴 목표를 정했다. 마흔 살에 직장을 그만두기로 한 것이다. 이 은퇴 프로젝트는 기획하는 데만 1년이 걸렸을 정도로 준비를 많이 했다. 아내는 내 계획을 듣고는 몹시 불안해했다. 나 역시도 불안한 건 마찬가지였다. 내가 회사를 그만두고 나서 계획한 대로 일이 진행되지 않는다면, 그 결과 처자식이 거리에 나앉게 된다면, 내가 잘못 판단한 거라면 큰일이기 때문이었다.

내가 기획한 은퇴 프로젝트의 내용을 정리하면 이런 것이다. 내가 서른여덟이 되면 근로소득과 자산소득이 같아진다. 그리고 마흔 살 정도가 되면 근로소득보다 자산소득이 20% 정도 높아진다. 나는 이때를 내가 은퇴하는 시기라고 판단한 것이다.

그 당시 나는 휴대폰 화면에 이렇게 써놓았다. '7년 후를 위하여.' 그때 내 휴대폰은 스마트폰이 아닌 폴더폰이었다. 폴더폰의 작은 화면에는 20자 내외의 글자를 적어놓을 수 있었다. 나는 이 대단한 프로젝트를 이루기 위해 전화를 할 때마다 보고 스스로 열심히 살자고 자기암시를 했다.

해가 바뀌어 서른넷이 되었을 때는 '6년 후를 위하여'라고 문구를 변경했다. 세월이 흘러 폴더폰을 스마트폰으로 교체했다. 그리고 카톡에 '3년 후를 위하여'라고 써놓았다.

친구나 지인들은 내가 써놓은 문구가 궁금했는지 3년 후에 무엇을 할 거냐고 물었다.

"월급쟁이 생활에서 은퇴할 겁니다."

나는 회사를 퇴직하고 월급쟁이 생활에서 영영 은퇴한다고 당당하게 말했다. 은퇴 프로젝트가 3년 남아있을 즈음에 나의 재정은 이미 많은 것을 이루어놓은 상태였다. 나는 그 프로젝트에 따라 마흔 살에 회사를 그만두었다.

퇴직을 하고 제일 먼저 한 일은 그동안 앞만 보며 달려오느라 피곤에 지친 육신을 쉬게 해 주는 것이었다. 가족과 여행을 다녀오고, 그동안 신물 나게 먹은 자장면 곱빼기가 아니라 아이들이 좋아하는 돈가스, 아내가 좋아하는 코스 요리도 먹었다. 책도 많이 읽으며 여유로운 시간을 보냈다. 그리고 멋진 제2의 내 인생이 시작되었다.

노력하는 즐거움이 무형자산이다

나는 아직 달성하지 못한 목표가 하나 남아있다. 우리 집 화이트보드에는 오랫동안 붙어있는 사진이 하나 있다. 8층짜리 빌딩 사진이다. 나는 이런 빌딩을 소유하고 싶다.

이 목표가 이루어지면 제2의 인생을 마치고 제3의 인생을 살 것이다. 아내는 그 건물에서 공인중개사 사무실을 운영하고 나는 건물관리 및 청소를 하며 지낼 계획이다. 내 목표를 이루기 위해 아내는 몇년 전부터 아이들을 키우며 짬짬이 공부하여 공인중개사 시험에 합격했다.

올해 목표는 빌딩 프로젝트의 기획서를 작성하는 것이다. 가치분석 조사, 가격동향 분석, 투자비 분석, 투자금 조달 기간 등을 조사하여 기획서를 만들 예정이다. 기획을 하는 데는 많은 사람들의 도움이 필요하다. 은행 지점장, 세무회계사, 부동산중개업자, 건축업자, 건축사, 토목설계사 등과 자주 미팅을 하면서 전문가들의 조언을 경청할 것이다. 그리고 빌딩 프로젝트를 그들과 함께 진행할 것이다.

목표를 세우고 실행하는 것을 너무 어렵게 생각할 필요는 없다. 나는 처음부터 10년 이상의 기간이 필요한 목표를 설정하지 않는다. 짧은 기간에 달성할 수 있는 목표부터 하나씩 만들어 나가면 된다.

목표가 세워졌다면 눈에 잘 보이는 곳에 목표를 큼지막하게 써서 붙여놓고 실천 계획 즉 기획서를 작성해보자. 아무리 사소한 목표라도 상관없다. 글로 남겨두면 다음 목표를 실천에 옮길 때도 계속 기획서를 사용할 수 있다.

기획서를 작성한 다음에는 실천을 하면서 주 단위, 월 단위로 점검해 나가면 된다. 기획 단계의 목표 설정 때보다 얼마나 기간을 단축하고 있는지를 체크해 나가면 재미있고 성취감이 생긴다.

투자대상을 찾고 목표를 세워 달성할 때까지 노력하는 즐거움은 어떤 것과도 바꿀 수 없는 나만의 무형자산임을 명심하기 바란다.

18

과거, 현재, 미래 가계부 만들기

가계부를 쓰면 미래를 예측할 수 있다

내가 앞에서 가계부를 쓰라고 강조한 것을 잘 알고 계시리라. 왜 내가 그토록 가계부를 쓰라고 목청껏(?) 외쳤는지 이제 알게 될 것이다. 이 장에서는 가계부의 유용성에 대해서 말하고자 한다.

내가 가계부를 쓰게 된 동기는 투자목표를 설정하고 계획하는데 있어 필요한 데이터로 사용하기 위해서였다. 그런데 목표 달성 기간을 설정할 때 아무리 고민하고 분석해도 목적자금이 모이는 기간을 예측하기 어려웠다.

그래서 나름 공부하여 이런 결과를 얻었다.

월 소득 - 월간 지출액 = 월간 남은 금액

목적자금 ÷ 월간 남은 금액 = 목표 달성 개월 수

봉급생활자인 경우에는 월 소득을 계산할 때에 각종 세금, 상여금, 성과급, 연말정산 환급금을 감안해야 한다. 직장인은 월 소득을 계산할 때 굳이 가계부를 작성하지 않아도 급여통장을 보면 쉽게 알 수 있을 정도로 간단하다.

하지만 자영업자의 경우는 계산할 것이 많다. 업태와 업종에 따라 적용해야 할 감가상각비와 부가가치세, 종합소득세 등을 정리해야 하므로 실제 소득을 계산하는 것이 쉽지 않다. 어떻게 계산하느냐에 따라 실질소득이 변하기 때문이다.

자영업자나 사업가의 경우에는 가계 운영과 사업체의 운영을 달리해야 한다. 사업체에서의 소득은 봉급생활자와 달리 일정한 소득이 아니기 때문에 사업체에서 벌어들인 소득은 별도로 관리해야 한다. 그리고 안정적인 일정 금액을 봉급생활자와 같이 월 보수로 책정하는 것이 좋다. 사업체의 유보금이 없을 경우에는 예상치 못한 경기침체와 같은 위기상황을 극복하기 어렵기 때문이다.

월 소득보다 계산하기 어려운 것은 월간 지출액이다. 고정지출과 변동지출을 분석하기란 어려운 일이기 때문이다. 점쟁이도 아니고 미래의 지출액을 미리 파악한다는 것이 가능한 일일까?

미래 예측은 100% 만족할 수는 없지만 가능한 일이다. 가계부를

가계부 양식

2021년			552	377	78	97	25	1200	1200	0	
			지출					수입			
		내역	월간지출	연간 지출	변동지출	상환/적립	내역	근로소득	자산소득	잔액
											350
											350
	03월 01일	아파트관리비	25.5								325
	03월 02일	도시가스비	8.5								316
600	03월 03일	가족외식			6.5						310
	03월 05일	휴대폰요금	15.8								294
	03월 06일	아내 생일			8.0						286
	03월 10일	보험료	35.5				남편 급여	300.0			550
255	03월 10일	남편용돈	20.0								530
	03월 15일	모임회비	10.0								520
	03월 16일	마트 장보기			23.5						497
	03월 18일	정수기렌탈료	2.5								494
	03월 20일	자녀학용품		10.0							484
345	03월 20일	학원비	35.0								449
	03월 25일	대출금	32.5			12.3	아내급여	300.0			704
	03월 26일	인테넷요금	3.2								701
											701
	03월 31일	기타지출			12.0						689
	03월 31일	손실금			6.5						683
											683
	04월 01일	아파트관리비	25.5								657
	04월 02일	도시가스비	8.5								649
600	04월 03일	가족외식			6.5						642
	04월 05일	휴대폰요금	15.8								626
	04월 06일	제사		30.0							596
	04월 10일	보험료	35.5				남편 급여	300.0			861
297	04월 10일	남편용돈	20.0								841
	04월 15일	모임회비	10.0								831
	04월 16일	마트 장보기			23.5						807
	04월 18일	정수기렌탈료	2.5								805
	04월 20일	가족여행		30.0							775
	04월 20일	학원비	35.0								740
303	04월 25일	대출금	32.5			12.3	아내급여	300.0			995
	04월 26일	인테넷요금	3.2								992
											992
	04월 30일	기타지출			12.0						980
	04월 30일	손실금			6.5						973

쓰면 된다. 가계부는 미래를 예측할 수 있는 점쟁이와 같은 것이다. 가계부를 작성하면 투자목표가 생겼을 때 바로 목표 달성 개월 수를 알 수 있다.

가계부를 활용하는 방법

1. 가계부 작성자를 정하라

가계부는 한 세대의 회계장부이다. 그렇다면 세대원 중 누가 쓰는 것이 좋을까?

결혼하지 않은 사람은 본인이 쓰면 되고, 기혼자는 가사를 전담하는 아내, 맞벌이인 경우에는 남편이 쓰는 게 좋다. 맞벌이하는 아내는 회사에서 일에 시달리고 퇴근 후에는 집안일과 자녀 양육 등 이중고를 겪기 때문이다.

하지만 정답은 가계부의 필요성을 느끼는 사람이 쓰는 것이다. 가계부의 필요성을 알고 있는 사람만이 지속적으로 가계부를 작성하기 때문이다. 이것은 공부의 중요성을 모르는 학생이 공부를 잘할 수 없는 것과 같은 이치다.

나는 외벌이 상황인데도 스스로 가계부를 쓰기로 했다. 처음에는 아내가 가계부를 써주기 바랐지만 아내의 반대로 어쩔 수 없이 내가 쓰게 되었다. 나 역시도 가계부의 필요성은 느끼지만 일이 바쁘다는 핑계로 아내에게 떠넘기려고 한 것이다. 결과적으로 보면 내가 쓰길 잘했다는 생각을 하고 있다.

2. 총소득을 통장 하나로 관리하라

가계부 작성자를 정했으면 그 사람에게 숨김없이 모든 소득을 공개하고 관리하도록 막강한 권한을 주어야 한다. 맞벌이 부부는 서로 정확한 소득조차 모르는 경우가 많다고 한다. 특히 젊은 세대들은 더욱 그렇다.

요즘 맞벌이 부부 중에는 아내가 경제권을 쥐고 있는 가정이 많다. 남편은 월급을 받아 본인의 용돈을 제하고 아내 통장으로 송금한다. 이런 방식으로는 부자가 될 수 있는 가능성이 상당히 낮다. 남편은 먼저 용돈을 뒷주머니로 빼돌리지 말고 정확하게 수령액 전부를 아내에게 주어야 한다. 그리고 아내에게 용돈을 받아 그 범위 내에서 생활해야 한다. 가계부를 작성하는 사람의 통장에 총수입을 집중시켜야 한다.

3. 월간 가계부를 작성하라

가계부를 작성하는 데 있어 어려운 점은 수입보다는 지출관리다. 가계부를 2~3일 안 쓰게 되면 어디에 지출했는지 도무지 알 수가 없다. 부족한 부분을 찾아내지 못하면 가계부 작성에 부담을 느끼고 중도에 포기하게 된다.

그런데 이런 부분은 크게 신경 쓰지 않아도 된다. 며칠 동안의 지출내역을 찾아내기 힘든 경우 그냥 손실금으로 기록하고 가계부 작성을 계속하면 된다. 가계부를 처음부터 완벽하게 쓰기는 어렵다. 점차적으로 가계부 작성이 습관이 되면 손실금은 줄어들게 마련이다.

또 주의할 것은 가계부의 항목을 상세하게 작성하지 않아야 한다는 것이다. 마트나 슈퍼에서 구매한 수많은 물품을 일일이 기록하는 것은 시간 낭비다. 대중교통비도 한 달에 사용액을 기록하면 된다. 항목이 많을수록 작성하기 힘들고 나중에 분석하기가 더 힘들어진다.

4. 신용카드 대신 체크카드를 사용하라

가계부를 작성할 때 신용카드는 불편한 존재다. 매달 수입과 지출을 관리하고 분석하려고 가계부를 작성하는 것인데 신용카드로 사용한 지출은 다음 달 지출로 볼 수 있어서 관리하기가 어려워진다. 그리고 신용카드 무이자 할부를 사용하면 더욱더 관리하기 어려워지고 지출도 늘어나게 되는 문제가 있다. 어쩔 수 없는 때에만 신용카드를 사용하고 월말에 사용금액을 기록해야 한다. 미리 결제 통장에 송금해놓는 것도 좋은 방법 중의 하나이다.

5. 다음 달 가계부를 미리 작성하라

한 달 동안 가계부를 작성했다면 이제는 한 달의 데이터로 다음 달 가계부를 미리 기록하도록 한다. 여러 가지 수입과 지출 항목들을 복사하여 다음 달 가계부에 붙여 넣고 추가로 지출 예상목록을 작성한다. 미리 작성한 항목을 색상 변경하여 실제 지출하지 않은 예상 지출임을 표시해놓는다.

이번 달부터는 미리 작성한 가계부를 수정해가며 작성한다. 이렇게 하다보면 자연스럽게 작성과 동시에 전달에 비해 얼마나 지출이 늘어났는지를 확인할 수 있다.

이제부터는 지출에 대한 분석과 다음 달의 지출을 미리 계산해 볼 수 있는 예측이 가능해지기 시작할 것이다. 이러한 과정을 몇 달 반복하면 미리 작성한 가계부가 점차적으로 정확하게 들어맞는다. 그리고 자연스럽게 지출도 줄어들기 시작한다.

6. 매달 자산 증가 추이를 파악하라

몇 개월간 가계부를 쓰다보면 통장 잔고가 증가하거나 감소했는지의 여부를 알 수 있다. 그동안 우리는 자산이 증가하고 있는지 감소하고 있는지조차 모르고 살았다. 매달 집계하고 전달에 비해 얼마나 변화가 있었는지 파악해야 한다. 만약 감소했다면 왜 감소했는지 원인을 파악해야 한다. 반드시 원인을 파악한 다음에 개선하여 빠른 시일 안에 흑자로 돌아설 수 있게 구조조정해야 한다.

월별로 집계하면서 간단한 엑셀 수식을 이용하여 그래프를 보고 증가 추이를 파악해보자. 처음 1년간은 증가세가 가파르게 보일 수도 있다. 하지만 가계부를 장기간 작성하다보면 상승 곡선이 매우 낮게 움직이고 있다는 것을 알게 될 것이다.

7. 연말에 내년의 가계부를 미리 작성하라

가계부 작성을 연말까지 했다면 이제는 내년 한 해의 가계부를 작성해봐야 한다. 기존 가계부 데이터를 사용하면 몇 시간 만에 작성할 수 있을 것이다. 이 데이터를 보면 내년 연말에 얼마만큼의 자산이 모일 수 있는지 한눈에 파악할 수 있다. 내년의 급여 상승도 예상해보고 자녀가 상급학교로 진학하면서 발생할 추가 비용도 계산해볼 수 있다. 그리고 집안의 경조사도 미리 파악하여 지출 예산을 잡아야 한다.

우리나라 국회는 가을쯤 되면 국가 예산을 상정하기 위해 분주하게 움직인다. 국회의원마다 본인의 지역구 발전 예산을 받아내기 위해 많은 노력을 한다. 그렇지 못한 국회의원은 본인의 지역구에서 무능력자로 낙인찍혀 4년 후 선거 때 국회의원 배지를 달 수 없게 될지도 모른다. 기업들도 내년에 사용할 예산을 부서마다 작성하여 보고하고 필요한 예산을 받아 사용한다. 우리 가정도 이렇게 준비해야 한다. 가계부를 작성하다보면 미래의 가계부도 작성할 수 있을 것이고 그렇다면 이 방법은 미래를 예견해보는 마법의 책이 되는 것이다.

오랜 기간 동안 가계부를 쓰다보면 가계부 서식이 편리하고 알아보기 쉽게 변해간다. 몇 년 후에 멋진 가계부 양식이 만들어질 것이고 계속 진화할 것이다. 과거에 쓴 가계부를 보면서 지금의 문제점을 파악할 수 있고, 과거의 잘못된 점을 찾아내서 개선할 수 있는 기회가 되기도 할 것이다. 과거를 공부하며 현재를 살아가고 미래를 예측할 수 있는 가계부의 힘을 믿으라.

19

월간 자산평가서 만들기

대차대조표 만들기

가계부를 쓰겠다고 마음속으로 다짐한 이후 가장 힘들었던 것은 아내를 설득하는 것이었다. 그 당시 아내는 첫아이를 임신한 상태였고 다니던 직장을 그만두고 태어날 아기를 위해 쉬고 있었다. 그때의 사회 분위기는 임신한 여성이 회사를 다니는 것이 보편화되지 않았다. 나 역시도 맞벌이를 원하지 않았다.

나는 앞으로 태어날 우리의 아기와 아내를 위해 열심히 살려고 노력했고, 가계부를 쓰면서 재정상태를 파악하고 관리하고 싶었다. 그래서 아내에게 내 생각을 설명하고 가계부를 내가 쓰기로 한 것이었다.

나는 먼저 내 월급에서 일정 금액의 생활비를 아내에게 지급하겠다는 의견을 제시했다. 그러자 아내는 자신이 돈관리하는 것을 내가 믿지 못하는 것으로 오해하고 몹시 기분 나쁘게 여겼다. (하마터면 이혼당할 뻔했다). 나는 아내의 마음을 백 번 이해했다. 나는 나의 미래 프로젝트를 제시하며 설득에 나섰다.

"아니 그렇게 나를 못 믿으면서 왜 결혼을 했는데! 여자한테 곳간 열쇠가 얼마나 중요한지 알아! 그건 자존심 문제라고! 내 목에 칼이 들어와도 통장을 당신한테 줄 수 없어!"

아내는 완강하게 거절했다. 정말이지 눈썹 하나 까딱하지 않았다. 나는 한 달에 한 번씩 아내에게 재정상태를 보고하기로 약속했다. 그렇게 며칠간의 설득 끝에 아내는 마지못해 허락을 했다.

이렇게 해서 나는 10년 넘게 가계부를 쓰고 있다. 아내에게 한 달 동안 쓸 생활비를 주었고, 매달 월초가 되면 한 달의 재정상태를 정리하여 아내에게 성실하게 보고했다. 아내는 처음에 관심이 없는 듯 반응했다. 그런데 이상한 부분이 있으면 단박에 알아차렸다. 지출이 누락된 부분이 있으면 송곳 질문을 하면서 가계부를 똑바로 쓰라고 일침을 가하며 훈수했다. 나는 아내한테 한 점 흠이라도 잡히기 싫어서 더더욱 꼼꼼하게 가계부를 작성했다.

10년 넘게 가계부를 쓰다보니 슬그머니 꾀가 생겼다. 몇 년 전에 나는 아내에게 재정관리를 맡아 달라고 부탁했다. 그때 나는 회사에 다녔고, 일이 많아 매일 야근을 하고 주말에도 쉬지 못했다. 아내는 내 부탁을 단번에 거절했다. 이제는 너무 많아진 자산을 관리하기에는 힘들다는 것을 잘 알고 있었기 때문이다.

월간 자산평가서를 작성하는 것은 매우 쉽다. 왜냐하면 기재할 사항이 별로 없기 때문이다. 처음부터 거창하게 만들기보다는 나에게 맞게 만들기만 하면 된다. 매월 자산과 부채를 계산하기만 하면 되는 일이므로 누구나 쉽게 할 수 있다.

지금부터 월간 자산평가서를 작성해보기로 하자.

자산은 동산 자산과 부동산 자산으로 구분할 수 있다. 동산 자산은 금융자산으로 바꾸어 말할 수 있다. 그리고 부채는 대출금과 보증금 등으로 구분한다.

- 금융자산(동산 자산): 여러 통장의 잔고, 각종 펀드, 각종 적금, 적립식 보험, 지갑 속 현금, 누군가에게 빌려준 돈 등
- 부동산자산: 아파트, 주택, 상가, 오피스텔, 토지 등
- 은행 부채: 각종 담보대출, 신용대출, 사금융 대출 등
- 개인 부채: 누군가에게 빌린 돈
- 보증금: 월세 보증금, 전세 보증금 등

작성일: 202X.6.30

		종류	이름	예금주	만기일	금액	차액
자산	금융자산 저축	일반 예금	00은행 (신용카드)	강00	–		
		일반 예금	00금고 (−통장)	강00	–		
		일반 예금	00은행 (메인 통장)	강00	–		
		< 소 계 >					
	대부	종류	이름		상환일	금액	
		개인대출	서00		2012년 6월		
		< 소 계 >				₩ –	
	펀드	종류	이름	예금주	만기일	금액	
		적립식펀드	미000 우리아이3억(건)	강00	2016.7.6		
		적립식펀드	미000 우리아이3억(솔)	강0000	2016.7.6		
		< 소 계 >				₩ –	
	적금	종류	이름	예금주	만기일	금액	
		청약저축	청약저축 (00은행)	강용수	2011.11		
		연금저축	연금 (00생명)	강용수	2019.5		
		연금저축	연금 (00화재)	강용수	2011.12		
		퇴직연금	퇴직연금(00은행)	강용수	2016.1		
		개인사업자공제	00무산공제	강용수			
		< 소 계 >					
	현금	종류	환율		보유금액	원화합계	
		원화				₩	
		GOLD			0KG		
		< 소 계 >				₩ –	
	동산총계	전월				₩	
	부동산	종류	명의	매입시기	투자금액	매매시세	
		00 상가	00시 00동 102호	2005.12			
		00 원룸	00시 00동 xxx	2015.2			
		00동 주택	00시 00동	2016.6			
		00 아파트	00시 00동 00APT (1102호 1102호)	2010.4			
		< 소 계 >			₩ –	₩ –	
	부동산총계	전월				₩ –	
	자산총액	전월				₩ –	
부채	은행대출	종류	명의/용도	발생시기	부채총액	현재부채	
		00은행	00동 집 대출	2016.6			
		000금고	00상가 (−통장)	2008.6			
		00은행	신용대출 (−통장)	2017.3.21			
		00은행	00동 APT 대출	2016.6			
		< 소 계 >				₩ –	
	개인대출	개인대출					
		개인대출					
		< 소 계 >					
	보증금	종류	용도	발생시기	발생만료일	현보증금액	
		000주택	월세보증금	2012.4			
		원룸 (00)	전월세보증금	2016.2			
		< 소 계 >					
	부채총액	전월				₩ –	
	순자산	전월				₩ –	

항목별 작성시 유의 사항

예시된 표와 같이 엑셀 서식을 만들고 각각의 항목에 기입하기만

하면 된다. 항목별 작성시 유의 사항은 이렇다.

1. 여러 통장의 잔고: 인터넷뱅킹을 통해 잔고를 확인하고 일 원까지 꼼꼼히 기록한다. 통장이 많아서 기록하기 어려운 경우에는 통장 수를 최소한으로 줄여 관리해야 한다.

2. 각종 펀드: 인터넷으로 조회하여 작성 당일 평가액을 기록한다.

3. 각종 적금: 매번 이자를 평가할 수 없으니 원금만 기록한다. 개인연금(국민연금 제외) 또한 납부한 원금만 기록한다.

4. 적립식 보험: 적립 부분의 보험금만 기록한다.

5. 지갑 속 현금: 나의 지갑, 책갈피의 비상금, 주머니 속의 동전을 계산하여 기록한다.

6. 아파트: 아파트의 시세는 인터넷으로 KB국민은행 사이트에 접속, KB부동산을 활용하여 확인하며 매매가 하위 평균가를 기록한다. 이것은 아파트 시세를 보수적으로 판단할 때 가장 쉬운 방법이다. 부동산중개소에 적혀있는 금액은 매수 호가이기에 실제 가격 상승을 말하는 것이 아니라 팔고 싶은 희망사항의 금액인 것이다. 하위 평균가로 정하는 이유는 혹시 모를 이유로 급하게 부동산을 처분할 때를 감안하여 낮게 책정해놓는 것이다.

7. 주택, 상가, 오피스텔: 구입 당시 가격을 명시하고 가격이 많이 하락하기 전에는 가격을 변동하지 않는다. 주택, 상가, 오피스텔의 가격을 매달 알아보기란 어려운 일이다. 힘들이지 말고 구입 당시 가격으로 기재한다.

8. 토지: 토지는 매수하기는 쉬운 반면 매도하기는 비교적 어려운 상품이다. 농지의 경우 공시지가로 적용하여 기재한다.

9. 보증금: 월세나 전세에 주고받은 보증금을 내 자산에 넣어서는 안 된다. 언젠가는 돌려줘야 할 돈이기 때문이다. 보증금은 계약기간 동안 계약의 담보로 제공되어 있는 돈일 뿐이다.

월간 자산평가서의 작성을 마쳤다면 전월 대비 얼마나 상승했는지 평가해야 한다. 표의 가장 오른쪽 부분은 전월 대비 차액을 기록하는 곳이다. 이것은 자동 서식으로 만들면 더욱 편할 것이다. 가장 밑에 있는 칸에는 자산과 부채를 뺀 순자산이 나오게 된다. 이것을 보면 실제 나의 자산상태를 알 수 있다.

이것을 매달 작성하면 자산이 점차적으로 증가하는지 감소하는지의 추이를 알 수 있다. 정확한 추이를 파악하기 위해서는 매달 말일이나 월초에 작성해야 하며 기준이 되는 데이터를 사용해야 한다.

펀드 투자금액을 투자원금으로 적는다든지, 아파트를 부동산중개소에 물어봐서 적을 경우 실제 자산과 다르게 평가되어 정확하게 기록할 수 없다.

월간 자산평가서를 작성하던 중에 수개월간 마이너스 성장을 한다면 지난 가계부와 월간 자산평가서를 비교해봐야 한다. 그리고 문제점을 찾아서 고쳐 나가야 한다. 이렇게 만들어진 평가서는 장기간으로 갈수록 가치가 높아진다.

1년 이상 평가서를 작성했다면 평가서의 순자산 값을 이용해 자산 상승 그래프를 그려볼 수 있다. 자산 상승 그래프를 그려보면 앞으로 어떤 추이로 자산이 상승하는지 예측할 수 있을 것이다. 투자상품 분석을 할 때도 미래의 가계부와 자산 상승 곡선만으로 나의 5년 후와 10년 후를 예측할 수 있다.

가계부를 바탕으로 미래의 가계부도 예측할 수 있다. 또한 월간 자산평가서를 작성함으로써 내 자산이 증가하고 있는지 감소하고 있는지도 알아볼 수 있다. 그리고 자산 증가가 어떻게 이루어지고 있는지 추이를 파악할 수도 있다.

가계부를 쓰는 사람과 쓰지 않는 사람의 차이는 몇 년 후에 많은 자산 차이로 나타날 것이다. 예측하고 대비하는 사람은 반드시 성공한 부자의 길을 가리라. 부자의 길은 스스로 만들어가는 것임을 명심하라.

20

투자목표 설정과 마중물 준비

투자금이 많을수록 수익은 크지만

어릴 적에 할아버지 댁에 가면 마당에 우물이 있었다. 원형으로 되어 있는 우물 속을 들여다보는 것은 무서운 일이었다. 우물 속은 너무 깊고 어두워서 마치 그곳에서 괴물이 나올 것만 같았다.

몇 년 후에 할아버지는 우물을 메우고 그 자리에 수동식 물 펌프를 설치했다. 그것은 양철 주전자와 비슷하게 생겼는데, 기다란 손잡이를 위아래로 되풀이하여 움직이면 신기하게도 물이 콸콸 쏟아졌다. 나는 펌프질하는 것을 좋아했다. 하지만 나 혼자의 힘으로 펌프에 물을 넣고 빠른 속도로 손잡이를 상하로 움직이는 것은 매우 어려운 일이었다.

펌프 옆에는 물이 가득 찬 커다란 고무대야가 있었다. 그곳에 물이 없으면 더 이상 펌프를 사용할 수 없기 때문에 항상 여분의 물을 담아 두었다. 이것이 마중물이라는 것을 나중에 알았다.

이처럼 깊은 샘에서 펌프로 물을 퍼 올리려면 먼저 물을 한 바가지쯤 넣어야 한다. 이것은 현재의 우리의 삶과 유사점이 많아 보인다.

수익형 자산을 만들어서 고정수익을 얻기 위해서는 자산을 구입할 자금이 필요하다. 우리는 이것을 마중물 또는 종잣돈이라고 표현한다. 우리는 얼마큼의 마중물이 있어야 수익형 자산에 투자할 수 있고 수익이 날 수 있을까?

이 목표는 각자의 설정에 따라 달라질 수 있을 것이다. 일반적으로 투자금이 많을수록 수익이 크게 나온다.

예를 들어, 투자대상이 1억, 10억, 50억, 100억 등 네 종류가 있다고 가정해보자. 1억 원을 투자하는 사람보다 10억 원을 투자하는 사람은 상대적으로 적을 것이다. 그렇다면 50억을 투자하는 사람은 더욱 적을 것이고, 100억 원을 투자하는 사람은 극소수일 것이다. 이처럼 투자금액이 클수록 투자자는 점차적으로 줄어들게 마련이다. 보통 사람들은 이렇게 많은 종잣돈이 준비되어 있지 않다. 그렇기 때문에 100억의 투자대상이 1억 원의 투자대상보다 수익률이 높을 수밖에 없는 것이다. 그렇다고 모든 투자가 그런 것은 아니기 때문에 투자상품을 잘 고르는 안목이 있어야 한다.

변화하는 시대를 읽어내는 혜안

마중물을 준비하기 전에 먼저 목표를 만들어보기로 하자. 처음 시작할 때는 목표를 너무 높지 않게 설정하는 것이 좋다. 목표금액이 높으면 마중물 준비 기간이 너무 길어져서 목표에 도달하기도 전에 지쳐 포기할 수도 있기 때문이다.

초보 투자자인 경우에는 아파트에 투자하는 것이 좋다. 특히 소형 아파트를 추천하고 싶다. 그 이유는 다른 자산에 비해 아파트는 쉽게 가격을 알아볼 수 있고 월세나 전세의 추이도 쉽게 알 수 있기 때문이다. 내가 이렇게 말하면 "대형 아파트에 투자하면 더 많은 이익을 창출할 수 있잖아요?"라고 묻는 사람들이 종종 있다. 나는 그런 사람들에게 차근차근 설명해준다.

우리는 변화하는 시대를 읽어내는 혜안을 가져야 한다. 우리나라의 가족 구성은 대가족에서 핵가족으로 변한 지 오래다. 예전에는 한 집에 보통 3~4명 이상이 거주했기 때문에 큰 평수의 집을 선호했고 대형 아파트에 대한 수요가 증가하면서 가격이 많이 올랐다. 하지만 지금은 세대원의 수가 점점 줄어들고 있고, 1인 가구 수가 급속도로 늘고 있기 때문에 소형 아파트의 수요가 증가하고 있다. 앞으로 건설사들은 1인 가구에 맞추어 소형 아파트를 더 많이 지을 것이다. 갈수록 큰 평수의 아파트는 인기가 없어지고 수요가 줄어드니 가격 또한 하락할 것이다. 우리는 어느 곳에 투자를 해야 할까? 당연히 소형 아파트이다. 무엇보다도 소형 아파트는 투자금이 적게 들고 투자금 대비 수익도 높다.

목표 설정 단계에서 주의해야 할 점은 목표를 설정했다고 해서 반드시 거기에 투자할 필요는 없다는 것이다. 목표를 설정하고 마중물을 모으는 과정에서 수익률이 더 좋은 투자대상이 나올 수도 있기 때문이다.

먼저 각자의 목표를 설정하라. 목표가 아파트이면 아파트 사진이나 금액 등을 적어서 가장 잘 보이는 곳에 붙여놓는다. 이렇게 하면 1단계의 목표 설정은 끝난 것이다.

투자목표를 설정했다면 이제는 얼마큼의 마중물이 필요한지 알아봐야 한다. 알아보기 쉽게 표를 만들어보기로 하자.

이렇게 간단한 식으로 표현하여 실투자비와 실수익을 파악할 수

예) ○○동 ○○○아파트 27평, 시세 2억 원, 월세 70만 원

		○○○아파트 27평, 시세 2억 원, 월세 70만 원			
	내용	지출 비용	대출 및 보증금	이율	수익금
1	구입가	200,000,000			
2	취등록세	5,000,000			
3	중개수수료	900,000			
4	아파트 담보대출		120,000,000	2.50%	−250,000
5	월세 보증금		10,000,000		
6	현재 자금		20,000,000		
7	월세				700,000
11	합계	205,900,000	150,000,000		
12	실투자비		55,900,000	실수익	450,000

있다. 하지만 여기서 분석이 끝나는 것은 아니다. 우리에게는 가용할 수 있는 현금이 있기 때문이다. 생소한 단어일 수 있지만 '가용현금'을 알아보자.

실제 나에게는 없지만 가용할 수 있는 현금은 많이 있다. 현재 거주하고 있는 집의 담보대출, 직장인 신용대출(마이너스통장), 보험사 약관대출(보험 납입금에 대해 일정 한도로 대출), 청약저축 대출(청약저축의 원금 대출) 등이 있다. 이것은 실제 존재하지 않지만 내가 필요할 때 대출받을 수 있는 상품들이다. 이것을 가용현금이라고 한다. 다시 한 번 가용현금을 포함하여 표를 작성해보기로 하자.

예) ○○동 ○○○아파트 27평, 시세 2억 원, 월세 70만 원

	내용	지출 비용	대출 및 보증금	이율	수익금
	○○○아파트 27평, 시세 2억 원, 월세 70만 원				
1	구입가	200,000,000			
2	취등록세	5,000,000			
3	중개수수료	900,000			
4	아파트 담보대출		120,000,000	2.50%	-250,000
5	월세 보증금		10,000,000		
6	현재 자금		20,000,000		
7	월세				700,000
8	청약통장 대출		3,000,000	2.30%	-5,750
9	마이너스통장		30,000,000	4.30%	-107,500
10	보험 약관대출		10,000,000	4.0%	-33,000
11	합계	205,900,000	193,000,000		
12	실투자비		12,900,000	실수익	274,583

이 표를 보면 마중물의 액수가 많이 줄어든 것을 알 수 있다. 앞으로 1,290만 원만 추가로 저축하면 원하는 자산을 구매할 수 있다. 그리고 307,583원의 수익이 생겨날 수 있는 좋은 기회가 온 것이다. 미래의 가계부를 활용해 마중물의 목표 기간을 설정하고 준비해 나간다면 몇 년 안에 첫 투자의 기회가 생길 수 있다. 목표가 달성된다면 첫 자산소득이 만들어진다. 30만 원의 작은 돈이지만 내가 일하지 않아도 내 돈이 스스로 일해서 30만 원을 벌어온다고 생각하면 얼마나 기쁜 일인가. 그리고 자산소득과 근로소득으로 대출금을 갚아 나가면 나에게 더 많은 소득이 생길 것이다.

목표 설정, 마중물 준비, 마중물을 만드는 것은 중요한 과정이다. 우리는 막연하게 1억 만들기, 10억 만들기라는 듣기 좋은 말을 하지만 사실 그것을 만드는 과정은 매우 힘들 수밖에 없다. 그리고 1억을 만들었다고 해도 그 돈을 어떻게 관리할 것인지 공부하지 않으면 1억 원을 들고 무엇에 투자하나 기웃거리다가 잘못된 투자를 하는 우를 범할 수 있다.

위의 예를 보면 앞으로 다른 투자를 하지 않고 대출원금만 갚아도 최대 70만 원까지 수익이 날 수 있는 자산이다. 자산을 구축하고 원금을 갚아 나가는 것을 게을리 해서는 안 된다. 많은 수익형 자산들이 나의 선택을 기다리고 있기 때문이다.

21

모의투자기법을
활용한 투자 공부

수익형 자산을 구매하는 기준

누구나 인생에서 가장 힘들었던 순간들이 있을 것이다. 한국전쟁,
IMF 외환위기, 군대생활, 자녀 출산과 양육 등 말로 표현할 수 없을
만큼 힘든 시간을 우리는 이겨내면서 살아왔다. 나는 군대도 다녀오
지 않았고, 남자라서 아이를 낳는 고통을 느껴보지 못했다. 내가 가장
힘들고 견디기 힘들었던 시간은 20대 후반에서 30대 후반까지 마중
물을 모았던 10년 정도의 기간이다. 특히 30대 중반까지 투자목표를
세운 다음에 조금씩 저축하고 절약하던 과정이 고통스러운 기억으로
남아있다.

마중물이 만들어지기까지는 취미생활이나 여행하는 시간은 줄이

고 대신 모의투자기법을 공부해야 한다. 이것을 공부하다보면 앞장에서 소개한 투자목표를 올바르게 선택했는지도 검증해볼 수 있다. 모의투자기법이란 실제 자산을 구매하지 않고 나만의 생각으로 투자해보는 모의실험이다. 이것은 비용도 들지 않고 투자 경험과 안목을 키울 수 있어서 적극 추천하고 싶다.

지금부터 모의투자기법을 활용하여 수익형 자산을 분석해보기로 하자. 수익형 자산 중 아파트를 대상으로 해보겠다. 먼저 내가 살고 있는 지역을 대상으로 조사 및 분석을 할 것이다. 대부분 내가 살고 있지 않은 다른 지역을 분석할 때는 어려움이 있지만 내가 살고 있는 지역에 대해서는 누구보다 잘 알고 있기 때문이다.

먼저 내가 살고 있는 지역에 인구가 증가하고 있다면 수익형 자산을 만드는데 나쁘지 않은 지역이다. 다음 지도나 네이버 지도를 보고 내가 분석하고 싶은 도시의 지도를 복사하여 서식을 만들어보자. 위성지도든 일반지도든 상관없다. 전체 도시가 보이는 큰 지도가 만들어졌으면 이제는 KB 부동산 시세를 기준으로 아파트, 전세, 월세 시세를 큰 지도에 있는 아파트에 각각 표시한다. 그리고 전세가 비중과 월세 수익률을 추가로 기록한다.

전세가 비중률(%)=전세 시세/아파트 시세(%)

월세 수익률(%)=연간 월세 수익금/아파트 시세(%)

위의 간단한 연산 식으로 전세가 비중률과 월세 수익률을 계산해 볼 수 있다. 이 두 가지 수치를 보면 아파트 시세가 고평가 되었는지 또는 저평가 되었는지를 알 수 있다. 이 두 가지 수치만을 가지고 아파트를 평가하기에는 무리가 있지만 기초자료로 활용하기 쉽고 한눈에 알아볼 수 있는 지표이다.

수익형 자산을 구매하는 기준으로 본다면 월세 수익률만으로도 계산이 가능하며 전세가 비중률도 참고로 활용하면 좋다. 하지만 아파트 시세 상승만을 목적으로 한다면 이러한 수치를 활용하여 구매하는 것은 바람직하지 않다.

아래의 표는 평택시 장당동의 아파트 분석 자료이다.(2022. 7. 27)

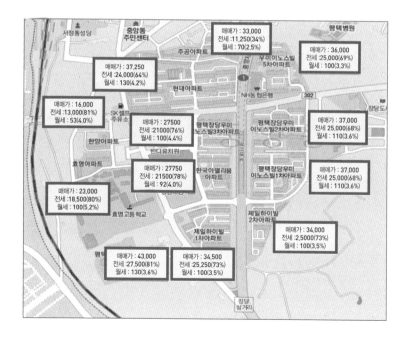

같은 지역에 있는 아파트라 할지라도 이렇게 월세 수익률이 차이가 나고 있다. 2.5%~5.2%까지 나기도 한다. 하지만 높은 수익률만 가지고 수익형 자산을 선택할 수는 없다. 5.2%의 높은 수익을 내고 있는 아파트는 20년도 넘은 아파트이다. 수익형 자산이기는 하지만 아파트 시세의 변동도 감안하여 자산 선택을 해야 한다. 또한 오래된 아파트인 경우 노후된 부분의 수리비용도 생각해봐야 한다.

분석 자료가 만들어졌으니 이제부터 모의투자를 시작해보자.

나는 월세 수익률이 가장 높은 효명 아파트와 두 번째 순위인 평택 장당 우미 이노스빌 2차 아파트를 구매한다. 그리고 나의 파일에 이 모의 자산들을 기록한다. 효명 아파트 101동 1301호 구입가 2억 3천만 원, 중개 수수료 75만 원, 취등록세 4백만 원 등을 기록한다. 기록 파일에 월세 100만 원을 기록하고 일 년에 한 번 재산세도 기록해 놓는다.

구입을 완료했으니 이번에는 분기마다 또는 6개월마다 시세의 변화를 분석해본다. 3~4년간 분석을 하다보면 내가 모의로 구매한 자산이 당시의 생각과 다르게 변화하고 있다는 것을 알 수 있다. 이쯤 되면 나의 마중물은 준비가 되었고 투자 공부 또한 어느 정도 되었을 것이다. 처음보다는 다른 안목으로 수익형 자산을 분석할 수 있는 힘이 만들어졌다. 앞으로는 더 좋은 투자 자산을 찾기 위해 공부해 나가면 된다.

저평가된 자산을 고르는 법

이처럼 모의투자기법을 활용하면 아파트뿐만 아니라 상가투자, 주식투자, 원룸, 빌딩투자 등을 해볼 수 있다. 지금은 생각조차 할 수 없는 고액의 투자대상이라도 모의투자기법을 활용해 얼마든지 구매할 수 있다. 이때 저평가된 자산을 고를 수 있는 안목이 중요하다.

나는 수익형 부동산을 구매할 때는 급매로 나온 자산을 주로 사는 편이다. 말 그대로 급매라는 것은 매도인이 급하게 부동산을 처분하기 위해 싸게 내놓은 것이다. 급매 부동산이 매물로 나왔을 때는 빠른 판단으로 매수해야 한다. 몇 주 안에 팔리거나 심지어 몇 시간 만에 팔리기도 하니 말이다.

나는 그동안 훈련한 방법으로 몇 시간 안에 매수 결정을 한다. 물론 구입자금에 대한 분석도 같이한다. 정말로 싼 가격에 나온 부동산이라면 며칠 가지 않아서 계약이 이루어질 것이기 때문이다. 하지만 아무리 좋은 부동산이라고 해도 자금이 없으면 구매할 수 없다. 사전에 가용현금을 분석하여 현재 가지고 있지는 않지만 몇 개월 안에 자금을 조달할 수 있다면 가능한 일이다.

대형마트나 백화점에 가서 쇼핑을 할 때 우리는 가격을 보고 다른 물건과 비교하며 가성비 좋은 물품을 사려고 한다. 가성비 높은 수익형 자산을 고르는 것에서 모의투자기법을 활용하여 공부하면 보다 수익률 높은 자산을 구매할 수 있을 것이다. 몸에 배어있는 투자 원칙이 있다면 누구나 즐거운 마음으로 투자대상을 고르고 선택할 수 있다.

22

나만의 절약 원칙
세우고 실천하기

요즘 시대에 범국민적인 관심사라고 하면 자산관리나 재테크를 빼놓을 수 없다. 그런데 이에 버금가는 관심사가 있으니 그것은 바로 다이어트이다. 사람들은 저마다 몸을 날씬하게 만들고 유지하기 위해서 많은 시간과 비용을 들이고 있다.

나 역시도 불어난 체중을 줄이기 위해서 다이어트를 하곤 했다. 몇 개월 동안 꾸준히 식습관을 조절하고 운동을 해서 다이어트에 성공하긴 했지만 얼마 안 되어 요요현상을 겪으며 오히려 살이 더 찌는 결과를 초래했다.

왜 우리는 다이어트에 실패하는 것일까? 아마도 정답을 알고 있을 것이다. 체중을 줄이고 그것을 유지하는 과정에서 문제가 생기기 때문이다. 적게 먹고 꾸준히 운동을 하면 누구나 다이어트에 성공할 수 있는데 짧은 시간에 무리하게 살을 빼려고 하다 보니 부작용이 생기고 실패하는 것이다. 단기간에 성공하는 다이어트 법은 세상에 없다.

부자가 되는 습관도 마찬가지다. 마중물을 마련하려면 악착같이 절약하는 습관이 몸에 배어야 한다. 이것은 다이어트와 같아서 단기간에 완성할 수 없다. 다이어트를 할 때 적게 먹듯이 지출을 줄여야 하고, 꾸준히 운동을 하듯이 지속적으로 자기개발을 하여 소득을 올려야 한다.

부자의 길로 가려면 한 푼 두 푼 절약하는 것은 당연한 과정이다. 남들과 같은 소득에 남들과 같은 지출을 하고서는 절대로 부자가 될 수 없다. 수입을 늘리기보다는 지출을 줄이는데 중점을 두고 지속적으로 절약하는 생활을 해야 한다.

그럼 지금부터 절약하는 세 가지 방법을 설명하겠다. 절약하는 것도 생각하기 나름이라는 것을 알게 될 것이다. 그것을 알면 얼마든지 쉽고 재미있게 절약하면서 살 수 있다.

절약하는 ABC 실천법

요즘 보통 가정에서는 생필품을 대형마트에서 구입한다. 한 번 가면 필요한 물품들을 카트에 가득 담아 계산을 한다. 나름 현명한 소비자는 창고형 대형마트를 이용해 조금 더 싸게 생필품을 구매하기도 한다.

대형마트나 창고형 마트에서 카트에 가득 물품을 담으면 20~30만 원이 훌쩍 넘을 때가 있다. 어느 때는 물가 상승 때문인지 비슷하게 물품을 구매했는데도 금액이 지난번보다 더 많은 경우도 있다.

몇 년 전에 나는 절약법에 관한 책들을 사서 읽다가 눈에 꽂힌 내용이 있었다. 나는 이 절약법을 아직까지 실천하고 있으며 가까운 지인들에게도 알려주고 있다.

이것은 '절약하는 ABC 실천법'이다. 아주 쉽다. 대형마트에 가서 평상시와 같이 쇼핑을 하고 영수증을 받아오기만 하면 된다. 그리고 집에 와서 영수증을 펼쳐놓고 색깔 볼펜을 이용하여 구매 항목 옆에 A, B, C라고 적는 것이다. A, B, C의 기준은 다음과 같다.

A: 반드시 필요한 물품

B: 필요한 물품

C: 있어도 되고 없어도 되는 물품

각자의 생각의 차이에 따라 A항목일 수도 있고, B항목일 수도 있다. 개인의 생각대로 적는 것이 중요하다. 기록이 끝났으면 C항목이 무엇인지 다시 한 번 확인을 하고 C항목의 합계금액이 얼마인지 계산해본다.

우리가 무심히 카트에 담은 생필품이 과연 실생활에 얼마나 많이 필요한지 따져보자. 긴급하게 필요하지 않은 물품인데 충동적으로 구매했음을 알 수 있을 것이다. 이렇게 구입한 항목을 정리하고 C항목의 금액만 알면 된다.

2주 후에 다시 마트에 가서 쇼핑을 한다. 이때는 구매 물품을 카트에 담을 때 이것이 A, B, C 중 어디에 해당되는지 생각하며 쇼핑을 해보자. 쇼핑을 마치고 계산을 하면 지난번 쇼핑할 때보다 적은 금액이 나왔음을 확인할 수 있을 것이다.

마찬가지로 집에 와서 영수증에 A, B, C 표시를 한다. C항목의 합계금액을 계산해본다. 지난번 쇼핑 후에 A, B, C를 체크할 때보다 좀 더 엄격하게 체크했을 것이다. 지난번 쇼핑에서 B항목에 있던 물품이 이제는 C항목으로 이동했을 것이다. 이것은 구매하는 물품에 대한 생각이 변화되고 있기 때문이다.

마트에 갈 때마다 이것을 반복하면 반드시 필요한 물품만 구매하는 습관이 몸에 밴다. 이 방법은 쇼핑하는 재미를 누리면서 절약할 수 있는 좋은 기법이다.

대형마트보다 동네 슈퍼를 이용하라

대형마트에서 판매하는 공산품은 동네 슈퍼에 비해 가격이 저렴한 편이다. 특히 생활필수품의 가격이 낮은 편이다. 그래서 우리는 합리적인 가격으로 한 번에 여러 가지를 살 수 있는 대형마트를 선호한다. 그러나 대형마트라고 해서 동네 슈퍼보다 모두 저렴한 것은 아니다.

합리적인 소비를 하려면 꼼꼼하게 살펴보고 구매해야 한다.

대형마트는 세일을 한다거나 하나를 사면 하나를 더 주는 '1+1 행사'를 한다. 실제로 두 개의 제품 가격을 동네 슈퍼에서 구매하는 가격과 비교해보면 조금 싸기는 하다. 하지만 실생활에서 당장 두 개의 제품이 필요한지를 따져보아야 한다. 하나만 사도 되는데 마치 덤으로 하나를 더 주는 것 같은 착각 때문에 두 개를 사지는 않았는가. 결과적으로는 불필요한 물품을 구매함으로써 오히려 가계에 부담을 준 것이나 다름없다.

우리 집은 한동안 대형마트를 가지 않고 생활했다. 생필품이 필요할 때는 동네 슈퍼에 가서 필요한 물품만 구입했다. 대형마트에서 많은 양을 한 번에 구매하여 좁은 집에 보관하기보다는 집 앞 슈퍼에서 아주 조금 비싸더라도 필요한 물품만 샀다. 이렇게 하면 불필요한 물품들을 보관할 장소가 필요 없고 동네 슈퍼를 보관 창고로 활용할 수 있다.

물론 대형마트나 창고형 마트는 가격 외에도 여러 가지 좋은 점들이 많다. 하지만 이 혜택은 지출을 줄이는 방법일 수는 있지만 지출을 거의 안 하는 방법은 아니다. 내가 대형마트보다 동네 슈퍼를 이용하라고 권하는 것은 가격이나 여러 가지 혜택만 국한해서 말하는 것은 아니다. 가급적 지출을 하지 않고 절약하며 살아가라고 강조하고 싶은 것이다.

혹자는 우리가 이슬만 먹고 살 수 있는 존재가 아닌데 어떻게 지출을 하지 않고 먹고살 수 있냐고 항변할지도 모른다. 또 한 번 우리의 소망을 말하겠다. 우리의 소망은 부자가 되는 것이다. 부자는 저절로 되는 것이 아니다. 부자가 되려면 부자가 될 수 있는 자산을 만들어야 한다. 자산을 만드는 길은 지출을 줄이는 차원을 넘어서 지출을 거의 하지 않는 것이다.

이 책을 읽는 여러분은 곧 부자가 될 것이다. 그때까지는 절약하고 또 절약해야 한다. 내가 그렇게 살지 않으면서 여러분에게 절약하라고 강조하는 것이 아니다. 나중에 자산소득이 많아지고 여유가 생겼을 때 먹고 싶은 거 먹고 입고 싶은 거 입고 놀러 다녀도 늦지 않는다. 가난해도 부자의 꿈을 꾸면서 남들이 돈 쓸 때 안 쓰고 살아야 부자가 될 수 있다는 것을 마음에 새기고 오늘도 절약 또 절약하시라.

지출 전에 일정 기간을 기다려라

홈쇼핑 또는 인터넷 쇼핑몰을 보고 있으면 소개하는 상품을 구매하고 싶은 욕망이 생긴다.

"매진 임박! 이 가격은 마지막 방송입니다."

쇼호스트는 마치 다시는 그 가격에 팔지 않을 것처럼, 다음 방송할 때는 가격이 껑충 뛰니까 지금 당장 사지 않으면 손해 볼 것처럼 현혹한다. 그들은 화려한 입담으로 소비자들의 이성을 마구잡이로 흔들어 충동구매를 유도한다. 그래서 방송을 보다가 쇼호스트의 말에 홀딱 속아 넘어가 구매를 해버린다. 구매를 한 다음에 시간이 지나 생각해보면 정작 필요하지도 않은 물건이었다. '반품할까 말까. 언젠가는 필요하겠지. 그냥 놔두자.' 그러고는 집안 한구석에 처박아 놓는다. 과연 이 물건을 요긴하게 쓸 수 있는 날이 올까.

부자가 되려는 사람은 불필요한 충동구매를 하면 안 된다. 설령 충동구매를 했을지라도 지금 당장 필요하지 않은 물건이라면 반드시 반품을 해야 한다. 나중에 쓸 것을 미리 사지 말자.

나는 물건을 구매할 때도 나만의 원칙을 정해놓고 있다. 그것은 물건의 금액에 따라 얼마큼 결정을 유보하는가에 관한 것이다. 그것은 다음과 같다.

1만 원 이상 상품: 한 시간

5만 원 이상 상품: 1일

10만 원 이상 상품: 1주

30만 원 이상 상품: 한 달

이렇게 나는 네 가지의 원칙을 만들어놓고 있다. 유치한 방법일 수도 있지만 그 효과는 매우 크다. 나는 상품을 구매할 때는 인터넷 쇼핑몰 장바구니에 담아놓고 일정 시간을 기다린다. 그러고 나서 그 상품이 정말 필요하면 구매를 한다. 냉정하게 생각하는 시간을 갖고 나면 충동구매를 줄일 수 있다.

나는 생활에 필요한 물품을 구매할 때도 일주일을 기다린다. 다시 한 번 우리 가정에 필요한 것인지를 점검한다. 일주일이 지나도 꼭 필요하다는 판단이 내려지면 그때 가서 구매한다. 쇼호스트가 "오늘 단하루 세일! 아, 매진입니다!" 했던 물건들은 일주일이 지났는데도 여전히 남아있게 마련이다.

허례허식은 망하는 지름길이다

부자가 되려는 사람은 즉흥적으로 소비해서는 안 된다. 천 원짜리 하나를 사더라도 고민을 해야 한다. 어느 집이나 구매했는데 거의 사용하지 않는 물건이 많이 있을 것이다. 이것들은 모두 충동구매를 한 결과물이다. 시급하게 마중물을 만들어야 하는데 그 필요 없는 물품을 구입해서 며칠 또는 몇 개월을 앞당겨 자산을 만들 수 있는 좋은 기회를 날려버린 셈이다.

사실 투자목표를 향해 마중물을 준비하는 과정은 재미있기도 하지만 괴롭고 짜증나는 긴 여정이기도 하다.

"저놈은 짠돌이처럼 살아서 사람 구실이나 제대로 할지 몰라!"

남의 말 하기 좋아하는 사람들은 이렇게 뒷말을 해댈 수도 있으리라. 그러나 나는 그런 사람들의 뒷말에 한 번도 흔들린 적이 없다. 마중물을 만드는 기간을 단축하기 위해 열심히 절약하는 모습은 아름다운 것이다. 결코 구질구질하게 사는 인생이 아니다.

나는 큰 평수 아파트에서 외제차를 타고 온 몸에 명품을 두르고 살던 사람이 하루아침에 망해서 셋방으로 이사 가는 것을 심심치 않게 보았다. 빈 수레가 요란하다고 했다. 사람은 내실 있게 살아야 한다. 허례허식은 망하는 지름길이다. 내 통장에는 돈이 텅텅 비어 있는데 겉만 번지르르하게 살아봤자 실속이 없다.

우리가 마중물을 만들기 위해 오늘 짠돌이로 사는 것은 내일 잘 먹고 잘 살기 위함이다. 비유가 적절하지 않을 수도 있지만, 길을 가다 폐지를 줍는 어르신들을 볼 때마다 안쓰러운 마음이 든다. 그분들도 그동안 열심히 살아오셨을 텐데 왜 노후를 저렇게 보내시고 계실까 하는 생각을 한다. 물론 어르신들이 살아오신 시대와 우리가 살아가는 시대는 많이 다르기 때문에 그분들의 삶을 감히 평가할 수는 없다. 내가 하고 싶은 말은 젊어 고생은 사서도 한다고 하니 젊었을 때 짠돌이로 살아도 비난받을 일이 아니며 더더욱 구질구질한 인생이 아니라는 것이다.

이왕이면 좋은 집에서 좋은 차 타고 좋은 거 먹고 좋은 옷 입고 해외여행 다니면서 누릴 것 다 누리며 살고 싶을 것이다. 그것이 인간의 본성이다. 투자목표를 달성하려고 마중물을 모으는 과정에서 나 역시 비애감을 느낀 적도 있었다. 그러나 남들이 돈 쓸 때 돈 안 쓰면서 차곡차곡 자산을 만드는 과정에서 몸에 밴 절약 습관은 이제 돈을 떠나서 검소한 생활습관으로 자리매김했다. 남들과 다르게 산다는 건 어려운 일이지만 실천하다 보면 좋은 습관으로 자리 잡힐 것이다.

23

마른 수건을 다시 짜는 절약법

짠돌이, 왕소금이란 말을 들어야 한다

나는 투자목표를 설정해놓고 15년 동안 근검절약하며 살아왔다.

"자린고비! 수전노! 다시 태어나면 당신 같은 사람하고는 절대로 결혼 안 해!"

아내는 나를 보고 고개를 절레절레 흔들며 놀려댔다. 그런데 어느 순간부터는 아내도 자린고비가 되어 갔다. 내가 일주일을 고민 끝에 5만 원짜리 물건을 사려고 하면 "5만 원씩이나 하는 것을 겨우 일주일밖에 생각 안 해. 앞으로 일주일 더 생각해."라고 했다. 아내는 어느새 자린고비가 아니라 자린고비할머니가 되어 있었다.

그렇다. 나는 자타가 공인하는 대한민국의 대표 짠돌이였다. 오랜

만에 만나는 조카들도 나를 "짠돌이 삼촌!"이라고 불렀으며, 친인척
모두가 "소금 중에 왕소금"이라고 놀려댔다. 하지만 부모님만은 빙그
레 웃으시면서 나를 말없이 응원해주셨다.

나는 주위 사람들에게 '짠돌이', '왕소금'이라고 불려도 부끄럽지
않았고 화가 나지도 않았다. 언젠가는 나의 진정한 가치를 보여줄 날
이 반드시 올 것이라는 확신이 있었기 때문이다. 그리고 그것은 현실
로 이루어졌다.

나에게 "짠돌이 삼촌!"이라고 불렀던 조카가 대학생이 되었을 때
나는 부자로 살고 있었다. 대학생 조카가 이제는 나를 "부자 삼촌!"이
라고 부른다.

아내는 "부자가 되어서도 벌벌 떨면서 돈 못 쓰는 거 아니에요?"라
고 했다. 돈 많이 벌어놓고도 근검절약하면서 살면 나중에 자식들 좋
은 일만 시키는 것 아니냐고 반문하기도 했다. 나는 아내가 걱정하는
만큼 새가슴을 가진 가장이 아니다. 이래 보여도 나는 고등학교 시절
에 전교회장을 역임했던 배짱 두둑한 놈이었다. 물론 돈을 많이 벌었
어도 몸에 명품을 두르지는 않는다. 왜? 나는 아직 젊고 젠틀맨(?)이
니까. 군이 명품으로 휘감지 않아도 나는 멋진 남자다.

자화자찬? 내가 나를 사랑하지 않았다면 나는 여기까지 올 수 없
었으리라. 여러분도 "나는 잘난 사람이다!"라고 당당하게 선언하기
바란다.

나는 목표를 달성한 후에 아내에게 제일 먼저 대형 드럼세탁기를 사주었다. 오래된 냉장고를 중고가격에 팔고 대형 냉장고도 마눌님에게 공손히 바쳤다. 아내는 팬스레 양문형 냉장고를 열어보고 또 열어보며 어린아이처럼 좋아했다. 어디 아내뿐인가. 아이들도 새로 산 냉장고를 열었다 닫았다 하면서 함박웃음을 지었다.

나는 지금 부자가 되어서 그동안 못 누렸던 것들을 하나씩 누리며 사는 재미로 살고 있다. 저녁에는 아내와 정원에 앉아서 차를 마시거나 가볍게 맥주를 마시면서 15년간 절약한 시절을 회상하며 웃기도 한다. 15년이라는 세월은 결코 짧은 시간이 아니다. 나라고 왜 중도에 포기하고 싶지 않았겠는가. 그러나 나는 고지가 저 앞에 있다는 것을 믿었다.

"새벽이 오기 전이 가장 어둡다"는 말이 있다. 정상을 앞둔 지점에 이르렀을 때가 가장 힘든 법이다. 그러나 그 순간에 포기하면 안 된다. 곧 먼동이 트고 붉게 타오르는 태양을 볼 것이라는 믿음을 가지고 나아가야 한다.

절약에 도움이 되는 팁

팬히 사설이 길었다. 여러분에게 절약하고 또 절약하면 부자로 살 수 있다는 희망을 주려고 그랬다. 이제부터 그동안 내가 공부하면서 실천했던 절약 팁을 정리하려고 한다. 이 팁을 응용하여 더 좋은 성과를 내기 바란다.

물 절약하기

우리 가족이 아파트에 살던 때의 일이다. 아파트 세대의 물세는 관리비에 포함되어 나온다. 관리비고지서를 보니 상수도 요금이 생각보다 많이 나왔다. 나는 상수도 요금을 절약하기로 마음먹고 변기에 벽돌을 넣어 변기 물 사용량을 줄였다.

겨울철에는 보통 샤워를 할 때 따뜻한 물을 튼다. 따뜻한 물이 나올 때까지는 일정한 양의 찬물이 나온다. 그 찬물로 샤워를 할 수 없으니 더러운 물이 아닌데도 버리게 된다. 나는 그냥 버려지는 이 물이 아까웠다. 물을 절약하기 위해 샤워기 밑에 작은 대야를 놓았다. 그 대야에 찬물을 받아 걸레를 빨거나 화장실 청소 등 허드렛물로 사용했다. 한 방울의 물도 아끼고 절약해야 한다.

부식비 줄이기

부식비하면 쌀과 채소 등을 생각할 것이다. 나는 다행히도 부모님이 작게나마 벼농사와 밭농사를 지으신다. 일요일 저녁이면 부모님 집에서 저녁 식사를 하는 것이 우리 집안의 규칙이다. 물론 집으로 돌아올 때는 빈손으로 오지 않는다. 어머니께서 반찬을 만들어주시기도 하시지만 그것으로는 성에 차지 않는다. 나는 밭으로 달려간다. 밭에는 배추, 가지, 아욱, 상추, 고추 등 각종 야채들이 계절마다 차고 넘친다. 아내는 며느리 입장이라 그런지 부모님 눈치가 보인다며 내가 야채를 마구 따면 옆구리를 툭툭 치며 눈치를 주곤 한다. 그래도 나는 아랑곳하지 않는다. 호박, 오이, 파, 당근 등 무럭무럭 자란 무공해 야채들이 우리 가족의 일주일 반찬인데 어찌 돌같이 볼 수 있으랴.

우리 가족은 부모님 집에서 공수해온 야채로 반찬을 만들어 먹는다. 그렇게 한 달을 보내면 생활비가 많이 절약된다. 나는 지금도 일요일에 특별한 일이 없으면 가족과 함께 부모님 집으로 간다. 부모님 얼굴을 뵈어서 좋고 식사를 하면서 돈독한 가족애가 쌓여서 좋고 무공해 야채를 공수해오니 더더욱 좋다.

의복비 줄이기

여자들과 달리 남자들은 옷이나 신발이 많이 필요하지 않다. 나는 구두, 운동화, 슬리퍼가 각각 한 켤레씩만 있다. 옷도 몇 가지 안 된다. 내가 입는 옷이나 신발 중에는 이른바 명품이라 일컫는 것이 하나도 없다. 내 사전에 브랜드란 없다. 나는 사람들이 흔히 말하는 길거리표가 좋다. 나에게 옷은 몸을 가리기 위한 도구일 뿐이다. 그 도구를 비싸게 살 이유가 없고, 남들 보기에 흉하지 않게 깨끗하게 빨아 입으면 되는 것이다.

물론 나는 아내에게도 여자들이 껌뻑한다는 명품 가방 하나도 사주지 못했다. 아니 사주지 않았다. 가방이 브랜드 하나 때문에 수백만 원, 수천만 원이 훌쩍 넘는다는 소리를 들으면 입이 쩌~억 벌어진다.

가방의 기능은 물건을 담는 것에 있다. 그 가방이 비쌀 이유가 없다. 시장에서 파는 만 원짜리 가방에도 물건들을 얼마든지 담을 수 있기 때문이다.

"목표 달성도 좋지만 벌거벗고 살 수는 없는 거잖아요!"

아내는 아이들만큼은 추하게 입히지 말자고 강조했다. 물론 나도 찬성이다. 나는 아이들에게 비싼 옷을 사서 입히지 않는다. 아파트에 사는 사람은 알 것이다. 아파트에는 특정한 요일에 장날이 열린다. 아내는 장날에 아이들 옷을 산다. 우리 가족은 브랜드나 유행에 민감하지 않다. 유행이 한참 지난 옷일지라도 버리지 않는다. 한번 산 옷은 소매가 늘어나거나 해지기 전까지는 버리지 않고 입는다. 유행을 좇아가면 목표 달성을 하지 못하고 중도에 포기하게 된다. 유행에 민감하게 살지 마라!

휴대폰 통신료 줄이기

직장생활을 하는 사람은 휴대폰을 사용하지 않을 수 없다. 하지만 불필요한 부가서비스를 줄여서 요금을 낮출 수 있다. 2G폰을 사용할 당시 통화가 연결되기까지 감미로운 음악이 들리는 일명 컬러링이 유행이었다. 그 컬러링 부가서비스가 천 원이었다. 나는 천 원의 부가요금을 아끼기 위해 컬러링 서비스를 중단했다.

천 원은 큰돈이 아니다. 그러나 부자가 되려고 마음먹었다면 천 원은 큰돈이다. 우리는 100원, 아니 10원부터 소중히 여기고 그 10원을 저축해야 한다. 한 방울의 물이 모여 바다를 이룬다고 했다. 티끌이 모아져 태산이 되는 것을 잊지 말자. 방바닥에 굴러다니는 10원, 태산은 10원부터 시작된다.

전기요금 줄이기

가정의 형광등을 LED 등으로 교체하면 전기료가 절감된다는 사실은 누구나 알고 있다. 하지만 LED 등 가격 또한 만만치 않은 것도 사실이다. 우리 집은 LED 등 전체를 구매하지 않고 모듈만 구입했다. 형광등 케이스는 그냥 사용하고 모듈만 교체한 것이다.

돈 안 들이고 절약하는 일이라면 나는 어떤 일이든 한다. 전기료가 절약된다는데 왜 주저하겠는가. 형광등 교체는 당연히 나의 몫이다.

내가 목표를 달성하고 아파트를 구입해서 월세를 놓았을 때의 일이다. 세입자는 형광등 케이스 모양이 예쁘지 않다며 멋진 것으로 바꿔달라고 했다. 나는 그 요청을 받아들이지 않았다. 그 아파트에 사는 주민들 대부분이 처음 달려있던 그 모델을 사용하고 있는데 굳이 바꿔 줄 필요가 없었던 것이다.

"그럼 저희가 알아서 하겠습니다."

세입자는 신혼부부였다. 신혼이니 멋진 등을 달고 싶었던 것이다.

"그건 낭비입니다. 지금 저 형광등도 환하고 좋은데 왜 돈을 낭비합니까?"

나는 세입자에게 그런 일에 돈 들일 필요는 없다고까지 말해주었다. 나중에 보니 형광등이 새것으로 교체되어 있었다. 아마도 그 새댁은 집주인인 나를 향해 형광등도 바꿔주지 않는 구두쇠라고 뒷말을 해댔을 것이다.

형광등은 소모품이다. 내 집이든 남의 집이든 언젠가는 소모가 되고, 멋진 모델의 케이스도 갈아주어야 하는 날이 돌아온다. 내 집도 아닌 집에 살면서 분위기 살리겠다고 형광등까지 교체할 필요는 없다. 다 낭비인 것이다.

친구들과 술자리 후에 걸어오기

나는 친구들과의 술자리에는 빠지지 않는다. 주량은 약하지만 친구들과 화기애애한 분위기에서 얘기하는 것을 좋아한다. 친구들은 나에게 있어 가장 편안한 존재다. 내 흉허물을 다 알면서도 이해해주는 고마운 사람들이다. 긴장의 끈을 풀어놓고 옛 추억을 끄집어내어 웃어도 보고 덧없는 인생을 함께하는 그들과 함께 잔을 주고받으며 이야기보따리를 풀어놓는다.

"우리 사무실에 예쁜 아가씨가 가끔 오는데, 하루는 그 아가씨가 커피를 사주겠다는 거야. 내가 멋있다며 어찌나 치켜세우던지 팬스레 따라나섰다가 보험 가입을 했지 뭐야. 매달 보험료 낼 생각을 하니 벌써부터 골머리가 지끈거린다."

"휴~ 너 그럴 줄 알았다."

"야, 인마! 너도 꽃순 아줌마가 젠틀맨이라고 해주니까 보험 가입했잖아! 사돈 남 말 하네~."

나는 친구들이 따라주는 술을 넙죽넙죽 받아먹으며 즐거운 시간에 취해버린다. 술자리가 끝나갈 즈음이면 기분이 알딸딸하여 좋다. 그러나 나는 술을 마셨다고 해서 택시를 타는 어리석음을 범하지 않는다. 술에 조금 취했어도 집에서 가까운 거리는 걸어서 간다. 처음에는 피곤하고 귀찮지만 집에 도착할 때쯤이면 어느새 정신이 말짱해진다. 술도 깨고 운동도 되고 택시비도 절약되니 일석삼조인 것이다.

돈 안 드는 취미 만들기

취미생활을 할 때는 돈이 들게 마련이지만 의외로 그렇지 않은 게 많이 있다. 예를 들면, 도서관에서 책을 대출해 독서하기, 산책, 지역의 낮은 산 등산하기, 조깅, 마라톤, 공원에서 배드민턴 치기 등이 있다. 이 중에 나는 등산하는 것을 가장 좋아한다. 등산하면 국립공원 같은 유명한 산을 생각하기 쉬운데 주위를 둘러보면 시, 군마다 등산로를 만들어놓은 좋은 곳들도 있다.

나는 휴일이면 가족과 함께 등산을 즐겨한다. 우리 가족은 등산을 하면서 한 주에 있었던 일들을 각자 이야기하고 공감하며 하하, 깔깔 마음껏 웃는다. 가족의 대화라는 게 꼭 거실에 둘러 앉아 '대화 시작!' 하면서 이야기를 나누고 '오늘의 가족 대화는 이것으로 마치겠습니다!' 하면서 의사봉을 세 번 두드려야 하는 것일까?

요즘은 다들 너무나 바쁘게 살다보니 가족과의 대화가 단절되었다고 한다. 아이들은 아침 일찍 출근했다가 한밤중에 퇴근해서 집으로 돌아오는 아버지의 얼굴을 볼 수가 없다. 모처럼 쉬는 주말이면 아버지는 골프나 낚시를 하러 외출하거나 그동안 쌓인 피로 때문에 소파에서 TV 채널을 이리저리 돌리며 보다가 잠이 들곤 한다. 아버지가 주말 동안 집에서 꼼짝도 하지 않고 늦잠을 자거나 소파에 길게 엎드려 뒹굴뒹굴 텔레비전만 보고 있는 게 가족은 불만이다.

휴일에는 아무리 피곤해도 잠만 자지 말고 가족과 함께 산행을 해보는 것은 어떨까. 산행은 돈이 들지 않는다. 건강에도 으뜸이다. 가족과 도란도란 이야기를 나누면서 산행을 하노라면 새록새록 가족애가 살아나는 것을 느낀다. 나는 사랑하는 가족과 산행하는 시간이 소중하고 행복하다.

군것질 안 하기

나는 업무 때문에 외근을 많이 하는 편이다. 식사는 대부분 고속도로 휴게소에서 한다. 식사비는 외근하면서 먹는 것이니 회사카드로 결제를 한다. 식당을 나와서 주차장까지 가려면 각종 군것질거리를 파는 가게들을 지나가야 한다.

나는 애가 둘이나 있는 어른이지만 배부르게 먹었는데도 어린애처럼 군것질이 하고 싶어진다. 천안에 명물 호두과자를 보면 먹고 싶고, 코를 자극하는 울릉도 맥반석오징어도 먹고 싶고, 강원도 옥수수를 보면 그 또한 먹고 싶다. 원산지가 불분명한 쥐포, 안흥 찐빵, 꽈

배기, 통감자…….. 아~ 내가 좋아하는 것들을 보자 내 입은 나도 모르게 입맛을 쩍 다신다. 당장에라도 그것들을 사 먹으며 입을 즐겁게 하고 싶다.

회사카드를 사용하면 큰~일 나니 내 카드를 꺼낼까 말까 고민한다. 지금 입에 호사를 부린다면 한 달 용돈이 이 자리에서 사라지는 것은 물론 목표 달성을 하는데 일주일이란 시간이 뒤로 늦춰진다.

나는 눈을 질끈 감고 차에 오른다. 부자가 되면 휴게소에 즐비한 저 많은 군것질거리를 통째로 사 먹으리라. 그날이 오기까지는 철부지 어린애처럼 군것질을 하지 않겠다고 다짐한다. 나는 집으로 돌아오는 차 안에서 "나는 두 아이의 아버지다!"라고 크게 외친다.

집에서 영화 보기

결혼 후에 아내와 영화관에 가서 본 영화는 〈광해〉와 〈아바타〉두 편뿐이다. 돌이켜 생각해보면 아내에게 미안한 마음을 금할 길이 없다. 그래도 어떡하겠는가. 온 가족이 영화관에 가서 영화를 보면 나의 목표를 이루는데 한 달이 더 늦춰질 수밖에 없는데.

그렇다고 내가 가족에게 영화를 한 번도 보여주지 않은 지지리 못난 가장이라고 생각하지 마시라. 나는 최신 영화까지 다 보여준 멋쟁이 남편이자 아버지다. 나는 돈 안 드는 영화를 가족에게 보여주었다. 돈 안 들이고 보는 영화가 어디 있냐고? 영화관에서 상영하고 난 영화는 시간이 지나면 무료로 다운로드 받을 수 있는데 나는 이런 영화를 돈 한 푼 들이지 않고 가족과 함께 본 것이다.

솔직히 이럴 때에는 가족에게 진심으로 미안한 마음이 든다. 하여 이날만큼은 1만 원 이상 상품을 살 때는 한 시간 이상 생각한다는 원칙을 깨고 과자도 큰 봉지에 든 것, 음료수도 1.5리터짜리를 사서 가족과 맛있게 먹으면서 무료 영화를 본다. 비록 영화관에 가서 대형 스크린으로 보는 것이 아니라 작은 텔레비전 앞에 옹기종기 모여앉아 영화를 보지만 내 가슴은 풍선처럼 부풀어 오른다. 내가 자린고비로 사는 이유를 알고 내 마음을 헤아려주는 가족이 있기에 나는 세상에서 가장 행복한 남자다!

외식 안 하기

우리 가족은 외식을 거의 하지 않는다. 부모님 생신이나 어버이날, 친목회 모임 말고는 외식을 해본 적이 없다. 계산해보면 1년에 다섯 번 정도 외식을 하는 셈이다.

그렇다고 한 달 내내 가족과 외식 한 번 하지 않는다고 생각하면 그 또한 오산이다. 나에게는 한 달에 한 번 모이는 가족모임이 있다. 그 모임이 좋은 건 아이들이 같은 또래여서 아이들끼리 즐겁게 뛰어놀기 때문이다. 그 모임이 있는 날은 우리 가족에게는 잔칫날이다. 그날은 온 가족이 즐거운 외식을 하는 날이기 때문이다. 이렇게 외식을 많이 하는데 굳이 돈을 들여가며 또 외식을 한다면 그것은 과소비라고 생각한다.

배달 야식 안 먹기

우리나라는 배달음식의 천국이다. 배달문화가 얼마나 발달이 되었으면 총알배달이라는 말까지 나왔을까.

저녁을 먹고 잠자리에 들기 전에 배가 출출할 때가 있다. 치킨, 피자, 분식, 족발 등을 생각하는 것만으로도 침이 꿀꺽 넘어가고 그것들이 눈앞에 삼삼하게 떠오른다. 그렇다고 야식을 총알배달해서 사 먹으면 나의 목표를 이루는데 한 달이 더 걸린다.

목표도 목표지만 야식은 가격도 비쌀 뿐 아니라 칼로리도 높아 고지혈증을 유발시키고 살이 푸둥푸둥 찌게 된다. 살을 빼려고 굶는 사람도 많은데 야식이 웬 말인가.

그래도 어느 때는 '한 번쯤 야식을 먹어볼까' 하는 유혹을 느낄 때가 있다. 그런 날은 내가 팔을 걷어붙인다. 냉장고를 열어보면 자투리 햄이며 야채들이 많이 있다. 각종 야채와 김치를 넣고 김치전을 부쳐 먹는다. 그렇게 우리는 집에서 야식을 만들어 먹는다. 출출하고 허전해서 야식을 해 먹었지만 잠자리에 들기 전에 먹는 음식은 정말이지 건강에 좋지 않다. 야식은 이로운 음식이 아니다. 야식을 먹지 않으면 건강하고 돈도 절약할 수 있다.

자가용 승용차 없애기

나는 스물한 살에 야간대학에 입학했다. 그때 통학용으로 중고 자동차를 구입했다. 결혼을 하고 두 아이를 둔 지금까지 네 대의 자동차를 구입했는데, 모두 중고차였다.

2011년부터는 자동차를 소유하지 않았다. 그때는 직장생활을 하고 있었는데, 사장님께서 나에게 자동차를 사주겠다고 하셨다. 놀라운 제안에 나는 몹시 기뻤다. 하지만 나는 그 제안을 받아들이지 않았다. 자동차세, 자동차 보험료, 기름값, 수리비 등 자동차를 유지하는데 드는 비용을 따져보니 어마어마했다. 내 월급으로는 도저히 감당하기 어려웠다. 아니 자동차를 유지하려면 목표를 달성하는데 5년이 더 걸릴 것 같았다.

"장기 렌트를 해 주시면 고맙겠습니다."

나는 사장님께 자동차 유지비가 너무 많이 들어서 감당할 수 없다고 솔직히 말씀드렸다. 자동차를 사 주시겠다고 하셨으니 이왕이면 회사에서 부담하는 렌트로 부탁드린다고 했다. 진심은 사람의 마음을 움직인다고 했던가.

"젊은 사람이 대단하군. 열심히 사는 건 좋은 거야. 내가 자네의 그 열심을 사겠네."

사장님은 빙그레 웃으시더니 나의 제안을 흔쾌히 받아주셨다. 물론 나는 사장님께 보답하는 마음으로 더더욱 열심히 일했다.

나는 스물한 살 때부터 근검절약해서 저축을 하며 고래 등 같은 집의 주인이 되는 꿈을 향해 한 발자국씩 나아갔다.

담배 끊기

절약을 하다보니 더 이상 줄일 만한 아이디어가 나오지 않았다. 고민하면서 담배를 한 대 피웠다. 생각지 못한 아이디어가 떠올랐다. 그것은 금연을 하는 것이었다. 당시 담뱃값은 2,500원이었고 나는 하루에 반 갑 정도를 피우고 있었다. 금연을 결심하고 두 달간의 고생 끝에 금연에 성공했다.

지금은 담배 한 갑에 4,500원이다. 하루에 한 값을 피운다고 계산해볼 때 한 달이면 135,000원이다. 정말이지 거금이다. 전기세, 물세 등과 비교도 안 될 만큼 비싼 게 담배다. 그뿐인가. 담배는 건강에 아주 치명적이다. 오죽하면 담배는 백해무익하다고 했을까.

우리나라뿐 아니라 그 어느 나라든 담배는 건강에 좋지 않으니 금연하라고, 담뱃값에 무시무시한 경고성 그림까지 넣으며 금연을 독려하고 있다. 그런데도 애연가들은 한 치의 흔들림이 없다. 한겨울에 매서운 찬바람이 불고 눈발이 휘날리는 밖에 나가서 바들바들 떨며 담배를 피운다.

나는 담배를 피울 때는 담배 연기가 그토록 독하고 맡기 싫은 냄새인 줄은 정말 꿈에도 몰랐다. 그런데 담배를 끊고 보니 저 멀리부터 날아오는 담배 냄새가 지독하고 역하다는 걸 깨달았다. 담배를 피우지 않는 사람에게 담배 연기가 민폐인 것만은 틀림없는 사실이다.

층간소음 다음으로 담배 연기 때문에 이웃과 얼굴 붉히는 일이 비일비재하다고 한다. 무엇보다도 담배 피우는 사람을 미개인 취급하는 사회가 되어버렸다. 내 거금을 들여 내 건강을 해치는데 한 푼도 보태주지(?) 않는 뭇사람들로부터 왜 미개인 취급을 받아야 하는가. 나는 아주 잘난 사람이다. 그깟 담배로 건강을 해치면서 미개인 취급을 받아야 할 이유가 하나도 없다. 내가 나를 사랑한다면 건강을 해치는 담배를 끊자. 금연은 아무리 강조해도 지나치지 않다. 금연을 하여 돈도 절약하고 건강도 되찾자.

근검절약은 거창한 것이 아니다. 작고 사소한 것에서부터 조금씩 절약해 나가면 된다. 한 가지씩 실천해 나가다보면 자연스럽게 습관이 된다.

나는 절약을 하는데 배우자 또는 가족이 절약하지 않는다고 원망해서는 안 된다. 나 혼자라도 실천하고 습관화한다면 배우자나 가족들도 그 모습을 보고 따라 할 것이다.

"최소한 인간답게는 살아야 할 거 아녜요!"

나도 처음에는 아내에게 허구한 날 지청구만 들었다. 그러나 나는 포기하지 않았다. 나는 목표를 이루기 위해 절약했고 절약하는 습관이 몸에 배었다. 푸념하던 아내도, 입이 뿌루퉁해 있던 아이들도 어느 날부터는 솔선수범하여 물을 아껴 쓰고 전깃불이 켜져 있으면 먼저 소등했다. 나부터 절약하는 생활을 하다보면 가족은 자연적으로 따라오니 그때까지는 강요하지도 말고 재촉하지도 말아야 한다. 설령 나의 생활방식을 호응해주지 않아도 가족의 심정을 이해해주어야 한다.

아무리 돈이 많아도 가정이 화목하지 못하다면 아무런 소용이 없다. 그것은 불행한 일이다. 가족은 내가 이승에서 이룬 가장 큰 업적이다. 내가 절약하는 것도 다 가족과 안락한 내일을 살기 위함이 아니던가.

마른 수건을 다시 짜내는 절약법은 무수히 많다. 절약하는 방법을 스스로 찾아내고 내 것으로 만드는 것도 하나의 기쁨이다.

24

대출금 원금상환이
최고의 투자다

왜 금융지식이 필요할까?

일요일 오후에 모처럼 아무 일 없이 집에서 빈둥대고 있었다. 나는 소파에 누워서 리모컨으로 TV 채널을 이리저리 돌렸다. 집안 청소를 마친 아내가 내 모습을 보고는 소파의 빈틈에 앉으며 말했다.

"아파트 대출도 있고 마이너스통장도 마이너스 상태인데 정기적금을 신규로 가입했대요."

아내는 그런 상황에서 목돈을 모으려고 정기적금을 붓는 것이 맞는 방법이냐고 물었다. 나는 웃으면서 "세상에는 자기만의 세계가 있는 사람들이 있는 법이야"라고 농담을 했다. 아내는 진지하게 말해 달라고 했다.

나는 아내에게 "당신이 이상하게 생각하는 것이 정상이야"라고 말해주었다. 그리고 그런 상황에서 정기적금을 새로 든 사람이 누구냐고 물어보았다. 아내는 이웃에 사는 철수 엄마라고 대답했다.

나는 철수 엄마가 왜 그렇게 무리한 결정을 했는지 그 이유가 궁금했다. 우리네 살림살이는 빤하다. 모두가 한 달 한 달 빠듯하게 살아간다. 철수 엄마는 그렇게라도 하지 않으면 목돈을 모을 수 없다고 생각했을 것이다.

우리 모두의 가슴속에는 자산을 모으고 재테크를 잘해서 부자가 되고 싶은 욕망이 있다. 그런데 문제가 있다. 우리는 자산운용의 방법과 금융지식이 부족하다. 조금만 공부해서 금융지식을 이해하려고 하면 얼마든지 부자가 될 가능성이 있는데 그렇게 하지 않는다.

지금부터 대출에 대해서 알아보자.

우리가 쉽게 접할 수 있는 대출은 직장인 신용대출(마이너스통장), 주택 담보대출(모기지론), 부동산 담보대출, 사업자 신용대출 등이 있다. 물론 케이블 TV에서 광고하는 여러 개의 사금융 대출상품도 많이 있지만 여기서는 생략하겠다.

• 직장인 신용대출(마이너스통장): 봉급생활자의 안정적인 급여소득과 근무 연수 등을 평가하여 담보 제공 없이 대출해주는 상품이다. 마이너스통장의 형태를 하고 있으며 금리가 높은 편이다.

- 주택 담보대출(모기지론): 주택을 담보로 한 대출이다. 가계대출의 많은 비중을 차지하고 있다. 금리가 가장 낮은 편이다.
- 부동산 담보대출: 주택을 제외한 상가, 토지 등을 담보로 대출해주는 상품이다. 금리는 주택 담보대출보다 높고 직장인 신용대출보다 낮다.
- 사업자 신용대출: 사업자의 자산이나 신용도를 평가하고 사업체의 재무상태를 파악하여 대출해주는 상품이다. 담보 제공은 없으며 대출의 주체에 따라 금리가 달라진다.

은행 대출을 받을 때의 최소한의 지식

대출을 받은 경험이 있는 사람은 은행에 가서 진땀나게 자서를 했던 것을 기억하리라. 경제 서적들을 보면 약관을 꼼꼼히 읽어보고 이해한 다음에 자서를 하라고 한다. 그것도 여러 장을 꼼꼼히 읽어보라고 쓴 저자는 정말 그 약관을 다 읽어보았을까? 정말 그 내용을 다 이해했을까? 그 저자는 전문가이니까 다 이해했을 수도 있다. 그러나 우리 같은 서민들은 약관을 다 읽는다 해도 그 내용을 이해할 수 없다.

은행에 대출을 받으러 갔다고 가정해보자. 은행 직원은 깨알처럼 작은 글씨로 써 있는 A4용지에 동그라미 친 부분을 짚어주며 자서를 하라고 한다. 자서를 마치고 나면 은행 직원은 나에게 대출상품에 대한 설명을 한다. 하지만 우리는 생소한 용어와 숫자들에 대해 제대로 알지 못한다. 아니 알고 싶지도 않다. 언제 대출금이 나오는지, 이자는 언제 빠져나가는지, 그리고 금리는 얼마인지가 궁금할 따름이다.

지금부터 은행 직원이 설명해주었지만 관심이 없었던 내용들을 알아보기로 하자.

금리

가장 많은 비중을 차지하는 주택 담보대출을 기준으로 설명하면 코픽스(COFIX)금리+○.○○%로 되어 있다. 즉 기준금리+가산금리로 구성되어 있다.

어느 은행을 가던지 코픽스금리는 동일하고 가산금리만 달라지는 것이다. 나의 신용도나 주거래 실적을 감안해 가산금리를 낮춰주기도 하고 치사하게 상품을 가입하면 추가로 낮춰준다고 한다. 하지만 금리가 오를 경우 코픽스금리가 오르는 것이지 가산금리는 대출계약이 만료될 때까지 고정인 것이다.

중도상환수수료

말 그대로 중도에 대출원금을 상환할 경우 수수료를 받겠다는 말이다. 여유가 생겨서 상환한다고 수수료를 받는다니 참으로 고약하다. 하지만 은행 입장에서는 대출이 발생하는 비용을 은행 측에서 납부했으니 미리 상환할 때를 대비해서 그에 맞는 수수료를 받는다는 취지이다. 그리고 수수료율은 대출할 때마다 다르게 적용되니 계약할 때 잘 알고 있어야 한다. 대부분 3년간 0.5~1.5%를 적용하고 잔여 개월 수에 따라 낮아진다.

거치기간

원금을 상환하지 않고 이자만 납부하는 기간을 말한다. 주택 담보 대출의 경우 정부에서 규제를 하여 현재 거치기간이 없어진 상태이다. 대출 발생 후 원금과 이자를 같이 납부해야 한다.

상환 방법

일시상환, 원리금 균등분할상환, 원금 균등분할상환이 있다. 원리금 균등분할상환은 한 달에 납부하는 이자와 원금의 합을 일정하게 납부하는 방법이다. 원금 균등분할상환은 갚아야 할 원금을 일정하게 하고 이자를 더해 납부하는 방식이다. 이 경우 처음은 납부액이 많다가 점차적으로 납부액이 작아지는 방식이다. 장기적으로 계산해보면 원금 균등분할상환이 이자를 적게 내는 방식이니 가급적 이것을 선택하기 바란다.

대출기간

직장인의 경우에 주택 담보대출은 연말정산 소득공제를 받으려면 15년 이상 장기상품에 가입해야 혜택을 받을 수 있다. 최대기간인 30

년을 추천한다. 원금납부를 적게 할 수 있고 자금의 여유가 생길 때마다 추가 납부하는 것이 자산운용에 효율적이기 때문이다.

은행에서 대출할 때 위 다섯 가지 항목을 어떻게 적용되는지만 알고 있어도 많은 도움이 된다. 은행에 방문한다면 은행 직원의 빠른 설명과 정신없는 자서 순간에도 대출상품을 나에게 맞게 세팅할 수 있을 것이다.

나는 대출이 다양하게 많이 있는 편이다. 법인대출을 제외하고라도 개인대출도 위에서 설명한 대출을 모두 가지고 있다. 나는 대출이 많다보니 대출을 잘 정리해놓은 대출장부가 있다. 장부에는 금리, 조기상환수수료, 만기, 일 이자, 월 이자, 연 이자 등이 적혀있고 마지막으로 순위가 매겨져 있다. 순위는 바로 상환 순서이다. 여유자금이 생겼을 때 원금을 상환하는 순서를 말하는 것이다. 당연히 금리가 가장 높은 대출이 빠른 순서일 것이다. 하지만 예외는 있다. 연말정산 소득공제가 되는 주택 담보대출은 금리가 높아도 나중에 상환한다. 소득공제가 되므로 실제이자는 낮기 때문이다. 또 한 가지 고려할 점은 조기상환수수료이다. 금리가 낮다고 해서 조기상환수수료를 납부하면서까지 대출을 상환하면 실질 비용이 증가하여 손실이 발생한다. 만약 조기상환수수료를 내야 하는 대출밖에 남아있지 않다고 하면 나는 주저없이 수수료를 납부하면서라도 원금을 상환한다.

과도한 빚은 고통의 시작이다

나는 광고 카피 중에 "과도한 빚은 고통의 시작입니다"라는 말을 가슴에 새겼다. 항상 나의 대출상태를 보면서 혼잣말로 이 광고 카피를 중얼거린다.

나는 대출원금을 갚는 순간을 매우 좋아한다. 요즘은 인터넷뱅킹을 통해서 원금상환을 하지만 예전에는 은행을 방문하여 원금상환을 했다. 원금을 조금씩 갚고 싶어도 은행에 방문해야 하는 번거로움이 있었지만 지금은 적은 돈이라도 인터넷뱅킹으로 상환할 수 있어서 정말 좋다. 상환을 한 후에 모니터로 낮아진 원금의 숫자를 보고 있으면 미소가 절로 나오고 뿌듯한 느낌마저 든다.

나의 대출원금이 줄어든다는 것은 여러 가지의 의미가 있다.

첫째, 나의 재정 건전성이 좋아진다는 것을 의미한다(자산 대비 부채율).

둘째, 다음 투자를 위한 가용현금이 증가하는 것을 의미한다.

셋째, 나의 순자산의 가치 상승을 의미한다.

우리는 대출금이 있는 상태에서 적금을 납부하거나 주식투자를 하는 사람들을 주위에서 볼 수 있다. 대출이자가 아무리 낮아도 적금이자보다 낮을 수는 없을 것이다. 주식투자를 통해 운 좋게 수익률이 10% 났다고 가정하더라도 대출이자 3%를 빼고 나면 7%의 수익만난 셈이다. 만약 수익이 나지 않았다고 해도 대출금을 갚지 않아서 발생하는 이자 3%에 대한 손해를 본 것이다. 따라서 -10%의 수익률인 경우에는 -13%의 손해를 본 것이다.

이처럼 대출원금을 갚지 않고 다른 금융상품에 투자하는 것은 나쁜 투자방법이다. 은행이자는 적금이자보다 더 비싸다. 우리 집 이웃인 철수 엄마처럼 대출이자를 내면서 정기적금을 신규로 가입해서는 절대로 안 된다. 원금을 갚아 이자를 적게 내는 것이 티끌을 모으는 방법 중의 하나이다.

25

13번째 월급 연말정산과
종합소득세 준비

연말정산 환급금을 많이 받으려면

직장에서는 1월이나 2월이 되면 삼삼오오 모여서 연말정산에 관한 이야기를 많이 한다. 대화 내용을 들어보면 얼마를 환급받는지 또는 얼마를 더 내야 하는지가 주를 이룬다.

나 역시도 직장생활을 오래 했기에 직장인들의 마음을 충분히 이해하고도 남는다. 지금은 기업을 운영하지만 법인 대표이사도 직장인과 똑같이 연말정산을 해야 한다. 법인 대표라고 해서 세무회계사무소에서 특별히 혜택을 주는 것은 하나도 없다. 직장인과 마찬가지로 공평하게 연말정산을 하고 있는 것이다.

여기서 연말소득공제 환급액에 대해서 알아보자. 모두 환급액에

만 관심이 있지 본인이 일 년간 세금을 얼마나 냈는지에는 관심이 없어 보이니 안타깝기 그지없다. 우리 회사 직원 열두 명 중 본인의 연간 세금액이 얼마인지 알고 있는 직원은 한 명도 없었다. 두 시간 전에 지급한 연말정산서를 보고도 그것을 기억해내는 직원이 없었던 것이다. 이것은 우리 회사 직원들만의 문제는 아니다. 거래처 직원들이나 친구들 중 연말정산에 환급을 많이 받기 위해 나에게 문의한 사람들은 본인의 일 년 납부세액에 대해 전혀 모르고 있었다. 세금을 얼마나 납부하는지도 모르고 어떻게 세금을 줄일 방법을 찾을 수 있단 말인가.

나는 1992년부터 지금까지 30년간 매년 연초가 되면 연말정산을 했다. 하지만 연말정산을 어떻게 계산하는지 정확히 알고 절세하기 위해 준비한 기간은 그리 길지 않다. 15년 전쯤부터 연말정산에 관심을 갖고 절세 방법을 고민했다. 왜냐하면 소득이 낮은 근로자는 세금을 거의 납부하지 않기 때문이다. 그리고 별다른 노력 없이 항상 세금을 환급받았기 때문이다. 그러다 환급은 받지 못하고 납부해야 하는 상황이 벌어지면 그때서야 어떻게 하면 세금을 적게 낼 수 있는지 고민하기 시작한다. 나 역시도 소 잃고 외양간 고치는 격이었다. 아마도 대부분의 직장인들이 나와 다르지 않을 것이다.

이 글을 읽는 독자 중에는 세금 걱정할 정도로 월급을 많이 받았으면 좋겠다고 생각하는 분들도 있을 것이다. 나 역시도 직장 초년생 시절에 상사들이 연말정산에 대해 얘기할 때 속으로 똑같은 생각을 한 적이 있다. 우리 회사의 신입사원들도 그런 표정을 짓고 있는 모습을 보며 나의 직장 초년생 시절을 생각하기도 한다.

세금의 납부 구조상 근로자, 개인사업자, 법인 기업 중 근로자가 가장 불리한 세금 구조를 적용받고 있다. 세율과 세금 적용방식이 모두 근로자에게 가장 불리한 구조인 것이다.

적용 세율의 경우 근로자와 개인사업자는 동일하게 종합소득세율을 적용하고 법인 기업은 법인 세율을 적용한다. 기업이 살아야 직장인도 월급을 받을 수 있는 것이라고 생각하면 종합소득세보다 법인세를 적게 부가하는 것에 대해 이해할 수 있다.

법인 기업이나 개인사업자의 세금 적용방식은 소득에서 지출을 뺀 나머지에 세금을 부과한다. 반면에 근로자는 월급도 받기 전에 먼저 세금을 떼고 지급한다. 그러고는 연말에 연말정산을 통해 일부분의 지출만을 공제해주는 시스템이다. 이러한 구조를 보면 근로자 월급은 유리지갑이라는 말이 왜 나오는지 이해가 간다. 이것뿐만 아니다. 부가가치세의 경우 법인 기업과 개인사업자는 수입과 지출을 파악해 차액만 납부하면 되지만 근로자는 전부를 다 납부하는 구조인 것이다.

종합소득세 세율표

과세표준	세율
1,400만원 이하	6%
1,400만원~5,000만원 이하	15%
5,000만원~8,800만원 이하	24%
8,800만원~1.5억원 이하	35%
1.5억원~3억원 이하	38%
3억원~5억원 이하	40%
5억원~10억원 이하	42%
10억원 초과	45%

과세표준	세율
2억원 이하	10%
2~200억원	20%
200~3,000억원	22%
3,000억원 초과	25%

과세표준	세율	
5억원 이하	10%(중소·중견기업)	20%
5~200억원		
200억원 초과	22%	

(2022년 세법개정안 기준)

이렇게 불공평하다고 불평만 해서는 안 된다. 불공평하게 많이 납부하는 세금을 적게 납부할 수 있도록 공부해야 한다.

원천징수영수증에서 관심을 가져야 할 항목

연말정산을 하면 원천징수영수증을 각각의 개인에게 지급한다. 내용을 들여다보면 크게 근무처별 소득 명세, 비과세 및 감면 소득세, 세액 명세, 정산 명세 등으로 되어 있다.

- 근무처별 소득 명세: 일 년간 열심히 일한 보수총액(급여+상여)
- 비과세 및 감면 소득세: 출산, 영유아 보육수당 공제 등
- 세액 명세: 결정 세액(실제 납부해야 할 세금), 선납부 세액(급여 지급시 공제한 세금), 차감 징수액(추가 납부해야 할 세금)
- 정산 명세: 근로자에게 공제해줄 수 있는 모든 것을 정리.

대부분의 근로자들은 자신의 이름, 보수총액, 그리고 차감 징수액에만 관심을 갖는다.

원천징수영수증에서 가장 중요하게 관심을 가져야 할 항목은 종합소득 과세표준과 결정세액이다. 소득금액에 얼마의 세율을 적용할지를 결정하는 것이 바로 종합소득 과세표준이기 때문이다. 6%, 15%, 24%, 35%, 38%, 40% 중 어떤 세율을 적용하느냐에 따라 납부해야 할 세금이 어마어마하게 차이가 난다. 대부분의 직장인들은 6%, 15%, 24% 구간의 세율을 적용받는다. 사실 24% 구간도 그리 많지는 않은 편이다.

종합소득 과세표준이 5,000만 원인 직장인을 가정해보자. 이 사람은 15%의 세율을 적용해 세금을 납부했을 것이다. 월급이라는 것은 매년 오르기 때문에 내년에는 24%의 세율구간에 들어가고 지금보다 많은 세금을 더 납부해야 할 것이다. 작년의 원천징수영수증을 파악해 올해 세금절약 방안을 준비하지 않으면 올해 말에 세금 폭탄을 맞을 수도 있다.

그렇다면 세율구간을 낮추기 위해 어떤 것들을 준비해야 할까? 당연히 지출을 늘리면 세금을 적게 낼 수 있지만 정답은 아니다. 추가로 가입하여 공제받을 수 있는 상품은 세 가지 정도뿐이다. 정부가 세액공제 상품을 축소하고 있기 때문이다.

1. 연금저축: 연간 최고한도가 600만 원이다. 65세 이후 지급받을

수 있는 연금상품이다.

2. 퇴직연금 IRP: 연간 최고한도가 900만 원이다. 퇴직연금 가입자만 가입할 수 있다. 65세 이후 지급받을 수 있는 연금상품이다.

3. 소기업·소상공인 공제부금: 연간 최고한도가 500만 원이다. 사업자들만 가입할 수 있는 상품이다. 65세 이후 지급받을 수 있는 연금상품이다. 폐업할 때 지급받을 수도 있다(노란우산공제).

연금저축의 경우 2022년부터 최고한도가 400만 원에서 600만 원으로 증액되었다. 최근에 퇴직연금 IRP를 신설하여 소득공제를 해주고 있다.

예전에 장기주택마련저축이라는 상품이 소득공제가 되었지만 이제는 더 이상 가입할 수 없다. 왜 정부는 소득공제 상품을 늘리고 일부 폐기하는 걸까? 우리나라는 앞으로 고령화사회로 진입할 것이다. 정부는 국민연금으로 많은 노인들을 부양할 수 없다는 것을 알고 있다. 정부뿐만 아니라 국민들도 국민연금이 우리의 노후를 보장해 줄 거라고 믿지는 않을 것이다. 이것을 안다면 정부가 왜 세금을 공제해 주면서까지 가입을 부추기는지 이해가 갈 것이다. 정부는 세수를 줄여서까지 연금에 가입하게 함으로써 부양해야 할 국민의 수를 줄이고 싶기 때문이다. 정부의 꼼수이지만 당연한 정책이기도 하다.

연말정산시 종합소득 과세표준액을 확인하고 여유자금으로 연금

저축, 퇴직연금 IRP, 소상공인 공제부금을 이용하여 노후생활자금도 준비하고 소득공제도 꼼꼼히 챙길 수 있기를 바란다. 특히 자영업자의 경우 퇴직금으로 소상공인 공제부금에 가입하여 두 마리의 토끼를 잡을 수 있기를 바란다.

26

나만의 통장 포트폴리오 만들기

급변하는 시대에 바뀐 은행풍속도

나의 빛나던 청춘시절에는 전세방이라도 한 칸 얻을 수 있는 남자는 통장 여러 개를 연인에게 건네주며 구애를 했다. "저의 내무부장관이 되어 주세요~." 지금 그 장면을 떠올리면 손발이 오그라들고 유치하기 짝이 없다. 그 시대에는 저축을 장려했고, 사회 분위기는 월급을 받으면 으레 저축을 하는 게 암묵적인 약속이었다. 국가에서 저축을 장려했으니 통장이 있는 남자는 반듯한 신랑감으로 인정받았다.

내가 처음 직장을 다니던 1992년에는 은행이 토요일에도 오후 1시까지 영업을 했다. 그 시절에는 월급을 지금처럼 통장으로 온라인

입금해 주지 않고 돈을 봉투에 담아 주었다. 토요일이면 회사 근처 은행에는 저축을 하려는 직장인들로 인산인해를 이루었다. 직장생활을 하다보면 힘들고 짜증이 날 때가 많았지만 그래도 차곡차곡 쌓여가는 적금통장을 바라볼 때면 입가에 미소가 번졌다.

나도 월급을 받으면 직장 선배들처럼 은행에 가서 통장에 예치를 하거나 적금을 납부했다. 내가 저축만 하려고 은행에 간 것은 아니었다. 그때 나는 빛나는 청춘이었다. 은행을 방문할 때면 나도 모르게 가슴이 두근두근 뛰었다. 창구에 화장을 곱게 한 누나들을 만나는 일은 크나큰 기쁨이요 즐거움이었다.

그때는 은행원이 저축통장에 입금액과 출금액에 일일이 작은 도장을 찍어주었다. 어여쁜 누나가 통장에 도장을 콕! 찍을 때면 내 마음에 누나의 사랑의 징표가 쾅! 찍히는 것처럼 심장이 쿵쾅쿵쾅 뛰었고 벌겋게 달아오른 얼굴을 행여나 누나에게 들킬세라 도망치듯 은행을 빠져나오곤 했다. 통장에 돈이 쌓여가는 만큼 누나의 얼굴도 내 가슴에 두근두근 쌓여가던 순수했던 그 시절 얘기를 지금의 N세대들은 어떻게 받아들일까.

IT가 발전을 거듭하고 온라인시스템을 도입하면서 다른 은행지점에서도 입출금을 할 수 있게 되었고, 타 은행 간 출금도 가능해졌다. 또한 현금인출기의 등장으로 영업시간이 지났어도 아무 때나 입출금을 할 수 있게 되었다. N세대들이 환호하는 네트워크를 통해 은행업무가 만사형통이 된 시대가 열린 것이다.

컴퓨터나 스마트폰에서 클릭 한 번만 하면 쉽게 저축할 수 있는 세상인데 오히려 저축률은 낮아지고 있다. 심지어는 은행 직원들조차 저축 가입을 추천하지 않는 세상으로 변해버렸다. 은행은 이제 더 이상 청춘들이 두근거리는 가슴을 부여잡고 저축을 하러 달려가는 곳이 아니다. 은행은 내 돈을 보관해놓는 금고로 변화되고 있다.

은행을 활용하는 방법

이렇게 급변하는 시대에 우리는 은행을 어떻게 활용해야 할까?

크게 두 가지 형태로 나누어 초보자, 중수·고수의 관리방법을 소개하겠다.

가계부를 작성한 지 얼마 되지 않은 자산관리 초보자는 왼쪽의 복잡한 통장관리법을 사용하는 것이 좋다.

남편과 아내의 급여를 하나의 통장으로 집결시키고 생활비 통장과 비상금 통장으로 약속된 예산을 이체한다. 그리고 약속된 저축 또는 대출금을 상환한다.

한 달 동안의 지출은 생활비 통장을 활용해 지출한다. 이처럼 복잡하고 번거롭게 관리하는 이유는 습관이 되기까지 강제성을 부여하고 나도 모르게 지출해버리는 습관을 바로잡기 위해서이다. 이것은 대부

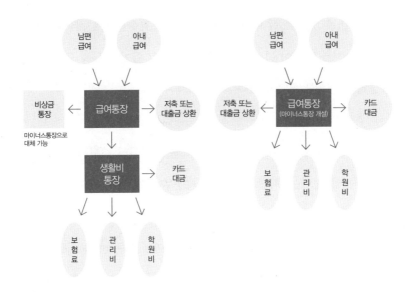

분의 재테크 서적에서 추천하는 통장 쪼개기 방식이다.

　비상금 통장이란 갑작스럽게 현금 지출이 발생했을 때를 대비하여 준비하는 통장이다. 부부가 상의하여 일정 금액을 정하고 보관해두는 통장을 말한다. 하지만 마이너스통장을 만들 수 있다면 이것을 활용해 예치금 없이 긴급한 상황에서 인출할 수 있게 하는 방법도 좋다.

　가계부를 작성한 지 오래되고 미래의 가계부까지 만들어진 중수나 고수들은 오른쪽의 간편한 통장관리법을 사용해야 한다. 이미 자산관리를 충분히 할 수 있는 상태에서 왼쪽과 같이 복잡하게 관리할 필요는 없다.

　이 방법은 모든 수입과 지출을 급여통장 하나로 관리하는 것인데, 급여통장에는 마이너스통장 기능을 넣어 일시적으로 자금이 부족할 때 사용할 수 있도록 해야 한다. 이미 중수나 고수들은 가계부와 월간 자산평가서를 만들어 자산을 철저히 관리하고 있기 때문에 굳이 돈을 분산하여 관리할 필요가 없다.

돈을 벌기 위해 아내와 나는 이른 아침에 일어나 회사에 출근하여 열심히 일을 한다. 하지만 힘들게 번 소중한 나의 돈이 어딘가에서 잠자고 있다면 얼마나 속상한 일이겠는가.

나의 대출금은 내가 잠자고 있는 순간에도, 가족여행을 하고 있는 휴일에도 나에게 이자를 받아 간다. 하지만 내 돈이 갈 곳을 찾지 못해 통장에서 나와 같이 잠자고 있다면 어떨까? 언제 만들었는지 모르는 휴면계좌의 잔고, 아내 몰래 서재의 책 속에 숨겨두었다가 깜빡 잊고 있는 비상금, 나의 지갑 속에 과도하게 많은 현금들, 몇 년 동안 모은 돼지저금통의 동전들……. 잠들어 있는 나의 돈들이 나와 숨바꼭질을 하며 자신을 찾아주길 기다리고 있다.

부자가 되는 길은 돈관리를 얼마나 잘하느냐에 달려있다고 해도 과언이 아니다. 내 통장에 들어오는 순간 돈이 어디로 가야 할지 안내하는 역할을 해야 한다. 얼마나 신속하고 정확하게 교통정리를 하느냐에 따라서 여러분이 부자가 되는 속도는 달라질 것이다.

부자가 되는
실전 투자 기술

27

안정적인 수익형
투자에 집중하라

일회성 투자는 지양하라

바쁜 직장인과 주머니 사정이 좋지 않은 학생은 패스트푸드를 자주 먹는다. 아마도 패스트푸드 중에 인기 메뉴는 햄버거일 것이다. 햄버거는 햄버그스테이크와 야채를 둥근 빵에 끼운 간편식으로 손쉽고 빠르게 먹기 위해 만들어졌다. 요즘은 한 단계 진화하여 차 안에서 주문하여 먹을 수 있는 시스템까지 갖추고 있다.

우리나라는 세계에서 빠른 걸 가장 좋아하는 나라이다. 무슨 일을 하든 '빨리빨리'를 외치며 빠르게 처리하려는 사람들이 많다. 그래서 음식점에 가면 5분도 안 되어서 주문한 음식이 나온다. 배달음식도 15분이면 도착한다. 우리나라의 빨리빨리 문화를 곱지 않게 보는 시각도 있지만 이런 문화 때문에 세계에서 두 번째로 가난한 나라가 단기간에 경제발전을 이루어 이제는 극빈국을 원조해주는 나라로 자리매김했다.

그러나 아무리 빨리빨리 문화가 국가 성장의 동력이었다 해도 재테크를 할 때는 절대로 서둘러서는 안 된다. 성격이 급한 우리나라 사람들은 자산투자도 급하게 하는 경향이 있다.

내 친구는 매일 점심시간을 이용해 데이트레이닝을 했다. 주식이 한창 붐을 이룰 때의 얘기이지만 직장인들 사이에서는 점심시간을 이용해 주식을 하는 사람들이 많았다. 내 친구도 그 중 한 명이었다. 식사를 서둘러 마치고 40여 분 정도 남은 점심시간을 이용해 주식을 사고팔아 이익을 챙겼다. 그 친구는 미혼이었고 전셋집을 월세로 옮기면서까지 이런 투자를 했다. 그 친구는 많은 수익을 내고 있다고 큰소리를 뻥뻥 쳤다. 다행히 수익을 낸다니 뭐라고 할 말은 없었다.

나는 노름을 하지 않는다. 하지만 명절이나 장례식장, 집들이에 가면 어김없이 고스톱을 하게 된다. 나는 고스톱을 잘하지 못한다. 기회가 되면 죽는 경우가 많다. 그러나 두 번 연속으로 죽을 수 없다는 규칙이 문제다. 만약 계속 죽을 수 있다면 얼마나 좋을까. 일곱 장의 화투패에 좋은 것이 들어오지 않으면 죽다가 좋은 화투패가 들어왔을 때만 게임에 참가한다면 말이다. 하지만 이렇게 하면 누가 고스톱을 하겠는가. 모두 좋은 패가 들어오기만을 기다리고 있을 것이다. 이렇게 하면 공평하지 않기에 그렇게 할 수 없도록 고스톱의 규칙을 만들었을 것이다.

고스톱에서는 좋은 패가 들어오지 않아도 참여해야 하지만, 투자를 할 때는 수익이 기대되지 않는 투자처가 없으면 얼마든지 기다려도 된다. 종잣돈이 있는데 투자하지 않는다고 나에게 손가락질하는 사람은 아무도 없다.

카드놀이를 할 때 돈이 많은 사람과 돈이 적은 사람이 같이 게임을 하면 누가 이길까? 판돈이 많은 사람이 이길 확률이 높을 것이다. 계속 베팅을 해야 하기에 종잣돈이 부족한 사람이 불리할 수밖에 없다. 내가 10만 원을 가지고 있고 상대가 백만 원이 있는 경우에는 운이 좋으면 이길 수도 있다. 하지만 내가 10만 원을 가지고 있고 상대가 천만 원이 있다면 이길 수 있는 확률은 점점 희박해진다.

주식투자에도 같은 원칙이 적용된다. 내가 가지고 있는 돈에 비해 기관투자가나 외국인 투자가들은 더 많은 돈을 가지고 있다. 심지어 내 종잣돈보다 백배 천배 많은 돈을 가지고 주식판에 들어오기도 한다. 이처럼 카드게임보다 불공평한 게임을 하면서 그들을 상대로 싸우겠다는 것은 달걀로 바위 치기와 다를 것이 없다.

나는 지루한 고스톱과 카드놀이를 하면서 이러한 유사점을 찾을 수 있었다. 한 번의 기회를 이용해 수익을 만들 수 있는 투자는 한 번의 잘못된 판단으로 큰 손해를 볼 수도 있다. 내 종잣돈 중에 일부만으로 이러한 일회성 투자를 한다면 꼭 반대하지는 않는다. 짧은 시간에 고소득을 얻을 수 있기 때문이다. 하지만 나는 이러한 일회성 투자를 좋아하지 않는다. 나는 내 자산이 줄어드는 것이 싫다. 나는 자산이 적게라도 상승하는 것을 원하기 때문에 낮은 수익률이라도 안전한 자산을 찾고자 노력한다.

매월 수익이 나오는 자산에 투자하라

그렇다면 어떠한 투자가 안전한 투자인가? 부동산투자만이 안전한 투자방법인가?

내 주위에 부동산투자가 중에는 매우 위험한 투자를 하는 사람들이 있다. 이들은 적은 종잣돈으로 전세가 들어있는 아파트를 구입하거나, 아파트를 구입하고 잔금을 납부하기 전에 전세를 놓고 그 돈으로 잔금을 납부하는 방식으로 자산을 늘려나간다.

이들은 특히 매매가 대비 전세금이 높은 아파트를 선호한다. 요즘과 같이 전세금이 높고 전세를 구하는 사람들이 많은 시기에는 많은 돈을 들이지 않고도 고가의 아파트를 구입할 수 있기 때문이다. 그리고 이들은 이러한 집을 여러 채 가지고 있다. 아파트 가격이 상승하는 시기에는 이렇게 투자하여 수익을 본 사람들이 많이 있었다.

나는 이러한 투자방법을 가장 좋지 않은 투자라고 생각한다. 이들 역시 일회성 투자를 통해 시세 차익을 보는 것만을 기대하며 투자하는 것이다. 아파트 가격이 올라서 많은 시세 차익을 보았다면 이런 투자를 더더욱 포기하지 않는다.

주식투자와 전세를 낀 아파트 투자는 일회성 투자다. 종잣돈을 투자해서 그 투자가 끝이 나야 비로소 수익이 생기는 투자 형태이기 때문이다. 이런 투자는 한 번 투자해서 한 번의 수익을 얻을 뿐이다.

소중한 종잣돈을 투자하고 시세 차익을 노리는 것이 나쁘다는 게 아니다. 다만 주식이나 아파트 가격이 오르는 것은 마치 게임과 같은 투자방법이기 때문에 위험하고, 국내뿐만 아니라 세계경제 상황에 많은 영향을 받기 때문에 예측하기 어려운 리스크가 있는 투자라는 점을 환기시키는 것이다.

나는 매달 수익이 나오는 수익형 자산에 투자하라고 권하고 싶다. 미래를 예측하기 어려운 자산에 도박하듯 배팅하지 말고 안정적인 수익형 자산에 투자하라는 말이다. 아파트에 투자하더라도 월세를 주고 매달 월세를 받을 수 있는 수익형 자산으로 만들어야 한다.

아파트에 투자하는 것은 같으나 월세를 주느냐, 전세를 주느냐에 따라서 투자 패턴이 달라진다. 월세를 주는 경우 아파트 가격 상승에 대한 기대와 고정수익까지도 얻을 수 있다. 혹시 투자한 아파트의 가격이 하락하더라도 그동안 받은 월세를 감안하면 투자 손실이 적거나, 아예 투자 손실이 나지 않을 수도 있다.

나는 이렇게 월세 수익률이 높은 투자를 선호한다. 그리고 집값이 오르면 일종의 보너스로 생각한다. 아무리 집값이 올랐다고 해도 그 집을 매도하기 전에는 이익이 발생되지 않기 때문이다.

나는 아파트를 더 이상 구매하지 않는다. 지금은 그동안 구매한 많은 아파트에서 받은 월세로 종잣돈을 모아 원룸 건물들을 구매하고 있다. 구입가는 높지만 월세 수익률이 높기 때문에 원룸 건물을 사들이고 있다. 그리고 앞으로 더 많은 종잣돈이 모이면 구입가가 더 비싸고 높은 수익이 나는 수익형 자산으로 옮겨 갈 것이다.

구매하는 순간 나에게 수익을 주는 자산을 구매하라. 구매하고 나서 수익이 나오지 않는 자산은 자산이 아니고 부채이다. 일회성 투자는 요행을 바라는 투기에 가까운 나쁜 투자임을 명심하라.

28

나이에 맞는 자산관리법

수익률이 높다고 무조건 투자하지 마라

우리는 자산관리를 할 때도 나이에 맞게 해야 한다. 그래야 안전하게 소중한 자산을 지킬 수 있다. 나이 먹는 것도 서러운데 자산관리, 자산투자도 차별을 두고 하라니 참으로 건방진 얘기일 수도 있겠다. 하지만 나이에 따라 투자방법은 달라야 한다.

20대는 앞으로 40년간 일을 해서 돈을 벌어들일 수 있다. 그러나 60대는 일해서 벌어들일 수 있는 날이 얼마 남지 않았다. 무엇보다 젊은 사람은 투자에 실패하여 빈털터리가 되더라도 다시 일어설 수 있는 시간이 있다. 그러나 60대의 경우에는 투자 실패로 빈털터리가 되면 회복할 수 있는 시간이 없다.

무조건 수익률이 높은 투자를 찾는 것은 좋은 방법이 아니다. 나이에 맞게 투자상품을 선택하거나 부채 비중도 나이에 맞게 관리해야 한다.

- 20~40세: 높은 수익률을 얻을 수 있는 다소 공격적인 투자
- 41~50세: 정당한 수익률을 얻을 수 있는 중간 수준의 투자
- 51~65세: 안정적인 수익률을 얻을 수 있는 안전한 투자
- 66세 이후: 보유하고 있는 자산을 보존할 수 있는 보수적인 투자

이처럼 나이별로 구분한 기준은 손실 리스크를 우리 스스로 얼마나 감당할 수 있는지에 따른 것이다.

20~40세의 경우에는 직장을 잃을 리스크가 적고 계속 급여 상승이 예상되기 때문에 다소 공격적인 투자를 해도 무방하다.

41~50세는 소득이 정점에 가까워지고 가정의 지출이 최고로 많아지는 시기이기도 하다. 투자 리스크를 감안하여 젊은 시절에 비해 수익률이 낮아지더라도 조금은 안정적인 투자를 해야 한다.

51~65세의 경우에는 앞으로 은퇴를 준비해야 하거나 이미 은퇴한 상황일 것이다. 이런 상황에서 제2의 직업을 갖고 있더라도 소득이 많지 않고 고용 또한 안정적이지 않다. 때문에 더욱더 안전한 투자를 해야 하는 시기이다.

66세 이후에는 보유한 자산을 관리하면서 그전에 만들어놓은 자

산들을 유지하는 데 힘써야 한다. 한 번의 잘못된 투자로 힘들여 모은 자산을 모두 날릴 수도 있기 때문이다.

나이에 맞는 투자상품

투자상품을 나이에 맞게 분류해보면, 고수익 고위험 투자, 중수익 중위험 투자, 저수익 저위험 투자로 나누어 볼 수 있다.

- 고수익 고위험 투자상품: 성장주 주식형 펀드, 테마주 주식투자, 개인 채무, 분양권 투자, 현물 투자(원유, 금, 기타 광물), 어음 등
- 중수익 중위험 투자상품: 인텍스 펀드, 배당주 주식투자, 우량주 펀드, 임대형 상가투자, 기업 채권 등
- 저수익 저위험 투자상품: 국·공채 투자, 주식·채권 혼합형 펀드, 임대형 주택투자 등

이번에는 자산 건전성에 관한 부분을 짚고 넘어가자.

나이에 따라 부채의 비중을 조절해 나가야 한다. 자산투자를 위해 많은 부채를 가지고 있는 것은 좋은 방법이 아니다. 나의 자산소득으로 충분히 부채의 이자를 갚아 나갈 수 있는 능력이 있더라도 나이에 맞게 부채의 비중을 낮추어 나가야 한다.

- 20~40세: 자산 대비 부채 비중을 최대 70% 이하로 낮춘다.

- 41~50세: 자산 대비 부채 비중을 최대 50% 이하로 낮춘다.

- 51~65세: 자산 대비 부채 비중을 최대 30% 이하로 낮춘다.

- 66세 이후: 신규 부채를 발생시키지 말고 기존의 부채를 줄어 나간다.

부채 비중을 나이에 따라 낮추어 잡는 이유는 내부적인 요소보다는 외부적인 요소에 그 이유가 있다. 국가에서 금리를 인상하거나 금융위기가 또다시 닥쳐올 수 있기 때문이다. 예측할 수 없는 상황에 언제든지 준비를 해야 한다. 나이가 들수록 위기 방어 능력은 떨어질 수밖에 없다.

근로소득과 자산소득으로 나의 소중한 자산을 늘려 부자가 되는 것도 좋지만 거기에 만족하면 안 된다. 근로소득이 증가할 때도 있고 감소할 때도 있다. 그리고 근로소득이 더 이상 발생하지 않는 시기도 닥쳐올 수 있다. 이러한 때를 예측하고 준비해야 한다.

나이에 맞는 자산관리법에 맞게 내가 가진 자산의 포트폴리오와 부채 비중을 조절해야 한다. 부자들의 진정한 목표는 자산을 증식시키는 것보다 지키는데 더 비중을 두고 있다는 것을 알아야 한다.

29

투자자산 잘 고르는 비법

발품을 팔아 직접 확인하라

사업을 하는 사람이나 영업부서에 있는 직원은 모르는 전화번호로 전화가 오거나, 혹은 지방에서 전화가 오면 받지 않을 수가 없다. 고객의 전화일 수 있기 때문이다. 모르는 전화번호라도 아주 친절한 목소리로 응대한다.

"강철수 고객님 맞으시죠?"

이런 전화를 받으면 짜증이 날 때가 한두 번이 아니다. 요즘은 휴대폰 어플을 통해 많은 스팸전화나 문자메시지가 걸러지고 있어서 정말 다행이다. 이런 스팸전화들은 대부분 보이스피싱, 보험 가입 권유, 사금융 대출, 부동산투자 권유 전화다. 특히 부동산투자를 권유하는 전화를 받으면 수익률이 높은 상가가 있다고 하고, 평창에 땅이 있는데 투자만 하면 대박이 날 것처럼 말을 한다. 직업으로 이런 전화를 해야 하는 사람이 참 불쌍하다는 생각이 들기도 한다.

나는 부동산투자를 선호하지만 수익률 8% 이상의 상품을 찾느라 힘들어 하고 있다. 나의 전담 공인중개사도 이제는 수익률 8% 이상의 좋은 건물이 없으니 눈높이를 낮추라고 권유하고 있는 형편이다. 그런데 전화로 부동산투자를 권유하는 사람들은 수익률이 15% 이상 되는 상품을 판매하겠다는 것이다. 진짜로 수익률이 15%나 되는 투자상품이 있다면 굳이 전화를 하지 않아도 이미 다 팔렸을 것이고 심지어 그 상품은 프리미엄이 붙어서 거래되고 있을 것이다.

나는 많은 투자상품을 구입했지만 한 번도 아무런 노력 없이 구입한 적이 없다. 여러 부동산을 보러 발품을 팔고 정보지를 확인하고 또 확인하면서 투자상품을 구입한다. 수익이 기대되는 투자처라 할지라도 덥석 구입하지 않는다. 냉철한 판단력으로 고민 끝에 구입 결정을 내린다. 물론 신중하게 결정한 투자였지만 잘못된 투자를 하는 경우도 있다. 당시의 상황은 좋았으나 세월이 지나고 나서 보니 수익이 낮아지거나 투자상품의 가치가 하락되었기 때문이다.

수익형 투자자산의 비용 분석

수익형 투자자산을 구입하고자 할 때는 반드시 여러 가지 관점에서 분석해야 한다.

- 투자비용 분석: 투자자산을 구입할 때의 비용. 구입가, 취등록비용, 부동산수수료 등
- 유지비용 분석: 투자자산의 유지시 들어가는 고정비용. 공동전기료, 엘리베이터 관리비용, 공동관리비, 공실 발생시 비용 등
- 매도비용 분석: 투자자산을 매도할 때 발생하는 비용. 양도소득세, 중개수수료 등
- 세금비용 분석: 투자 수익이 생기면 당연히 수익금에 대하여 소득세를 납부해야 한다. 부가세, 종합소득세, 세무사 비용 등

투자자산을 구입하는 경우에는 이처럼 많은 비용이 들어간다. 공인중개사가 말하는 수익률을 그대로 생각하면 안 된다. 투자자산을 구입할 당시에 여러 가지 비용을 분석하지 말고 이런 비용에 대해 미리 알고 있어야 한다.

수익을 내는 투자를 하기 위해서는 이 네 가지 관점에서 체크리스트를 만들어 점검해야 한다. 계속 투자를 하다보면 더 많은 체크리스트 항목이 생겨날 것이다. 그때그때 생각나는 대로 판단할 수 없으니 미리 항목을 정리해놓는 것이 바람직하다.

좋은 투자자산을 구매하는 체크포인트

나는 내가 잘 모르는 상품은 구입하지 않는다. 그 제품의 제원과 유사제품과의 가성비 등을 분석하는 것을 좋아한다. 이처럼 투자자산에 대해 모르는 상태에서 투자를 해서는 안 된다. 정말 좋은 투자상품이라 할지라도 말이다.

내가 정확한 판단으로 구입하지 않고 다른 사람이 투자상품을 골라 주고 비용만 처리한다면 두 번째의 투자상품도 누군가의 도움을 받아 구매할 수밖에 없다. 그러면 누군가가 악한 마음을 먹고 속이더라도 속수무책으로 당할 수밖에 없는 것이다.

신께서는 인간에게 한 가지 능력만 주셨다는 말이 있듯이, 나에게는 투자자산 중에 특히 부동산을 고르는 능력이 있다. 나만의 체크리스트를 통해 빠르게 분석할 수 있는 방법을 터득했기 때문이다.

내가 처음부터 이런 능력을 가진 것은 아니었다. 나는 주식투자가 너무 어려웠다. 우선 알아야 할 정보들이 너무 많았다. 여러 그래프도 분석해야 하는데 주식의 변동이 너무 빨라서 정신이 없을 정도였다. 그래서 나는 주식투자를 하지 않기로 했다. 주가도 모르면서 친구의 권유로 주식을 구입했다가 다시 파는 날까지 스트레스만 쌓일 것 같았다. 누구나 본인에게 맞는 투자가 있다. 나에게는 부동산투자가 제격에 맞다.

자, 투자자산 중 아파트를 구입한다고 해보자. 먼저 좋은 아파트를 고르는 체크포인트를 알아두어야 한다.

- 입지 조건: 아파트 주변의 환경을 파악해야 한다. 학교, 상권, 공원, 조망권, 교통 등
- 인구 증가: 구입할 아파트가 있는 도시가 인구가 증가하고 있는지를 파악해야 한다.
- 임대료 및 수익률: 아파트의 전세가와 월세 가격을 파악하여 주변 아파트와 비교해봐야 한다.
- 동 호수 선정: 많은 사람이 선호하는 로열층을 선택하고 거실에서의 조망과 소음 정도를 파악해야 한다.

이 네 가지 항목을 꼼꼼히 체크했다면 이제는 언제 구매하는 것이 좋은지 알아보기로 하자.

- 인구 이동: 주변의 신규 아파트 입주 시기에 맞추어 아파트를 구입한다. 신규 아파트에 입주가 시작되면 주변 아파트의 매물이 많이 나오게 마련이다. 이때에는 아파트 가격이 일시적으로 낮아지는 현상이 벌어진다.
- 이사 비수기: 아파트 가격이 오르고 있는 지역이라면 봄가을 이사철에는 아파트 가격이 일시적으로 상승하는 경우가 많이 있다. 이사철이 끝나면 다시 원래 가격으로 내려간다. 아파트 가격

이 내려가는 지역은 반대 현상이 일어난다.

- 6월 1일: 부동산 재산세 납부 기준은 6월 1일에 부동산을 보유한 사람이 납부하게 되어 있다. 만약 6월 1일 이전에 부동산의 소유권이 넘어 오게 계약을 한다면 불필요한 재산세를 납부하게 된다. 잔금일자를 6월 1일 이후로 하는 것이 유리하다.

어떤 투자자산을 구입하려고 찾아보고 있다면 구입대상을 물색하기 이전에 투자상품을 어떻게 분석해야 하는지를 알아야 한다. 관련 서적을 찾아 읽어보거나 먼저 투자한 사람을 찾아가서 여러 가지 조언을 듣는 것도 좋은 방법이다. 충분히 공부를 한 다음에 투자대상을 찾아도 늦지 않다.

종잣돈을 마련하는 과정에서 반드시 투자 공부를 해야 한다. 우리 주변에는 물려받은 유산이나 증여받은 돈을 들고 안절부절못하면서 투자상품을 찾아다니는 사람들을 볼 수 있다. 이들 중 대부분은 좋은 투자를 하지 못한다. 참으로 안타까운 일이다. 이런 일을 겪지 않도록 열심히 공부하여 투자 안목을 키워 나가야 한다. 기회는 준비된 사람에게만 온다는 것을 명심하라.

30

근로소득과 자산소득의
황금 비율

10년 후 미래상

한해가 끝나는 연말이 되면 우리 집은 두 가지 가족행사가 있다. 하나는 내가 아내에게 1년 동안 우리 가계의 자산 중에 얼마큼의 수익이 발생했는지, 자산 증가는 얼마나 됐는지 총정리하여 보고하는 것이다. 또 하나는 아내가 내년에 필요한 예상지출비용을 정리하여 나에게 설명하고 새해에 지급해야 할 생활비를 책정하는 것이다. 아내와 같이 앉아서 서로의 생각을 나누고 자료를 검토하고 있으면 정말 행복하다. 우리 부부는 미래의 예상 자산수익률과 예상 자산액을 보면서 열심히 살아준 서로에게 고마운 마음을 전한다.

우리 가족행사는 17년째 계속되고 있지만 내가 마흔 살이 된 이후부터는 아내가 준비하던 예상지출비용의 정리를 더 이상 하지 않는다. 이제는 아내에게 충분한 생활비를 지급하고 있기 때문이다. 아내가 그동안 절약하며 고생했던 시절은 이제 끝났다. 그동안 나를 믿고 함께 고생한 아내와 아이들에게 박수를 보낸다.

가족행사를 시작한 첫해에 아내에게 10년 후의 계획에 대해 말한 적이 있다. 나는 엑셀 서식으로 앞으로 매년 얼마큼의 순자산이 증가할 것인지를 기록하여 보여주었다. 그리고 아내에게 동참해줄 것을 부탁했다. 그때 아내는 그 표를 보고 떫은 미소를 지으면서 "일단 알았어"라고 했다. 아내가 지은 미소의 의미는 표현하기 어렵지만 못 믿겠다는 거였다.

"당신 손에 물 한 방울 묻히지 않도록 해줄게." 이처럼 남자가 청혼할 때 으레 하는 말을 받아들이듯 아내는 나의 10년 후 계획을 믿지 못하겠다는 미소를 지은 것이다.

나는 나름 미래의 가계부를 써가면서 만들어낸 아주 과학적인 자료라고 아내에게 설명했다. 하지만 아내는 고개만 끄덕일 뿐이었다.

그날 이후로 시간이 흘러서 5년이 지났다. 연말이 되어 우리 부부는 가족행사를 했다. 5년 전 만든 내 10년 후 계획의 목표보다 많은 자산이 만들어진 것을 아내에게 보여주었다. 매년 성장해 나가는 우리 집의 자산을 보고 아내는 기뻐했다. 특히 예상 목표보다 초과 달성을 했을 때 아내는 더욱 놀라며 기뻐했다. 나는 아내에게 말했다.

"내가 만든 10년 후 청사진이 계획대로 달성될 것 같지?"

아내는 이때도 미소를 지으며 고개를 위아래로 흔들었다. 아내의 미소는 5년 전과 확연히 달랐다. 그 미소는 떫은 미소가 아니었다. '진정 당신의 능력을 믿습니다! 당신 최고~'라는 확신의 미소였다. 미소 짓는 아내를 보니 마치 어린애가 되어 풍선을 타고 하늘을 날아가는 것만 같았다.

아내와 나는 10년 후의 계획을 9년 만에 달성했다. 우리 가족은 모처럼 성대한 축하 파티를 했다. 그리고 그날 파티가 끝나갈 쯤에 아내에게 종이 한 장을 건네주었다. 그 종이에는 '제2의 10년 후 목표'가 빼곡히 쓰여 있었다. 종이에 적힌 내용을 본 아내는 "이제는 그만합시다!"하면서 뒤로 넘어졌다. 나는 아내 앞에서 손이 발이 되도록 빌면서 조르고 졸랐다. 나는 여기서 멈출 수가 없었다. 그래서 제2의 10년 계획을 달성하기 위해 지금도 열심히 살아가고 있다.

월 지출액의 두 배 되는 자산소득을 만들어라

부자가 되려고 열심히 살다보면 자산소득이 근로소득을 초월하는 시기가 온다. 꿈같은 일이지만 한 푼 두 푼 아껴 써서 모은 돈으로 좋은 자산에 투자하면 반드시 이런 날이 오게 마련이다.

나의 10년 계획에는 목표하는 순자산액이 있었지만 또 한 가지 목표는 자산소득이 근로소득을 추월하는 것이었다. 하지만 그것은 좀처럼 달성하기 어려웠다. 열심히 일해서 모은 돈과 자산에서 나온 돈을 합쳐서 또 다른 자산을 만들려고 노력했다. 직장에서 열심히 일을 하니 승진도 남들보다 빨랐고 급여소득도 따라서 올라갔다. 나는 주변에 직장인 친구 중 급여를 가장 많이 받는 사람이 되었다. 자산소득이 증가하면서 근로소득도 증가한 셈이다. 오랜 노력 끝에 근로소득보다 자산소득이 많아지는 결과를 만들어낸 것이다.

나는 어린 나이에 직장에 다니면서 근로소득과 자산소득이 같아지는 순간에 은퇴하리라 계획했다. 그 당시 10년 계획의 종착역은 은퇴였다. 10년간의 노력으로 자산을 만들었고 그 자산에서 나오는 수익이 급여를 초과하게 되었다. 나는 12년간 다닌 직장에 사표를 냈다. 그리고 지금은 내가 운영하는 회사에서 제2의 인생을 살고 있다.

만약 지금 나에게 은퇴 기준을 다시 만들라고 하면 근로소득이 아닌 월 지출액의 두 배로 변경할 것이다. 나는 현재 월 지출액의 두 배를 자산소득에서 벌고 있다. 그래서 아내에게 생활비를 더 지급하고 있다. 자산소득의 2분의 1은 지출해도 된다고 생각하기 때문이다.

내가 생각하는 근로소득과 자산소득의 황금 비율은 근로소득을 기준으로 하는 것이 아니라 지출을 기준으로 한다. 자산소득의 2분의 1만을 지출하고 살아가는 것이다. 나머지 2분의 1과 근로소득을 더하면 더 많은 자산을 만들 수 있다. 자산소득이 늘어나므로 지출을 더 많이 할 수 있는 것이다. 이러한 시스템을 만들어놓는 것이 중요하다. 여러분도 '나도 할 수 있다'는 각오로 열심히 살아가기를 바란다. 파이팅!

나는 회사에서 받는 근로소득을 고스란히 자산에 투자하고 있다. 자산소득이 더욱 증가하면 아내에게 생활비를 더 많이 줄 것이다. 내가 개인적으로 지출하는 용돈 또한 늘려 나갈 것이다. 만약 내가 삶의 목표를 더 높게 잡는다면 여전히 근검절약하며 살아야 하지만 나는 더 이상 나와 가족을 희생시키고 싶지 않다. 나의 목표는 재벌이 아니고 소박한 부자다.

근로소득을 받는 기간은 영원하지 않다. 정년퇴직 후에도 일하시는 분들이 있지만 퇴직 전의 급여수준을 받는 사람은 극소수이다. 대부분은 최저임금을 받고 일한다.

우리는 노후를 생각해서라도 급여를 많이 받을 수 있는 시기에 종잣돈을 마련해 재테크를 해야 한다. 수익형 자산을 만들지 않으면 노후에 아파도 쉬지 못하고 일을 할 수밖에 없다. 지금 소득이 있을 때 지출을 줄이며 살아야 한다. 나중에 줄여야 하는 지출을 소득이 많은 지금 줄인다면 반드시 노후에 편안하게 살 수 있을 것이다.

직장생활을 하면서 허리띠를 졸라매서라도 종잣돈을 마련하고 그 돈으로 수익형 자산을 만들어보자. 그러면 어느 순간에 쓰고도 남을 자산소득이 만들어진다. 그러면 더 이상 근로소득에만 기대지 않아도 되므로 즐겁게 회사를 다닐 수 있다. 용돈(?)이라도 벌겠다는 마음으로 회사에 가면 얼마나 신바람 나게 일하겠는가. 출근길에 웃음이 절로 나올 것이다.

31

부자처럼 행동해야
많은 기회가 온다

자수성가한 부자가 사는 법

TV에서 동물의 왕국을 보면 동물들은 생존을 위해 싸우고 암컷과 짝짓기를 하려고 다른 수컷과 기 싸움을 한다. 털을 세우거나 상체를 일으켜서 상대보다 몸이 크다는 것을 과시한다.

가만히 보면 사람들도 이런 행동을 한다. 처음 만나는 모임에 가면 허풍을 떨고 허세를 부리는 사람들이 많다. 누구나 이런 경험을 했을 것이다. 중년에 들어서면 허세의 종류가 다양해진다. 20~30대에는 출신 대학, 다니는 직장, 월급, 부유한 부모님 등을 자랑했다면, 중년에는 본인의 명함(감투), 재력, 자식 자랑, 아내의 수입, 인맥 등을 과시한다.

이 장의 제목처럼 부자처럼 행동하는 것은 어떤 것일까? 고급 외제 차를 타고 발레파킹이 되는 식당에 가서 가격표를 확인하지 않고 지배인이 추천하는 비싼 음식과 와인을 마시는 것일까? 이런 상상을 했다면 드라마를 너무 많이 봐서 그렇다. 드라마에서는 부자가 돈을 물 쓰듯이 쓰는 모습만 보여주니 말이다. 특히 부잣집 안방마님은 기분이 우울하면 백화점 명품 숍에 가서 매장에 있는 것을 싹쓸이하다시피 한다. 짧은 시간에 부자의 허세를 보여주려고 하니 이런 과장된 모습이 나온 것이다.

드라마에 나오는 부자는 졸부에 가깝다. 돈 없이 살다가 벼락부자가 되었으니 돈을 펑펑 쓰는 것이다. 갑자기 부모님이 물려주신 야산이 신도시에 포함되어 수백억을 보상 받았다던가, 우연히 로또 일등에 당첨된 사람이 졸부다.

부자처럼 행동하라고 할 때의 부자는 한 푼 두 푼 모아서 부자가 된 자수성가형 부자들을 일컫는 것이다. 이런 부자들은 어떻게 생활할까?

자녀에게 많은 돈을 주지 않는다

자수성가한 부자들은 돈의 소중함을 잘 알고 있다. 부자가 되기 위해 먹고 싶은 것 안 먹고, 입고 싶은 옷 안 입고 마른 수건도 다시 짜며 힘겹게 살아왔기 때문이다. 이들은 자녀에게 돈을 물려주는 것이 목표가 아니다. 힘들게 돈을 모았던 시간을 통해 얻은 교훈을 자식에게 물려주고 싶어 한다.

나는 아이들이 중·고등학생 때 용돈을 주었는데, 아이들은 친구들 중에서 자기 용돈이 가장 적다고 불평을 늘어놓았다. 하지만 나는 아이들에게 무턱대고 용돈을 많이 주지 않는다. 용돈이 적다고 하면 그 돈을 어디에 어떻게 사용했기에 부족한지 그 내역을 적어오라고 한다. 그것을 보고 타당하다는 생각이 들면 다음 달부터 용돈을 올려주겠다고 한다.

내 아이들은 초등학교 저학년 때부터 용돈기입장을 썼다. 나는 자녀에게 어릴 적부터 돈을 관리하는 방법을 가르쳐주고 싶었다. 지금은 아이들이 용돈기입장을 쓰지 않는다. 그래서 돈 쓰는 법을 제대로 가르치기 위해 당근과 채찍을 찾는 중이다.

검소함이 몸에 배어 있다

나의 멘토 로버트 기요사키가 쓴 《부자 아빠 가난한 아빠》를 보면 자산소득을 만들어 아내에게 벤츠 승용차를 사준 일화가 소개되어 있다. 이 책을 보고 나도 똑같이 해보고 싶었다. 이 책을 읽은 지 10년이 넘어서야 그 목표가 이루어졌다. 아내의 명의로 수익형 부동산을 구입했고 그곳에서 수익이 발생했다. 수익금을 모아 아내에게 처음으로 새 자동차를 사주었다. 물론 벤츠는 아니다.

아내는 새 자동차를 얻기 위해 오랜 시간 기다려야 했다. 아내의 자산소득에서 새 자동차를 샀기 때문에 우리 부부는 더없이 행복했다.

우리 부부는 일요일 밤에 〈개그콘서트〉를 시청했는데, 2013년쯤에 있었던 '누려'라는 코너를 좋아했다. 어려운 상황에서 뒤늦게 부자가 된 부부가 레스토랑에서 호사를 누리는 콘셉트였다. 자수성가한 부자들을 조롱하는 듯한 불편한 개그였지만 개그는 개그일 뿐이다. 박지선이 "내 얼굴이 ○○○을 기억해요, 내 손이 ○○○을 기억해요"라는 유행어를 하면 아내와 나는 서로의 얼굴을 바라보면서 크게 웃었다. 가족끼리 어쩌다 한 번 쇠고기를 먹으러 가면 아내는 나에게 "내 입이 삼겹살을 기억해요"라며 놀렸다.

우리 가족은 쇠고기보다 삼겹살을 좋아한다. 비싼 음식보다 그동안 길들여진 음식이 더 맛있는 법이다. 자수성가한 부자들은 수십 년간 지독하게 근검절약하며 살았기에 아무리 돈이 많아져도 과소비를 하면 마음이 불편해진다. 내 몸에 맞지 않는 옷을 입고 다니는 것처럼 말이다.

돈에 대한 원칙이 있다

부자들은 돈을 지출할 때 투자와 소비를 정확히 구분해낼 수 있다. 항상 소비를 관리하고 좋은 투자를 찾고 있기 때문이다. 부자들은 지출을 할 때 이러한 관점에서 생각한다. 그래서 아무리 기분이 좋거나 감정기복이 심한 상황에서도 돈에 대한 원칙이 있기 때문에 판단력이 쉽사리 흔들리지 않는다.

자기관리와 시간관리가 철저하다

부자들은 시간은 돈이라는 생각이 머릿속에 콕 박혀 있다. 나 역시 그렇다.

나는 월세 계약을 하는 일이 많아서 한 달에 한두 번은 공인중개사와 시간 약속을 정하고 계약을 하러 간다. 이때 공인중개사 사무실에는 집주인, 집주인 측 공인중개사, 세입자, 세입자 측 공인중개사 네 명이 모여서 계약을 한다. 이때 약속시간에 도착하는 순서는 언제나 비슷하다. 집주인 측 공인중개사야 본인의 사무실에 있으니 제외하자. 약속시간 10분 전에 집주인 도착, 약속시간쯤 세입자 측 공인중개사 도착, 그리고 그 이후에 세입자가 도착한다. 어느 때는 세입자가 20분 이상 늦어 모두 기다리는 경우도 있다.

나의 자산을 관리해주는 공인중개사가 하는 말을 들어보면 계약을 할 때는 항상 건물주가 먼저 온다고 한다. 그리고 대부분 세입자가 가장 늦는다고 한다.

우리는 각종 모임에서 또는 업무적인 미팅을 하기 위해서 약속시간을 정한다. 이때 약속장소에 가장 먼저 오는 사람이 누구인지 눈여겨보면 소득이 가장 높은 사람이라는 것을 알 수 있다. 내 말이 틀렸다고 생각한다면 지금부터라도 한번 눈여겨보기 바란다. 그러려면 본인이 가장 먼저 가서 기다려야 할 것이다. 돈 많은 부자들이 할 일이 없어 가장 먼저 오는 것이 아니다. 자기관리와 시간관리가 철저하기 때문에 그렇게 하는 것이다.

항상 투자자의 눈으로 세상을 바라본다

일반적인 사람들은 음식점에 가면 맛이 궁금하고 상점에 가면 물건의 가격이 궁금할 것이다. 그러나 사업을 하는 부자들은 음식점에 가서 식사를 하든, 쇼핑을 하러 상점에 들어가든 그곳의 시스템을 분석한다. 투자자의 시각으로 투자비용, 월세, 월 지출액, 월매출, 실수익 등을 분석한다. 분석한다기보다도 자연스럽게 그런 생각이 든다고 하는 것이 맞을 것이다. 부자들은 얼마큼의 소득이 있는지 궁금해하기 때문이다.

반면 자본가인 부자들은 음식점이나 상점의 건물을 분석한다. 건물의 가격, 건물 전체의 임대료, 유동인구 등을 궁금해한다. 보통 사람과 다른 이런 궁금증이 그들을 부자로 만들었다.

사람 만나는 것을 좋아하고 친절하다

부자들은 새로운 사람들을 만나는 것을 좋아한다. 봉급생활자와 자영업자에 비해 사업가나 자본가는 사람들을 통해 자산이 만들어지기 때문이다. 그들은 본인이 가지고 있는 기술이나 능력보다는 많은 사람들을 알고 있는 것이 좋은 재산이라고 생각한다.

일반 직장인이나 엔지니어들은 업무능력이나 기술이 뛰어나야 봉급을 많이 받을 수 있지만 부자들은 그렇게 생각하지 않는다. 내 회사에 뛰어난 직원이나 기술자를 채용하면 되기 때문이다.

부자들이 시스템을 관리하려면 좋은 사람이 많이 필요하다. 그래서 자신이 궁금할 때 바로바로 물어볼 수 있는 변호사, 법무사, 회계사, 공인중개사, 은행가, 보험설계사 등과 친하게 지낸다. 언제든 전화해서 물어봐도 실례가 되지 않게 친분을 쌓아놓는 것이다.

부자라고 해서 각 분야의 지식을 다 알고 있을 필요는 없다. 단지 누가 그 분야의 전문가인지 파악하고 그들과 친하게 지내면 된다. 자신이 필요할 때 그들과 통화할 수 있고 만나서 궁금한 것을 물어볼 수 있으면 된다. 부자와 맺은 관계 덕분에 그들은 부자를 위해 일하는 것이다.

자수성가한 부자들은 보통 사람보다 더 힘들고 어려운 삶을 살아왔기 때문에 그 자리에 있는 것이다. 그런 면에서 그들이 살아온 방식을 부정할 수는 없다. 왜냐하면 그들은 삶의 방식을 달리하여 부자가 되었기 때문이다. 여러분이 아직 서민이나 중산층에 머물러 있다면 이제부터라도 부자의 습관을 공부하고 그렇게 행동해야 하지 않을까? 사소한 것 하나라도 실천에 옮긴다면 여러분은 부자의 길로 갈 수 있다.

32

본업 외의 다른 직업 만들기

세상은 빛의 속도로 변하고 있는데…

내가 어렸을 적에는 요즘처럼 TV 채널이 많지 않았다. 그래서 몇 개 안 되는 채널에서 만화영화를 하는 시간이 되면 친구들과 놀다가도 집으로 달려가서 보곤 했다. 어머니는 시계도 없는 어린애가 어떻게 만화하는 시간을 알고 집에 들어오는지 모르겠다고 놀라워하셨다. 그러면서 그런 열정으로 공부를 하면 서울대를 갈 거라고 놀리셨다.

그때 방영된 만화는 '엄마 찾아 3만리', '은하철도 999', '천년여왕', '메칸더 브이', '아기공룡 둘리', '달려라 하니' 등이었는데, 나는 지금도 일본에서 만든 '미미의 컴퓨터 여행'을 잊을 수가 없다. 여기에는 내 딸처럼 동그란 얼굴을 한 캐릭터가 나와서 미래의 우리 삶이 어떻게 변할 것인지 재미있고 알기 쉽게 설명해주었다. 그것은 내용이 너무 신기하고 놀라워서 마치 거짓말 같았다. 각 가정에 컴퓨터가 한 대씩 놓이고 걸어 다니면서 전화를 할 수 있다고 했다. 어린 나로서는 상상할 수 없는 일이었다. 왜냐하면 우리 집에 전화가 보급된 지 얼마 안 되었던 시절이기 때문이다.

어른이 된 지금도 그 만화를 생각해보면 놀랍기 그지없다. 그 일본 만화가는 어떻게 수십 년 후에 일어날 미래를 예측했을까? 물론 만화를 만든 작가의 머리에서만 나온 것이 아니고 미래학자, 과학자들의 자문을 구해 만들어졌을 것이다.

지금 우리가 살아가고 있는 세상은 빛의 속도로 변화하고 있다. 자동차의 등장으로 우마차와 인력거로 돈을 벌던 사람들이 일자리를 잃었다. 세탁기의 등장으로 세탁비누공장의 수요가 감소했고, 가정용 전화기의 보급으로 전보 시스템이 없어졌고, 휴대폰의 등장으로 공중전화가 사라지고 있다. 이처럼 새로운 발명품이 나오면 관련된 다른 직업군이 사라진다. 앞으로 인공지능 컴퓨터와 로봇 그리고 자율주행 자동차 등이 대중화되면 그에 따라 많은 사람들이 일자리를 잃을지도 모른다. 예를 들어 자율주행 자동차가 대중화되면 대리운전기사, 운송업체 운전기사, 자동차 보험상품 등이 타격을 받을 것이다.

요즘 세상을 떠들썩하게 만든 알파고를 보라. 지금 내가 하는 일을 로봇이나 컴퓨터가 대신한다면 어떻게 될까? 지금 내가 월급을 받고 있는 직장은 무사할까?

우리는 불안한 사회에 살고 있다. 지금 직장을 다니는 사람이나 자영업자들은 평생직장과 평생직업의 개념을 생각하지 않는다. 언젠가는 직장을 옮기거나 실업자가 될 것이다. 이제는 직업 하나로 안전한 미래를 보장 받을 수 없는 사회가 되었다. 그럼 우리는 무엇을 해야 하는 것일까? 낮에 직장에서 일하고 저녁에 추가 알바라도 해야 하는 것일까?

요즘 40~50대 가장들은 힘든 삶을 이렇게 말하고 있다.

"점점 나이가 들면서 지출도 많아지고 있다. 아내가 맞벌이를 하는데도 힘들게 살아가고 있는 형편이다. 아내와 나의 월급은 제자리인데 지출해야 할 비용이 점점 더 늘어나니 한숨만 나온다. 회사 역시 상황이 어려워서 연장 근무나 주말 근무를 하지 않으니 추가수당이 없어졌다. 이제 퇴근한 다음에 대리운전이라도 해서 부족한 생활비를 마련해야 할 처지이다."

이런 상황에서 무엇을 준비해야 하는 것일까? 걱정이 앞선다. 50대 가장은 이룬 것 없이 나이만 먹었다고 푸념한다. 좀 더 일찍 대처하지 못한 것을 후회한다.

그러나 이제부터라도 다시 시작할 수 있다고 말하고 싶다. 다만 젊은이보다 남은 시간이 적은 것이 문제지만 충분히 극복하리라 믿는다.

100세 시대를 준비하라

내가 본업 외에 다른 직업을 만들라고 하는 것은 퇴근 후에 추가적으로 대리운전이나 편의점 야간 알바 등을 하라는 것이 아니다. 물론 시간적인 여유가 많아서 추가적으로 할 수 있는 일을 찾아보는 것도 나쁘지 않다.

그러나 나는 본업에 최선을 다하고 나서 남는 시간을 이용해 공부하라고 권하고 싶다. 봉급생활자와 자영업자의 굴레를 벗어나려면 사업가나 자본가가 될 수 있는 공부를 해야 한다. 일자리를 잃기 전에 미리 공부해야 한다. 일자리를 잃고 나서 허둥지둥 공부하고 다른 일을 알아본다면 실업의 두려움 때문에 올바른 선택을 하기가 어려워진다.

공부를 하면서 사업가로서 창업을 준비해야 한다. 그리고 자본가가 돼서 수익률이 높고 비교적 안전한 투자처를 찾아 투자해야 한다. 이렇게 하기 위해서는 공부가 선행되어야 한다는 말이다.

우리는 이미 100세 시대를 살고 있다. 정말로 백 살까지 살까봐 걱정이 될 정도다. 오래 산다는 것이 준비된 사람에겐 축복이겠지만 준비되지 않은 사람에겐 재앙이다.

요즘 신문 기사, 방송 뉴스를 보면 제2의 인생을 사는 사람들을 많이 볼 수 있다. 귀농을 하는 사람, 작가가 된 사람, 취미를 살려 사업을 하는 사람, 그림을 그리는 사람 등 제2의 인생을 멋지게 살고 있다. 앞으로는 기대수명의 연장으로 제3의 직업까지 준비해야 할 수도 있다. 나 역시도 마흔 살에 은퇴하여 제2의 직업을 가지고 살며 제3의 직업을 구상하고 있다. 제3의 직업을 가지려면 제2의 직업에서 성과를 내야 한다. 그래도 미리 계획은 짜놓고 있다. 이처럼 10년, 20년 후의 미래를 준비해야 한다. 흘러가는 시간에 몸을 맡기고 있으면 어느 순간 돌아올 수 없는 먼 곳에 가 있게 될 것이다.

나이가 들면 들수록 시간은 점점 빨리 지나가는 것처럼 느껴진다. 흘러가는 시간을 낭비하지 말고 미래를 고민하는 시간을 아내와 함께 갖기 바란다.

나는 아내와 함께 미래를 준비하는 것만으로도 충분히 가치가 있다고 생각한다. 부부가 머리를 맞대고 고민한다고 해서 뾰족한 답을 찾지는 못할 것이다. 내 자녀의 적성을 쉽게 알 수 없는 것처럼 내가 무엇을 가장 잘할 수 있는지를 찾는 것은 쉬운 일이 아니다.

하지만 멈추지 말고 미래에 무엇을 할 수 있는지 찾아야 한다. 10년, 20년 후에 여러분의 일자리가 여전히 남아있을 거라고 확신할 수 없기 때문이다. 만약 10년 후에 일할 좋은 일자리를 준비해 놨더니 10년 후에도 지금의 일자리가 없어지지 않았다고 나를 원망하지는 마라. 여러분은 이제 2개의 직업을 가진 훌륭한 사람이 되지 않았는가.

33

자산 순환 사이클을
만들고 관리하는 법

나는 시스템(system)이라는 말을 자주 사용한다. 시스템이란 외래어를 한국말로 굳이 번역하자면 계통, 계, 제도, 방식 등으로 바꾸어 말할 수 있다. 과학이나 의학에서 사용하는 시스템(계)은 태양계, 생태계, 소화계 등이 있다. 이중 대표적인 태양계는 태양을 주위로 8개의 행성이 있으며 약 160개의 위성이 존재한다고 한다. 초등학교 과학시간에 배운 내용이지만 복습을 해보자.

지구의 공전: 지구가 태양을 중심으로 하여 1년에 한 바퀴씩 회전하는 것

지구의 자전: 지구가 자전축을 기준으로 하루에 한 바퀴씩 도는 것

달의 공전: 달이 지구를 한 달에 한 바퀴씩 회전하는 것(실제로는 27.3일).

우리의 시간은 이렇게 해서 만들어진다. 지구의 공전을 1년, 달의 공전을 한 달, 지구의 자전을 1일로 만들었다고 한다. 우리는 하루하루를 과학 속에서 살고 있는 것 같다.

이렇게 만들어진 시간의 기준이 우리의 삶을 관리하고 있다.

1년	한 달	1일
연봉	월급 지급	일당 계산
연 금리 납부	월 이자 납부	이자 계산

이 책을 휴일에 읽고 있다고 가정해보자. 이 순간에도 시간은 흘러가고 있다. 나는 회사에서 주휴수당으로 급여를 지급하며 대출받은 은행에서 이자를 계산하고 있다. 우리의 시간은 이렇게 소중하다. 그리고 하루의 주기, 한 달의 주기, 1년의 주기를 반복하며 살아가고 있다. 다람쥐 쳇바퀴 돌 듯이 살아가고 있는 것이다. 우리의 자산도 월급의 주기와 같이 한 달을 기준으로 순환하고 있다. 한 달 기준으로 자산 순환 사이클이 만들어지며 대부분 네 가지 단계의 사이클로 반복하고 있다.

1단계: 근로소득의 자산 순환 사이클(자가 주택이 없는 경우)

사회생활을 시작한 사람들은 대부분 아래의 현금 흐름을 가지고 있다. 자가 주택이 있다면 대출이 없는 경우도 이 자산 순환 사이클에 해당할 것이다. 아주 건전한 사이클이다.

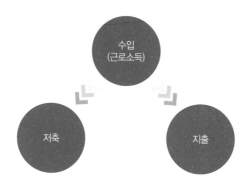

2단계: 근로소득의 자산 순환 사이클(자가 주택이 있는 경우)

건전한 저축을 통해 본인 소유의 주택을 구입하고 대출금을 갚아나가는, 우리나라의 가장 많은 형태의 자산 순환 사이클이다. 건전한 사이클이기는 하지만 위의 사이클에 비해 지출하는 비용이 증가하고 있다.

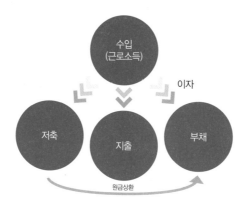

3단계: 근로소득과 자산소득의 자산 순환 사이클

수익형 자산이 추가되면 비로소 순환하는 사이클이 만들어진다. 수익형 자산에서 자산소득이 발생하며 수입이 증가한다. 수입의 증가로 부채의 원금상환 비중이 늘어나고 있다. 원금상환이 늘어나면서 이자도 점차적으로 줄어들고 있으며 줄어든 이자비용으로 원금상환은 계속적으로 늘어나게 된다.

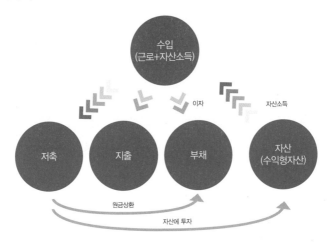

4단계: 자산소득만의 자산 순환 사이클

수익형 자산이 증가하여 더 이상 근로소득의 필요성을 느끼지 못한다. 하여 직장을 그만두거나 자영업을 그만두고 자산관리만 한다. 남는 시간에 가족들과 여행을 다니며 즐거운 은퇴생활을 한다.

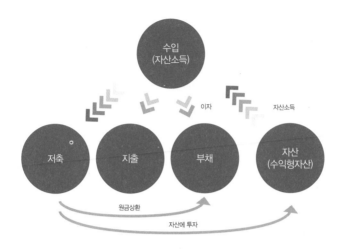

자산 순환 사이클을 만드는 것이 그림을 보면 쉬워 보인다. 그리고 많은 사람들은 머릿속에 이러한 생각을 하며 살아간다. 하지만 왜 보통 사람들은 이런 자산 순환 사이클을 만들지 못하는 것일까?

이러한 자산 순환 사이클을 만드는 데 많은 시간이 필요하기 때문이다. 바쁘게 살아가면서 오랜 시간 자산을 만들고 수익을 만들어내는 것은 말처럼 쉬운 일이 아니다. 하지만 여러분에게 무엇이 더 중요한 것인지 생각해보고 지금이라도 실천에 옮겨야 한다. 그렇지 않으면 1~2단계에서 은퇴하고 젊은 날을 후회하며 살아가게 될 것이다.

34

내가 사는 집은 작을수록 좋다

1인 가구가 늘고 있다

1990년대 초반에 건설된 아파트를 보면 대부분 현대아파트, 건영아파트, 주공아파트, 미주아파트, 아주아파트, 쌍용아파트와 같은 이름들이다. '건설회사명+아파트' 이렇게 아파트의 이름을 지었다.

2000년대에 들어서면서부터는 '건설사명+브랜드+아파트'로 변경되어 아파트 이름이 길어지기 시작했다. 특히 브랜드명이 영어로 되어 있는 아파트가 많았다. 그리고 아파트 벽에도 영어로 쓰여 있어 알파벳을 모르는 어른들은 아파트를 찾기가 어려웠다. 우스갯소리로 시부모님이 찾아오지 못하게 하느라 이름을 어렵게 만들었다는 소리가 있을 정도였다.

그 시절에는 아파트 구입에 결정권이 있는 사람들은 주부였기에 이런 말이 나온 듯하다. 당시 남편들은 회사에서 열심히 돈만 벌어다 주고 아내는 가정의 살림과 재테크를 담당했다. 지금은 맞벌이 부부가 많아지고 가사를 분담하고 있으니 재테크 역시 부부가 같이 해나가는 경우가 많다.

1990년대에는 아파트 열풍 못지않게 자가용 열풍이 불었던 시기였다. 마이카(My car)시대라고 아는지 모르겠다. 1992년에 직장을 처음 들어갔을 때만 해도 내가 다니던 회사의 주차장에는 자가용이라고는 여섯 대밖에 없었다. 당연히 사장님과 이사님들의 차였다. 그 후 3년도 채 지나지 않아 회사 주차장에는 주차를 할 수 없을 정도로 많은 자가용들이 있었다.

주차공간이 부족하다보니 회사에서 현대자동차 외에는 주차를 못하게 하는 규정까지 만들 정도였다. 내가 근무하던 회사는 현대자동차 부품을 생산했기 때문에 이런 규정이 생긴 것이다. 지금 생각하면 조금 유치한 규칙이었다.

그 시절에는 자동차에도 식급이 있었다. 사장은 그랜저, 이사는 쏘나타, 부장이나 차장은 엘란트라, 과장이나 대리는 엑셀, 이러한 순서로 차를 타고 다녔다. 형편이 여유가 있다고 해서 본인의 직속상관보다 좋은 차를 타는 사람은 없었다. 지금 생각하면 웃긴 일이지만 당시에는 당연한 모습이었다.

1990년대에는 아파트가 지금처럼 많지 않았다. 결혼을 해서 아파트에 들어가 신혼집을 꾸미는 것은 부모님의 재력이 뒷받침되지 않고서는 불가능한 일이었다. 결혼한 직장 선배들은 연립주택에서 전세로 살다가 몇 년 후에 신규 아파트를 분양받아 입주하는 것이 순서였다. 선배들은 더 넓은 아파트로 이사하기 위해 열심히 일을 하고 저축을 했다. 선배들이 높은 직급에 올라 있을 때는 40~50평대의 아파트에 살았다.

선배들의 유일한 자산은 아파트 한 채였다. 아파트 평수를 늘리는 데 청춘을 바쳤던 것이다. 이제는 은퇴시기를 얼마 남겨 놓지 않고 하루하루 열심히 일을 하며 살아가고 있다.

1990년대에는 금리가 높아 적금만으로도 많은 수익이 나오는 시기였고, 아파트 가격 역시 계속 상승하는 시기였다. 그 시절에는 거의 이런 방식의 재테크를 하며 살았다. 하지만 그들의 방식은 낡은 것이었다. 본인의 자산 포트폴리오를 바꾸지 않고 30년간 살아온 결과 이제는 덩치 큰 아파트 한 채와 은행부채만 남아있게 되었다.

이제는 큰집을 필요로 하는 사람이 줄어들고 있다. 더 이상 여러 명이 살 수 있는 집을 원하지 않는다. 세대원수는 급격히 감소하고 있고 심지어 혼자 사는 세대가 늘어나고 있는 현실이다.

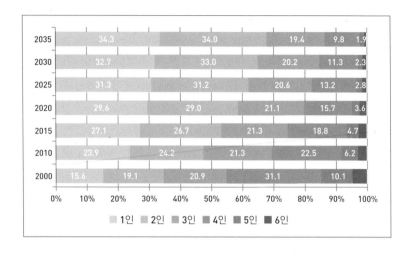

	1인	2인	3인	4인	5인	6인
2035	34.3	34.0	19.4	9.8	1.9	
2030	32.7	33.0	20.2	11.3	2.3	
2025	31.3	31.2	20.6	13.2	2.8	
2020	29.6	29.0	21.1	15.7	3.6	
2015	27.1	26.7	21.3	18.8	4.7	
2010	23.9	24.2	21.3	22.5	6.2	
2000	15.6	19.1	20.9	31.1	10.1	

위의 표를 보면 2000년만 해도 4인 세대가 1위(31.1%)를 차지했지만 불과 10년 만에 2인 세대가 1위(24.2%)이고 1인 세대가 2위(23.9%)를 차지하고 있다.

1인 세대의 수는 급속도로 증가할 것으로 예상하고 있다. 2035년에는 1인, 2인 세대가 68.3%나 차지한다니 참으로 심각한 상황이다. 2035년에 40~50평대 아파트에 거주할 수 있는 사람들은 11.7%에 불과할 것이다. 이 표만 보더라도 앞으로 우리가 투자해야 할 아파트의 평수를 짐작할 수 있다.

작은 평수에 살면서 임대소득을 만들어라

나는 이 장의 제목을 '내가 사는 집은 작을수록 좋다'고 했다. 왜 내가 사는 집은 작을수록 좋은 것일까?

그 이유는 간단하다. 신혼 초에 처음 장만한 내 소유 아파트에서 얼마나 오래 살아가느냐에 따라서 미래의 은퇴시기가 결정되기 때문이다.

우리가 살아가려면 반드시 거주 공간이 필요하다. 그리고 전세나 월세가 아닌 본인 소유의 집이 있어야 불필요한 이사비용을 줄이고 안정적인 생활을 할 수 있다. 하지만 이런 소중한 나의 집은 아직까지는 수익형 자산이 아니고 부채이다. 처음 소유한 집에서 새로운 집으로 평수를 늘려나가지 말고 작은 규모의 집을 추가로 구입하는 것이 좋다. 그곳에서 임대소득을 만들어 은퇴의 길을 가야 한다.

처음 소유한 집은 이제 낡아버렸으며 거주하기 불편한 점이 하나 둘이 아니다. 여러 가지 평계를 만들어 우리는 새로운 집으로 이사하려고 노력한다.

아내와 나는 처음 구입한 낡은 집에서 최대한 많이 살려고 노력했다. 주변 이웃들은 하나둘씩 새 아파트로 이사를 했다. 우리는 새 아파트가 두 채나 있었지만 이사하지 않았다. 내 아이가 초등학교에 들어가기 전까지 그곳에서 살기로 아내와 약속했다.

새 아파트로 이사한 이웃들은 하나같이 집들이를 했다. 우리 부부는 초대를 받아 새 아파트를 구경했다. 정말 부러웠다. 가구며 전자제품은 최신식으로 바꿨고 집안 곳곳을 아름답게 꾸며놓아 궁전이 따로 없었다. 낡은 아파트에서 살던 주민이 맞나 싶을 정도로 사람들이 다르게 보였다. 집들이가 끝나고 집에 돌아온 아내의 시무룩한 표정을 보고 있으면 당장에라도 좋은 아파트로 이사를 가고 싶었다.

그 후 몇 년의 시간이 흘렀고 그분들은 더 넓은 집으로 이사를 했다. 내 아이가 일곱 살이 되었고 내년이면 초등학교에 들어가야 하기에 우리도 24평 낡은 아파트에서 28평으로 이사를 했다. 하지만 우리는 이사비용 외에 아무것도 지출하지 않았다. 다른 사람들처럼 전자제품과 가구를 바꾸지 않았다. 골동품 같은 브라운관 TV도 그대로 옮겨 갔다. 이웃 주민들의 집들이에서 보았던 궁전 같은 집이 아니었다. 조금 넓어진 평수에 낡지 않은 주방 싱크대뿐 달라진 것은 아무것도 없었다. 나는 이런 모습을 보며 기뻐했다.

우리 이웃들은 이사하면서 많은 비용을 지출했다. 새 아파트에 맞는 인테리어를 하기 위해 커튼, 가전제품, 가구 등을 구입했다. 심지어 수천만 원을 지출하는 사람들도 보았다.

우리 이웃보다 나는 월급을 적게 받았지만 그들보다 잘살 수 있다는 자신감이 있었다. 나에게는 불필요한 지출을 줄일 수 있는 생활습관이 있었기 때문이다. 나의 예언처럼 이웃들의 소득을 추월하는 데는 오랜 시간이 걸리지 않았다. 이웃들은 또다시 낡아버린 가전제품과 가구들을 보면서 다시 사야 하나 고민했다.

내가 잘한 일은 젊은 시절에 아파트 평수 늘리기를 하지 않고 최대한 오래 살 수 있는 방법을 찾으려고 노력했다는 것이다. 넓은 아파트로 이사를 가고 싶어 하는 아내의 수많은 이유를 뿌리치고 비좁고 낡은 아파트에서 최대한 오래 살았다. 낡은 아파트에 살면서 넓은 아파트는 월세를 주어 자산소득을 만들었다. 10년간 24평 아파트에 살고, 7년간 28평 아파트에 살면서 많은 자산을 만들 수 있었다.

새 아파트와 넓은 평수의 아파트를 싫어하는 사람이 어디 있겠는가? 하지만 나는 내 부족함을 알기에 오랜 시간을 참았다. 그리고 작년에 아내 명의로 180평 단독주택을 선물했다. 우리 가족은 그곳에서 행복하게 살고 있다.

35

시대의 흐름에
맞춰 가는 부동산투자법

인구 감소에 주목하라

우리는 대한민국이라는 작은 나라에서 살고 있다. 세계에서 마지막 남은 분단국가이며, 세계에서 유례를 찾아볼 수 없을 정도로 경제발전 속도가 가장 빨랐던 나라에 살고 있다.

국가는 3대 요소가 필요하다고 학창시절 사회시간에 배웠으리라. 영토, 주권, 국민이 그것이다. 우리는 일제 강점기에 영토와 국민은 있었지만 주권을 잃었고 주권을 다시 찾는데 무려 35년이라는 시간이 걸렸다.

우리나라 국민은 건국 이래 가장 치욕적인 35년의 세월을 살았다. 그리고 한국전쟁으로 남북이 분단되었고 영토의 절반을 잃어버리게 되었다. 그리고 국민의 수도 절반으로 나누어졌다. 물론 다시 통일이 될 것을 우리는 염원하고 있다. 머지않아 다시 영토가 하나로 합쳐질 것이며 국민들도 하나로 뭉쳐 살아갈 것이다.

고도의 성장기를 거친 우리나라에 또 다른 문제가 발생하고 있다. 국가의 3대 요소 중의 하나인 국민의 수가 문제로 대두되고 있다. 저출산으로 인해 젊은 인구가 감소하고 있기 때문이다. 이대로 가면 언젠가는 인구절벽으로 이어질 것이 예상된다.

나는 초등학교 입학식 때 국민의례를 처음 했다. 애국가 제창과 국기에 대한 맹세를 했다. 1학년 때 선생님이 숙제로 국기에 대한 맹세를 외워오라고 했다.

"나는 자랑스런 태극기 앞에 조국과 민족의 무궁한 영광을 위하여 몸과 마음을 바쳐 충성을 다할 것을 굳게 다짐합니다."

세월이 흘러 첫아이가 초등학교에 입학을 하게 되었다. 입학식에서 국기에 대한 맹세의 일부 구절이 바뀌어 있는 것을 듣고 무척이나 놀랐다.

"나는 자랑스러운 태극기 앞에 자유롭고 정의로운 대한민국의 무궁한 영광을 위하여 충성을 다할 것을 굳게 다짐합니다."

이렇게 바뀌어져 있었다. 이제는 대한민국이 더 이상 단일민족국가가 아니다. 혼기를 놓친 남자들이 외국여성과 결혼을 하는 시절인 것이다. 꼭 혼기를 놓치지 않더라도 외국인과 결혼하는 것이 더 이상 큰 이슈가 되는 세상이 아니다. 국민의 수가 줄어들 수도 있는 상황에 외국인과의 결혼을 장려하는 것은 국가적으로 바람직한 일이다. 또한 가능하다면 많은 외국인이 우리나라로 이민을 올 수 있는 환경도 만들어야 할 것이다. 그것이 인구절벽을 막을 수 있는 좋은 방법일 수도 있다.

유엔에서 발표한 자료에 따르면 2030년을 정점으로 우리나라도 일본과 같이 인구 감소가 시작된다고 한다. 희망이 없는 나라 일본의 국가적인 문제 중 최고로 꼽는 것이 바로 인구 감소다. 우리나라도 정부가 좋은 대책을 세워 저출산 문제를 극복해야 한다.

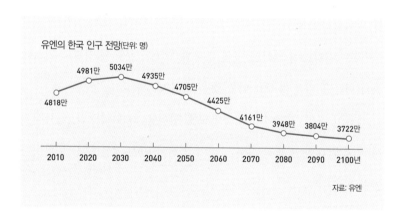

유엔의 한국 인구 전망(단위: 명)

4818만 (2010), 4981만 (2020), 5034만 (2030), 4935만 (2040), 4705만 (2050), 4425만 (2060), 4161만 (2070), 3948만 (2080), 3804만 (2090), 3722만 (2100년)

자료: 유엔

투자할 도시의 인구 증가를 파악하라

여러분 중에는 부동산투자법을 알고 싶은데 왜 자꾸 인구 감소를 들먹이는지 궁금한 분도 있을 것이다. 그 이유는 부동산 가격을 결정하는 것은 바로 국민들이기 때문이다. 특히 주택에 관해서는 더욱 그렇다. 국가에서 일부 개입하거나 건설회사에서 분양가를 정하기는 한다. 하지만 결국 가격을 올리거나 내릴 수 있는 유일한 대상은 국민들이다.

아파트 가격이 오른다고 원망하고 속상해 하는 분들도 많지만 아파트 가격이 내렸을 때 슬퍼하고 원망할 사람들 또한 많을 것이다. 그럼 아파트 가격은 언제 오르고 언제 내리는 걸까?

당연히 아파트를 사고자 하는 사람이 많으면 가격이 올라가고, 사려는 사람보다 팔려는 사람이 많으면 가격이 내려가는 것이다. 아파트 가격이 너무 빠르게 오르면 정부에서 정책을 만들어 가격이 오르지 않게 조정을 한다. 정부가 내놓는 정책은 아파트를 더 많이 건설해서 공급을 늘리는 것이다. 이제는 투기 수요까지 붙어서 가격이 더 올라가게 된다. 놀란 정부는 부동산 구매 억제 정책인 DTI, LTV, DSR로 구입할 수 있는 사람을 제한한다.

★ DTI(총부채상환비율): 연간 총소득에서 연간 부채 상환액이 차지하는 비율

★ LTV(주택담보대출비율): 담보의 가치 대비 대출의 비율

★ DSR(총부채원리금상환비율): 모든 부채에 대한 원리금을 자산을 연봉으로 나누는 비율

쉽게 말하면 집을 살 능력이 되지 않는 사람들은 집을 사지 못하게

하는 규제인 것이다. 서민들은 이러한 규제에 불만이 많았다. 돈 없고 월급 적은 사람들은 아파트를 사지 못하게 하는 이상한 세상이라고 하면서 격분했다. 나 역시도 당시 정책에 대해 문제가 있다고 생각했다. DTI, LTV 규제는 성공적으로 당시의 부동산 과열을 막을 수 있었다.

몇 년 후 미국에서는 서브프라임 모기지(비우량 주택담보대출) 사태가 벌어졌다. 신용이 낮은 소득자에게 무분별하게 대출하여 부동산시장이 과열을 넘어 폭발한 것이다. 우리나라는 다행히 DTI, LTV 규제를 통해 이와 같은 재앙을 막아냈다.

미국의 경우를 보면 부자들이 부동산을 사고 이어서 중산층에게 이익을 보고 처분했다. 다음은 중산층이 서민들에게 이익을 보고 부동산을 처분했다. 부동산은 과열되고 서민들은 이익을 보고 처분할 사람을 찾았다. 이때 월가에서 서브프라임 모기지 상품을 만들어서 소득도 없고 자산도 없는 사람들에게 많은 돈을 대출해준 것이다. 서민들은 빈곤층에게 이익을 보고 팔 수 있었지만 빈곤층은 더 이상 부동산을 사줄 사람들이 없었다. 결국 이자를 갚을 능력이 없는 빈곤층 사람들은 파산했다. 이로 인해 은행도 파산했다. 이것이 바로 미국 발 서브프라임 사태였다.

우리나라 인구가 감소하면 당연히 내 집을 비싸게 사줄 수 있는 사람들이 감소한다는 뜻이다. 앞으로 노후자금을 위해 아파트를 팔아야 할 사람들은 늘어날 것이다. 주택 보급률은 전국이 100%가 넘어있는 상태이며 아직도 아파트를 계속해서 건설하고 있다. 나의 비싼 아파트를 사줄 젊은 사람들은 아직도 직장을 잡지 못하고 캥거루족으로 살고 있다. 그나마 직장이 있는 젊은이들도 결혼을 꺼리고 있다. 결혼을 하더라도 자녀를 낳지 않으려고 한다. 그렇다면 나의 최고 자산인 40평대의 아파트는 누가 사줄 수 있는 걸까?

우리나라는 이제 아파트 가격이 올라가게 할 수 있는 엔진이 없다. 그런데 아직도 아파트 가격은 오르고 있다. 엔진이 고장 난 자동차가 오르막을 올라갈 수 있을까? 자동차의 엔진이 고장 나지 않았으면 좋겠다. 만약 고장 난 엔진으로 오르막을 올라갔다가 내리막을 만나면 어떻게 될 것인가? 가속도가 붙어 빠른 속도로 내려오고 결국에는 부숴져 버릴 것이다. 우리의 자동차 엔진은 아직 멈추지 않았다. 하지만 언젠가는 멈춰 설 것이다.

그래도 희망은 있다. 아직도 인구가 증가하는 도시들이 있고 일부 지역의 아파트는 계속해서 상승할 것이다. 국가의 인구가 중요하듯이 도시의 인구 또한 중요하다. 우리가 살고 있는 도시의 인구가 증가하는지 그리고 젊은 인구의 비중이 높은지에 따라 아파트 가격이 상승할지 내려갈지 결정될 것이다. 도시 주변에 새로운 회사들이 많이 들어오고, 정부기관이 이사를 오고, 항구나 공항이 건설된다면 그곳은 인구가 증가할 수 있고 젊은 사람이 많아질 도시인 것이다.

나의 소중한 자산을 지킬 수 있는 있는 방법은 인구에 답이 있다.

항상 투자를 할 때 인구의 증가를 파악할 수 있어야 좋은 투자를 할 수 있음을 명심하라.

평생 월급을 받는 부자의 길

36

은퇴는 내가 정해라

은퇴하기 전에 준비하라

고등학교 시절 안성모 담임선생님은 현재 정년퇴임을 하시고 노후를 즐기시고 있다. 학창시절 인성교육을 강조하시던 멋진 선생님이셨고, 내가 가장 존경하는 스승님이시다.

"나무처럼 자네 회사가 무럭무럭 성장했으면 하네."

선생님께서는 내가 사옥을 지었다는 소식을 듣고 한걸음에 달려와 나무를 심어주셨다.

나는 선생님이 교사로 정년퇴임을 하셨으니 교원연금을 받으며 노후를 걱정 없이 사실 수 있을 거라고 생각했다. 선생님과 대화 중에 연금수령액을 알게 되었는데, 도시에서 생활하기에는 넉넉한 연금액이 아니었다. 선생님께서도 연금수령액이 생활하는데 부족하진 않지만 여행을 다니며 지낼 정도의 넉넉함은 아니라고 하셨다.

선생님이 은퇴한 시기에 나도 직장에서 은퇴를 했다. 물론 나는 새로운 시작을 위한 은퇴였다. 선생님은 은퇴를 하시고 일할 곳을 찾고 계셨다. 생계를 위한 일자리는 아니었다. 하루 종일 집에만 있으니 따분하고 무료해 소일거리로 일자리를 찾고 계셨다.

교사는 정해진 나이가 되면 자동으로 퇴직을 한다. 본인이 원하던 원하지 않던 퇴직을 할 수 밖에 없는 것이다. 직장인이나 공무원, 교사 등은 이렇게 은퇴를 하게 된다. 자영업자나 사업가는 본인이 원하는 시기에, 은퇴 준비가 완벽히 되었을 때 은퇴를 하면 된다. 단점은 퇴직금이 없다는 것이다. 하지만 은퇴를 하고 싶어도 노후자금이 없어 힘들어도 일을 할 수밖에 없는 자영업자들이 많다.

어떤 직종에 있던 나이가 들면 은퇴를 하게 마련이다. 은퇴를 준비하지 않는 대부분의 사람들은 이런 말을 한다.

"은퇴하면 남는 것이 시간인데 그때 가서 생각해도 늦지 않다."

은퇴 준비는 은퇴를 하고 나서 하는 것이 아니라 은퇴를 하기 전에 준비하는 것이다. 그럼 우리는 은퇴 준비를 어떻게 해야 하는 것일까?

크게 두 가지로 나누어 볼 수 있다. 첫 번째는 은퇴 시점이고, 두 번째는 은퇴 후 활동에 관한 준비이다.

은퇴 시점

지금 다니는 직장을 그만두고 다른 일을 시작할 때를 은퇴 시점이라고 하지 않는다. 이것은 은퇴가 아니고 단순한 이직이다. 은퇴 시점은 노후에 살 수 있는 대비를 마치고 다른 일을 하는 것을 말한다.

직장인이 회사에서 정년이 되어 정년퇴직을 했더라도 노후 준비가 되어 있지 않으면 다른 일자리를 알아보아야 한다. 수입이 없으면 살 수 없기 때문이다. 이것은 은퇴가 아닌 것이다. 자녀를 키우며 정신없이 살다보면 노후 준비를 완벽히 해놓은 사람들이 얼마 되지 않는다. 살고 있는 아파트, 국민연금, 개인연금, 그리고 회사를 그만두고 받을 퇴직금밖에는 없는 것이 현실이다.

정년퇴직을 하고 아파트 담보대출금과 퇴직금으로 작은 프랜차이즈를 시작하는 사람들이 많이 있다. 우리나라에 치킨집이 많은 이유가 이 때문이다. 소자본으로 기술 없이도 쉽게 할 수 있는 일이 프랜차이즈 창업일 것이다. 상황이 이렇다 보니 프랜차이즈 창업박람회까지 만들어져 정년퇴직자들과 실직자들이 준비되지 않은 창업을 많이 하고 있다. 이렇게 시작한 소규모 창업이 잘되면 좋겠지만 상당수가 1년 내에 문을 닫는다고 한다. 자영업 경험이 전혀 없는 상태에서 준비하지 않고 무작정 시작하기 때문이다.

치킨집을 창업하고 싶으면 최소한 장사가 잘되는 치킨집에서 아르바이트를 하며 1년 정도 운영방법을 배워야 한다. 커피전문점을 차리더라도 마찬가지다. 치킨집, 커피전문점을 너무 쉽게 생각하는 것 같다. 퇴직금과 아파트 담보대출로 시작한 창업이 망하면 이제는 무엇을 할 수 있을까? 회사는 그만두면 퇴직금을 주지만 자영업은 망하면 상가에 인테리어 철거뿐만 아니라 청소까지 말끔히 해주고 나와야 하는 처지인 것이다.

은퇴라는 것은 기간이 되면 자동으로 만들어지는 것이 아니다. 내가 준비하지 않으면 죽는 날까지 은퇴를 할 수 없을 수도 있다. 은퇴를 하고 나서 남은 생애를 여유롭고 평화롭게 살아갈 수 있도록 철저히 준비해야 한다. 일회성 투자를 하지 말고 꾸준히 자산소득이 나오는 수익형 자산에 투자해야 한다. 아니면 회사를 만들어 내가 일하지 않아도 되는 사업을 해야 한다.

은퇴 후 활동

보편적인 남자들은 정년퇴직할 나이가 되면 사회성이 떨어진다. 반면에 여자들은 나이가 들수록 모임이 많아지고 친구의 수가 늘어나게 마련이다. 젊은 시절과 정반대의 상황이 벌어지게 되는 것이다.

은퇴를 하기 전에 은퇴 후 무엇을 하고 지낼 것인지를 준비해야 한다. 취미를 만들거나, 작은 모임, 봉사단체 등에 가입하여 나에게 맞는 사회활동을 조금씩 해야 한다. 특히 아내와 같이 할 수 있는 취미를 만들면 더욱더 좋다. 나의 은퇴시기에 맞춰서 같이 은퇴해줄 친구는 없을 것이다. 그러므로 여가를 함께할 취미생활과 봉사활동 등을 준비해야 보람있게 은퇴를 즐길 수 있다.

나는 자산에서 나오는 소득으로 지출하고 남을 만큼의 자산소득이 발생하게 만들었다. 그래서 나는 마흔 살에 은퇴를 할 수 있었다. 그리고 지금은 사업체를 운영하고 있다. 아직은 내가 일하지 않으면 회사가 운영되지 않는 상태이지만 내가 없어도 사업체가 잘 운영될 수 있도록 만들려고 노력하고 있다. 나의 2차 은퇴 목표는 50세이며 이때까지 내 사업체를 내가 없어도 운영될 수 있게 만들 것이다. 50세 이후에는 하고 싶은 일들이 많이 있다. 예를 들면 이런 것이다.

1. 은퇴나 자산관리에 관한 책을 쓴다.
2. 인테리어와 도배 기술을 배운다.
3. 농사짓는 법을 배운다.
4. 은퇴나 자산관리에 관한 강연을 한다.
5. 해외 봉사활동을 한다.

나는 2차 은퇴를 하기 전에 이 다섯 가지에 관해 공부할 것이다. 나는 제3의 은퇴를 하면 이 다섯 가지 항목 중 몇 가지가 될지는 모르지만 반드시 실천에 옮길 것이다. 이 다섯 가지 외에 어떤 것들이 추가될지는 아직 모른다.

나는 제4의 은퇴, 제5의 은퇴 목표를 만들어 나갈 예정이며 그 끝이 어디까지인지는 알 수 없다. 나는 건강하게 오래오래 살면서 은퇴 목표를 세우며 즐겁게 나의 청사진을 만들어 갈 것이다. 나의 사랑하는 아내, 아이들과 함께.

37

경제를 모르는 부자는 없다

금리 변화에 민감하라

자수성가한 부자들은 공통적으로 경제에 대한 이해능력이 뛰어나고 해박한 경제상식을 가지고 있다. 경제상식을 넘어 경제전문가를 자처하는 사람들도 많이 있다. 그들은 날마다 경제 신문을 보고 경제 이슈나 정치 분야에 관심이 많다. 사실 경제와 정치는 한 몸이나 다름이 없다. 변화하는 경제상황에 맞춰서 그에 적합한 법안을 만들어 사회가 잘 돌아갈 수 있게 만들어주기 때문이다. 하지만 우리나라는 경제발전에 정치 분야가 도움이 되지 않고 걸림돌이 되는 때도 많다.

경제발전을 위해 발 빠르게 만들어져야 할 법안들이 국회에서 장기간 통과하지 못하여 경제적 손실을 보는 일을 우리는 많이 보았다.

정치와 경제가 하나같이 움직여 나간다면 아마도 우리나라는 빠른 속도로 성장할 수 있을 것이다.

경제는 살아 움직이는 생물과 같다. 과거를 생각해보면 경기가 좋았던 시절도 있었고 그렇지 못한 경기침체기도 있었다. 부동산 경기가 좋아서 너도 나도 아파트를 사려고 모델하우스에 줄을 서서 기다릴 때도 있었고, 부동산 경기가 안 좋은 때는 미분양 아파트가 속출하기도 했다.

주식시장도 몇 달 동안 상승할 때가 있고 몇 달 동안 하락하여 투자자가 자살을 하는 일까지 벌어진다. 이러한 변화는 계속 반복되고 있다. 일정한 주기를 가지고 있지는 않지만 반복되는 사이클을 가지고 있는 것은 분명하다.

한국은행에서는 경기흐름이 지나치게 과열되거나 경기가 침체되고 있는지 주의 깊게 파악한다. 경기가 지나치게 침체되고 있다면 금리를 조정하여 경제활동이 원활히 돌아가게 바로 잡아준다.

오랜 기간 동안 경기침체를 겪고 있는 일본은 금리를 더 이상 낮출 수 없는 상황에 도달했고, 이제는 마이너스금리가 되어버렸다. 최강대국 미국도 0.25%의 낮은 금리였는데 2016년부터 조금씩 인상해 나가고 있다. 그나마 한국은 1.23%로 이들 나라보다는 높게 유지되고 있다.

우리들은 금리 인상에 많은 관심을 두지 않고 있다. 은행에 많은 돈을 대출받아 이자를 납부하고 있지만 금리 인상과 우리의 삶은 큰 변화가 없다. 단기간으로 판단했을 때는 변화가 없어 보일 수도 있다. 그러나 장기간으로 보면 크게 변화하여 경기흐름 자체가 변할 정도이다. 가계를 기준으로 보면 작게 느껴지는 금리 변화이지만 기업이나 증권시장, 채권시장은 엄청난 변화로 받아들여 주가가 큰 폭으로 상승 또는 하락한다.

금리를 이해할 때는 열 번의 말보다 하나의 그림으로 설명하는 것이 빠르다. '코스톨라니의 달걀 모형'으로 금리가 높아지고 낮아짐으로써 우리는 어떤 투자를 하는 것이 좋은지를 설명하겠다.

▶ 코스톨라니의 달걀 모형

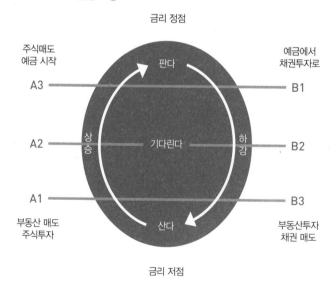

CHAPTER 5

A1 지점부터 B3 지점까지 경제 사이클이 순환을 반복하고 있다.

- 금리 저점~A1 지점: 부동산 가치 상승이 계속되고 있어 경기 상
  승을 기대하여 금리를 인상한다.
- A1~A3 지점: 부동산의 가치는 상승했지만 금리가 올라 이자가
  부담되어 부동산을 매도한다. 부동산 상승으로 경기가 살아나면
  서 주가가 상승하고 있어 주식투자를 한다.
- A3~B1 지점: 주가 상승으로 투자수익이 증가했다. 하지만 금리
  가 많이 올라 이제는 안전하게 자산을 예금으로 예치한다.
- B1~B3 지점: 금리가 지속적으로 하락하고 있다. 예금의 자산을
  채권으로 변경하여 하락하는 금리를 보장받고 있다.
- B3~A1 지점: 이자가 부담되지 않을 정도로 금리가 낮아졌다. 더
  이상 채권에 투자하면 이익 발생이 적을 것 같다. 자산과 대출금
  을 합하여 부동산에 투자한다.

부자들은 이 사이클을 활용하여 이러한 선택을 하고 투자를 한다.
항상 금리의 변화를 생각하고 지금 어느 지점을 지나고 있는지 분석
하고 있다.

반면에 중산층과 서민들은 금리의 변화를 생각하지 않고 주변 사
람들이 투자하는 것을 따라가며 투자를 하고 있다.

투자하려면 경제를 공부하라

중산층과 서민들의 투자 성향을 알아보자.

1. 어제 회식을 했다. 우리 부서에서 나만 빼고 모두 주식투자를 하고 있었다. 부장님만 주식투자를 했었는데 이제는 김대리도 박과장도 주식에 투자한다. 더 늦기 전에 나도 주식투자를 해야겠다. 오늘 점심시간에 은행 가서 직장인 신용대출을 받아야겠다.

2. 벌써 전세계약이 끝나간다. 집주인에게서 전세금을 5천만 원 인상해달라는 전화가 왔다. 나가라는 말인가 보다. 집값이 엄청 올라가고 있다. 대출이자를 조금 내더라도 이참에 집을 사는 것이 좋을 것 같다.

3. 하필 내가 주식을 사니까 주가가 내리는 건 뭐야. 이번 투자는 재수가 없다. 남은 돈으로 다시 도전하여 이번에는 두 배 수익을 내고야 말 테다.

부동산 가격이나 주가를 정확히 예측할 수 있는 전문가나 점쟁이가 있다면 얼마나 좋을까? 이런 능력이 있다면 3년 안에 세계의 부자 랭킹에 오를 수 있을 것이다. 주가를 예측하고 부동산을 예측해주는 사람들은 항상 조심스럽게 근거를 제시하며 전망한다. 대학교수나 경제연구소장이 나와서 이러한 예측을 한다고 정확하게 맞아 떨어질까. 투자에 있어 안전한 투자는 없다. 반드시 리스크가 있게 마련이다. 경제를 공부하면서 앞으로 어떻게 변화할 것인지를 예측해봐야 한다.

부자들은 큰 수익을 내기보다는 안전하게 자산을 지키며 수익을 내기를 원하고 있다. 나의 소중한 자산을 지키기 위해서는 경제를 이해하고 경제상황에 맞는 올바른 판단을 해야 한다.

우리가 살아가는 세상은 빠른 속도로 변화하고 있다. 변화하는 세상을 읽어내지 못한다면 남들만 따라 하는 투자를 할 수밖에 없다. 부자들이 예전에 투자했던 방식은 이제는 적용되지 않을 수 있다는 것을 알아야 한다. 투자를 공부한다는 것은 경제를 공부하는 것과 같다.

38

인맥은 금맥이다

사람이 보물이다

우리는 인생이라는 기나긴 여정을 살아가면서 많은 사람들을 만나고 인연을 맺는다. 그러나 학교를 졸업하고 직장을 이직하게 되면서 멀어지는 인연들도 있다. 나는 지인들과 연결 고리를 계속 유지하려고 무던히 애를 쓰는 편이다. 왜냐하면 그분들은 나의 보물이기 때문이다.

내가 참석하는 모임 중에 가장 오래된 것은 초등학교 동창모임이다. 이 모임의 분위기 메이커는 바로 나다. 내가 리더십이 있고 유머 감각이 있기는 하지만 그렇다고 해서 분위기 메이커가 된 것은 아니다. 나는 대화에 끼지 못하거나 공감하는 관심사가 없어 어색해하는 친구를 대상으로 분위기를 띄운다. 모임에 처음 나왔거나 내성적인 친구는 말 많은 녀석들 틈에 조용히 앉아있는 경우가 많은데, 나는 그런 친구들에게 다가가 술잔을 주고받으며 말을 건넨다. 되도록 친구가 길게 말할 수 있는 질문을 던지는 편이다. 이렇게 한 사람도 소외되지 않도록 배려한 덕분에 이 모임은 오래도록 지속되고 있다.

고등학교 동창모임도 비슷하다. 정기적인 모임은 아니지만 일 년에 2~3회 정도 만나고 있다. 나는 이 모임의 총무가 되기로 자청했고 내가 친구들의 참석여부를 파악해 장소와 시간을 정해 통보한다. 이모임도 내가 주선하지 않으면 누가 먼저 나서서 만나자는 제안을 하지 않는다. 결국 이 모임에서도 분위기 메이커는 바로 나다.

최근에 늦게 결혼한 친구가 있었다. 모처럼 친구들이 한자리에 모였다. 결혼식이 끝나고 우리는 결혼한 친구 집들이 때 다시 모이자고 약속했다. 그런데 결혼한 친구가 사정이 있어 집들이를 할 수 없다고 했다. 친구들은 아쉬워하면서 화살을 나에게 돌렸다.

"집들이는 너희 집에서 하자!"

결국 친구들이 우리 집에 쳐들어와서 즐거운 하루를 보냈다. 아내는 싫은 내색 없이 음식을 준비해 주었다. 이 정도쯤이야 나의 보물 같은 친구들에게 얼마든지 해줄 수 있다.

각 분야 전문가를 폭넓게 사귄다

나는 혼자 외근을 하거나 출장을 갈 때 지인들에게 전화를 많이 한다. 정기적으로 전화하는 사람들은 그룹을 만들어놓고 순차적으로 전화를 하는데, 이렇게 하면 최소한 두 달에 한 번 정도는 안부 전화를 할 수 있다. 통화를 하면서 알게 된 사실은 따로 메모를 해둔다. 그러면 다음번에 전화할 때 상대방의 생일이나 결혼기념일, 자녀 이름, 취미 등을 기억해서 말할 수 있고 호감을 불러일으키기도 한다. 이렇게 나는 세심하게 사람을 챙기려고 노력한다.

연말에는 특별 관리하는 지인들에게 책을 선물하고 있다. 이번 연말에는 내가 쓴 이 책을 선물할 수 있어서 얼마나 기대가 되는지 모른다.

내가 지인들과 자주 연락하고 좋은 관계를 쌓아가는 이유는 언젠가 그들이 나에게 도움을 줄 거라는 믿음 때문이기도 하다. 굳이 도움을 받으려고 지인들에게 관심을 갖는 것은 아니지만 나중에 무엇이든 내가 스스럼없이 물어볼 수 있는 지인이 있기를 바라기 때문에 다양한 분야의 사람들과 인맥을 공유하고 있다.

지인들은 어떤 분야든 만나고 싶은 사람이 있으면 나에게 전화를 걸어 소개해달라고 부탁한다. 나는 그때마다 친절하게 내 지인을 소개해주고 같이 만나서 미팅을 갖기도 한다. 소개시켜 준 사람도 나에게 고마워하고 소개받은 사람도 나에게 고마워한다.

나는 이런 인맥관리를 좋아한다. 그러다보니 내가 잘 모르는 분야가 있을 때 전화 몇 통만 걸어도 궁금했던 것을 금방 파악할 수 있다. 이것이 바로 나의 인맥 엔진이다. 나는 앞으로도 폭넓게 사람들을 사귀고 그들과 소통할 것이다.

나의 인맥관리의 최종 목표는 지인 중에서 각 분야의 전문가들을 한 명씩 선발하여 드림팀을 만드는 것이다. 예를 들면 법무사, 변호사, 의사, 공인중개사, 시청 공무원, 사업가, 건축업자, 토목설계사, 건축설계사, 자본가, 교사나 교수, 은행가, 언론인 등이다. 이 모임을 통하여 서로 필요한 정보를 공유할 수 있을 것이다. 그렇다고 불법적인 청탁을 위한 모임을 갖겠다는 것은 절대 아니다. 이 모임은 혼자 해결하기 어려운 문제가 있을 때 전문가의 도움을 받기 쉽도록 하는 데 그 목적이 있다. 가족이 아플 때 어느 병원이 전문병원인지 물어 볼 수 있고, 대출이 필요할 때 전화로 대출 가능 여부를 확인할 수 있으며, 변호사에게 법률 상담을 할 수도 있을 것이다. 각자의 전문분야에서 일하다가 도움이 필요한 사람에게 손길을 내미는 일은 아름다운 것이다. 나는 이런 모임을 만들어서 분위기 메이커가 되고 싶다.

도움을 주고받으며 협력하라

내 사업 분야는 전문적인 기술이 필요한 고부가가치 직종이다. 나는 자동차 부품을 생산하는 무인 기계를 만드는 일을 하고 있다. 주문 생산 방식으로 이루어지고 있어 세상에 하나밖에 없는 기계를 만드는 경우가 많다. 나는 이 분야에서 30년간 일을 했으며 8년 전 사업을 시작했다.

나는 그동안 기술력이 뛰어나기 때문에 많은 일을 수주할 거라고 생각했다. 하지만 그것은 나의 착각이었다. 사업은 기술력만으로 하는 것이 아니다. 사업은 사람과 사람 간의 관계에서 시작되고 기술은 수주가 이루어지고 나서 평가받는 것이란 것을 나중에야 알았다. 아무리 기술이 좋아도 장비를 수주하지 못하면 금방 도산하고 만다.

나는 직장생활을 하면서 알고 지낸 지인들을 통해서 장비를 수주할 수 있었다. 그분들의 도움으로 이제는 안정적인 회사 운영 구조를 갖추고 일하게 되었다. 처음에 직원이 두 명뿐인 회사에 일을 주는 것이 그들로서는 힘든 결정이었을 것이다. 나는 그분들에게 항상 감사한 마음을 가지고 있고 어떤 보답을 해야 하는지도 잘 알고 있다.

인간은 사회적 동물이므로 혼자서는 살 수 없다. 어느 철학자의 말을 빌리지 않더라도 우리가 살아가는 사회는 어떤 직종이든지 사람들과 어울려 도움을 주고받으면서 운영될 수밖에 없다. 나 혼자 뛰어다닌다고 할 수 있는 일은 아무것도 없다. 서로 협력하고 도움을 주고받아야 일이 돌아간다. 내 주변의 사람들이 나의 보물임을 명심하고 아끼고 사랑하며 살아가야 한다.

39

부자는 절세 전문가다

자산투자를 하다보면 자산이 증가할 때마다 세금도 늘어나게 마련이다. 처음 자산을 취득할 때는 기분 좋게 세금을 납부한다. 점차적으로 자산이 증가하고 납부해야 할 세금 또한 많아진다. 세금 납부에 부담을 느끼고 절세하는 방법을 알아보면 자산의 명의를 변경해야 혜택을 받을 수 있는 상황이 벌어진다.

자산은 조금씩 느리게 증가하기 때문에 우리는 이러한 정보를 모르고 넘어가는 경우가 많다. 특히 부자들만 납부한다는 종합부동산세의 경우에는 취득 당시 적절히 명의를 배분하여 취득하면 세금을 불필요하게 납부하지 않을 수도 있다. 하지만 무조건 부부가 자산을 골고루 배분하는 것이 좋은 것만은 아니다. 외벌이 부부는 남편의 직장의료보험에 아내와 자녀들이 가입되어 있다. 하지만 아내의 명의로 수익형 부동산을 취득하면 소득이 발생하여 국민연금, 건강보험을 별도로 납부해야 하는 상황이 벌어진다. 이렇게 복합적인 문제점이 있기 때문에 수익형 부동산에 투자하기 전부터 세금의 원리를 알아야 한다. 나 역시도 세금 문제를 사전에 공부하지 않아서 많은 손해를 보았다.

자산이라고는 사는 집밖에 없는 사람들은 부자들의 행복한 고민이라고 생각하며 관심을 갖지 않으려고 할 것이다. 그러나 사람의 일은 모르는 것이다. 미리미리 공부하여 나와 같은 실수를 범하지 않기를 바란다.

우리의 모든 상거래에는 세금이 부과된다고 생각하면 맞을 것이다. 세금의 종류는 많지만 자산투자에 필요한 세금만 정리하여 설명하겠다.

취득세, 등록세

정부에서는 대부분의 국토를 조정지역으로 묶어 놓고 2주택자 8%, 3주택자 12%의 세금을 납부하라고 한다. 법인은 12%를 적용받는다. 세금을 올렸으니 돈 없으면 부동산시장에 들어오지 말고 빠지라는 것이다. 특히 법인은 이제 다주택을 보유하지 말라는 것과 같다.

취득원인	구분	조정지역	非조정지역
유상	1주택	• 6억 이하: 1%	
		• 6억 초과 9억 이하: 1~3%	
		• 9억 초과: 3%	
	2주택	8%	1~3%
		(일시적 2주택 제외)	
	3주택	12%	8%
	법인 · 4주택~	12%	12%
무상(상속제외)	3억 이상	12%	3.50%
	3억 미만	3.50%	3.50%

취득세율 계산 기준(2020년 7.10대책)

종류	구분		취득세(%)	농특세(%)	교육세(%)	합계(%)
1주택 (일시적 2주택)	6억 이하	85㎡ 이하	1	–	0.1	1.1
		85㎡ 초과	1	0.2	0.1	1.3
	6억 초과 9억 이하	85㎡ 이하	Y= 2/3X −3 Y: 세율(%) X: 거래금액(억)			1.01~2.99 +농특세/교육세
		85㎡ 초과				
	9억 초과	85㎡ 이하	3	–	0.3	3.3
		85㎡ 초과	3	0.2	0.3	3.5
2주택 (非조정 3주택)	–	85㎡ 이하	8	–	0.4	8.4
		85㎡ 초과	8	0.6	0.4	9.0
3주택 (非조정 4주택)	–	85㎡ 이하	12	–	0.4	12.4
		85㎡ 초과	12	1.0	0.4	13.4
법인	–	85㎡ 이하	12	–	0.4	12.4
		85㎡ 초과	12	1.0	0.4	13.4
주택 외	–	–	4	0.2	0.4	4.6

종합소득세

구입한 수익형 부동산에서 임대료가 들어오고 있다. 이제는 근로소득과 자산소득을 받고 있다. 봉급생활자이면서 자본가의 길을 가고 있는 것이다. 1월에 근로소득에 대한 연말정산을 통해 소득세를 납부했고 5월에 종합소득세를 납부해야 한다.

5월에 신고하는 종합소득세는 근로소득과 임대소득을 합산하여 다시 세금을 산정한다. 다시 말해 이미 납부한 근로소득세 납부내역에 임대소득을 추가하여 세율에 맞게 세금을 납부하는 것이다. 당연히 근로소득 세율이 15%인 경우는 임대소득도 15%이다. 간혹 임대소득이 높아 15%에서 24%로 올라가는 일이 발생하고 세금 폭탄을 맞을 수도 있다.

근로소득이 많으면 임대소득에 대한 세금도 같이 많아진다. 그러므로 부동산 취득 당시 부부 중 소득이 적은 사람 앞으로 명의를 하는 것이 유리하다. 하지만 아내가 소득이 없는 경우에는 남편의 근로소득과 임대소득을 합산한 세금, 아내의 국민연금, 건강보험료, 종합소득세를 합한 금액을 비교하여 선택해야 한다. 취등록세와 달리 매년 내야 하는 세금인 종합소득세는 더욱 신중히 준비해야 한다.

종합부동산세

종합부동산세는 다주택자에게는 벌금과 같은 세금이다. 가장 무서운 이유는 매년 납부해야 하기 때문이다. 한번 납부하기 시작하면 공시지가가 계속 올라서 매년 급속도로 세금이 늘어날 수밖에 없다. 2021년 12월 종합부동산세 고지서가 발급되고 불만의 소리가 여기저기서 터져 나왔다.

종부세 부과 기준은 재산세와 같이 6월 1일이다. 그전에 종부세를 미리 계산해보고 방향성을 찾아야 한다. 고지서를 받고 그때 가서 놀라고 후회해서는 안 된다. 이미 고지서가 나온 뒤에는 해결 방법이 없다. 나에게 좋지 않은 정책이라도 정부를 탓하기 전에 발 빠르게 이해하고 이성적으로 해결책을 마련해야 한다. 법인의 종부세율은 상상을 초월한다. 개인에게는 인당 6억의 기본공제가 있지만, 법인은 그런 것도 없다. 절세를 위해 공부해서 법인을 만들었더니 완전 세금폭탄이라니!

종합부동산세 세율 인상

	2주택 이하			3주택 이상, 조정대상지역 2주택		
	2020년	2021년		2020년	2021년	
3억 이하	0.5%	0.6%		0.6%	1.2%	
3억 초과 ~ 6억 이하	0.7%	0.8%		0.9%	1.6%	
6억 초과 ~ 12억 이하	1.0%	1.2%	3.0% (법인)	1.3%	2.2%	6.0 (법인)
12억 초과 ~ 50억 이하	1.4%	1.6%		1.8%	3.6%	
50억 초과 ~ 94억 이하	2.0%	2.2%		2.5%	5.0%	
94억 초과	2.7%	3.0%		3.2%	6.0%	

양도소득세

양도소득세의 경우는 2020.7.4 부동산 대책 이전, 1년 미만에 양도하는 주택은 70%, 2년 미만은 60%를 부과하겠다고 이미 공표해놓은 상태다. 물론 양도차익에 대한 세금이지만 놀라운 세율임에 틀림없다.

세금은 여러분이 부자가 될수록 많아질 것이다. 부자들이 세금을 많이 내는 것 또한 바람직한 일이다. 앞으로 새로운 법을 만들어 부자에게 더 많은 세금을 걷어서 서민들에게 좋은 혜택이 돌아가길 바란다. 하지만 세금에 대해 무지하여 불필요한 세금을 납부할 필요는 없다. 모든 부자들은 세금의 부과 방법과 원리, 절세하는 방법을 잘 알고 있다. 여러분도 부자가 될 것이 분명하기 때문에 세금을 공부해야 한다.

40

증여와 상속을 준비하는 법

아버지와 한 약속을 지키련다

증여세와 상속세는 나와 거리가 먼 세금이다. 아버지가 돌아가시기 전에는 증여와 상속에 대해 생각해본 적이 없다. 자식들에게 해준 것이 없다고 자책하며 사셨던 아버지가 11년 전에 돌아가셨다. 평생을 건축현장에서 막일을 하시며 자식들을 키웠고 제대로 된 여행 한 번 못하시고 일찍 돌아가셨다.

장례를 치르고 누나와 의논을 했다. 나는 아버지가 남기신 시골집과 논은 어머니에게 상속하고, 상속에 필요한 경비는 아들인 내가 부담하겠다고 했다. 그리고 누나에게 한 가지 제안을 했다. 나중에 어머니가 돌아가시면 그 재산은 모두 누나에게 주고 싶다고 했다.

누나는 한참 생각하더니 "아버지의 재산은 어머니 것이기도 했어. 재산의 주인은 어머니이니 증여를 해 주는 것도 어머니가 결정하시는 게 맞아."라고 했다.

그렇다. 부부의 재산이었고 어머니의 재산은 어머니가 결정해야 하는 것이다.

아버지 생각이 나서일까. 이 글을 쓰고 있는데 눈물이 너무 나서 글을 쓰기가 힘들 정도다.

내가 첫 월급을 받던 날에 아버지와 한 약속이 있었다. 나는 자수성가해서 아버지께 성공한 모습을 보여드리겠다고 했다. 자식이 효도하고자 하나 부모는 기다려주지 않는다고 했던가. 아버지는 내가 약속한 성공을 이루기 전에 돌아가셨다.

나를 늘 자랑스럽게 여기셨던 아버지. 아버지와 한 약속을 지키기 위해 열심히 산 시간은 내게는 너무나 더디게 흘러갔는데, 아버지의 시간은 너무나 빨리 흘러간 것이다. 아버지 살아생전에 성공한 모습을 보여드리지는 못했지만 아버지와 한 약속은 계속될 것이다. 나는 반드시 성공한 부자의 길을 갈 것이다.

회사를 다니면서 야간대학에 들어가야겠다고 결심을 하고 원서를 냈다. 합격자 발표를 보기 위해 퇴근을 하고 아버지와 같이 안성에 있는 학교로 갔다. 합격자 명단에 내 이름이 있는 것을 보시고 아버지는 무척이나 행복해 하셨다. 나도 기뻤다. 좋아하시는 아버지가 곁에 있어 더욱 행복했다. 집에 돌아와 잠을 자려고 하는데 아버지가 나를 불렀다.

"부끄럽구나……."

아버지는 흰 봉투를 슬그머니 내 앞에 놓아주셨다. 돈이 없어 등록금을 계속 줄 수는 없지만 첫 등록금이라도 내주고 싶으셨던 것이다. 나는 아버지가 주신 돈 봉투를 돌려드리며, 등록금 낼 돈은 충분히 있으니 걱정하지 말라고 했다.

아버지는 봉투를 다시 받고는 아무 말 없이 돌아앉으셨다. 첫 등록금만은 내주고 싶으셨던 부모의 심정을 야멸차게 뿌리친 불효한 자식. 지금 돌이켜보면 부모의 마음을 헤아리지 못한 내가 너무나 원망스럽다. 다시 그 시절로 돌아간다면 "아버지, 고맙습니다." 넙죽 절을 하면서 좋아 어쩔 줄 몰라 할 것이다.

장난삼아 어머니를 등에 업고 그 너무나 가벼움에 눈물이 나서 나는 세 발자국을 걷지 못했노라.

일본 작가가 쓴 '어머니'라는 시가 있다.

아버지가 돌아가신 다음에야 나는 철이 조금 들었을까. 주말이면 어머니 집에서 저녁을 먹는다. 혹자는 "부자가 된 지금도 부모님 집에 가서 저녁을 먹어 부식비를 절약하나! 그게 효도냐! 지독한 놈! 앉은자리 풀도 안 나게 생긴 놈일세!" 이렇게 혀를 차셨으리라.

그렇다. 나는 부자가 되었다. 주말이면 가족과 함께 홀로 계신 어머니에게 간다. 내일모레면 쉰을 바라보는 나는 어머니 앞에서 철부지 어린애가 된다.

"엄마, 엄마가 해주는 부침개는 색시가 해 주는 것보다 맛있어. 울 오마니~ 부침개 해 주셩~"

나는 어리광을 부리며 장난삼아 어머니를 등에 업고 마당을 한 바퀴씩 돌곤 한다. 고생만 하시다가 일찍 돌아가신 아버지 생각이 나서 눈물이 나고, 내가 장난삼아 업어드릴 수 있는 어머니가 살아계셔서 얼마나 다행인지 몰라 눈물이 난다. 가난하고 못 배운 나의 부모님. 나는 세상 누구보다도 나의 부모님을 존경하고 사랑한다.

"엄마, 건강하게 오래오래 사셔~. 그래야 내가 엄마한테 저녁을 얻어먹지. 부식비도 절약되고 나는 더 부자가 되는 거잖아~."

자녀들에 대한 증여와 상속 방법

이제는 부모님에게 상속이나 증여를 받을 나이에서 나의 자녀들에게 증여와 상속을 생각하는 나이가 되었다. 어떻게 자녀들에게 증여하고 상속할 것인가.

요즘 어르신들이 자식에게 살고 있는 집까지 모두 증여한 후의 뉴스들이 자주 등장한다. 자식은 집을 팔아 부모를 내쫓고 어디론가 사라지는 일이 비일비재하다고 한다. 길거리에 나앉은 부모는 자식에게 재산반환신청을 하여 천륜이 원수가 되기도 하고, 자식들끼리 서로 부모의 재산을 더 차지하겠다고 칼부림이 난다. 재산 잃고 자식 잃고 거리로 떠도는 노인들의 뉴스를 접할 때면 마음이 착잡해진다.

나는 이것에 대한 해답으로 가족법인을 설립했다. 지금 운영하고 있는 회사는 법인회사. 하지만 나의 회사를 자식들에게 물려주고 싶은 마음은 없다. 우리나라 모 기업인들처럼 능력 없고 관심 없는 자식에게 물려주는 것은 바람직한 방법이 아니라고 생각한다. 나 역시도 자녀들의 적성과 무관한 나의 사업을 물려주고 싶은 생각은 추호도 없다. 그들이 성장해 가면서 하고 싶은 일을 하며 즐겁게 살기를 바랄 뿐이다.

나는 회사를 우리 직원 중 가장 운영을 잘할 수 있는 직원에게 넘겨주고 싶다. 그리고 스톡옵션으로 주식 또한 넘겨줄 생각을 하고 있다. 그리고 50세가 되기 전에 우리 가족 모두 공평한 지분을 가지고 있는 법인을 설립할 것이다.

미성년자인 자녀들에게는 증여를 통해 지분을 나누어 주었으며, 물론 합당한 증여세를 납부할 것이다. 이렇게 만들어진 임대법인에 나는 부동산을 취득하도록 개인자금을 빌려줄 것이다. 그리고 법인에서 발생한 임대수익으로 나에게 이자와 원금을 오랜 시간 갚아 나가도록 만들 것이다. 언젠가 원금을 다 갚는다면 법인의 자산은 증가했을 것이다. 그때가 되면 우리 가족은 많은 수익형 부동산을 가지고 있는 법인의 주인이 되리라.

나는 가족법인을 통해 가족이 화합하고 각자 하고 싶은 일을 즐겁게 하면서 살 수 있도록 도움을 주자는 데 목적을 두고 있다. 세월이 흘러 내가 죽는다면 우리 자녀들은 나의 법인 지분에 대한 상속세를 내면 모든 상속은 끝난다. 그 이후 법인 운영은 잘하든 못하든 자녀들의 몫이다.

41

자녀에게 물려주고 싶은
부자의 길

부모의 응원이 최고의 증여이며 상속이다

나는 아들딸 둘을 낳아 키웠다. 두 아이 모두 나를 닮아 근거 없는 자신감이 하늘을 찌른다.

큰딸은 항상 큰소리를 떵떵 친다. 공부하는 방법을 다 알았다는 둥, 올백은 따 놓은 당상이라는 둥, 시험이 코앞에 닥쳐와도 큰소리치며 공부도 하지 않는다. 그런데 막상 결과를 보면 큰소리처럼 올백은 없다. 이제 아내와 나는 딸의 말은 콩으로 메주를 쑤어도 믿지 않는다. 기대만큼 실망도 크기 때문이다.

아들 녀석은 한 술 더 뜬다. 초등학교를 졸업할 때까지 시험 보는 날을 기억하지 못했다. 그러니 시험점수야 빤하지 않을까. 6학년 마지막 시험은 잘 봐야겠다고 단단히 별렀다. 그런데 또 시험 보는 날을 착각하여 시험을 망쳤다.

결론적으로 두 아이 모두 공부를 못한다. 하지만 나는 아들에게 시험을 못 봤다고 혼낸 적은 없다. 아내 역시 성적 때문에 아이들에게 회초리 드는 일은 한 번도 없었다. 아내와 나는 자녀의 성적의 법칙을 알고 있다.

아빠 성적+엄마 성적/2=자녀의 성적(오차 범위 ±10%)

이 법칙을 기억하며 부모로서 스트레스 받지 말아야겠다고 마음먹었다.

가난을 원망했던 어린 시절에 직장 선배가 알려준 칭기즈칸 어록을 읽고 느낀 점이 많았다. 내 자녀들도 이 글을 보고 내가 느꼈던 감정을 조금이나마 느꼈으면 좋겠다.

집안이 나쁘다고 탓하지 말라.

나는 아홉 살 때 아버지를 잃고 마을에서 쫓겨났다.

가난하다고 말하지 말라.

나는 들쥐를 잡아먹으면서 연명했고,

목숨을 건 전쟁이 내 직업이고 내 일이었다.

작은 나라에서 태어났다고 말하지 말라.

그림자 말고는 친구도 없고 병사로만 10만.

백성은 어린애, 노인까지 합쳐 2백만도 되지 않았다.

배운 게 없다고 힘이 없다고 탓하지 말라.

나는 내 이름도 쓸 줄 몰랐으나

남의 말에 귀 기울이면서 현명해지는 법을 배웠다.

너무 막막하다고 그래서 포기해야겠다고 말하지 말라.

나는 목에 칼을 쓰고도 탈출을 했고,

뺨에 화살을 맞고 죽었다 살아나기도 했다.

적은 밖에 있는 것이 아니라 내 안에 있었다.

나는 내게 거추장스러운 것을 깡그리 쓸어버렸다.

나를 극복하는 순간 나는 칭기즈칸이 되었다.

나는 자신감 넘치는 자녀들을 사랑한다. 그리고 아이들이 학교를 졸업하면 할 일이 많다. 아이들에게 내가 알려줘야 할 것들이 많이 있기 때문이다. 부동산 계약하는 법, 주식 사는 법, 흥정하는 법, 월급 관리하는 법, 자산을 키우는 법 등을 알려주리라.

아빠와 함께 고민하며 주식투자, 부동산투자 하면서 성공의 기쁨도 맛보겠지만 실패의 쓴잔을 마시며 인생 앞에 겸손함도 배우게 되리라.

주식투자며 모든 경비는 우리 가족 법인에서 지출할 것이다. 법인을 통해 돈이 어떻게 움직이고 있는지를 자녀들이 눈으로 보고 체험

하며 자연스럽게 경제를 알아가도록 말이다.

시간을 내어 온 가족이 함께 여행도 많이 다니고 싶고, 정치·경제·문화 등 다양한 사회적 이슈들을 놓고 한 치의 양보 없이 치열하게 토론도 벌이고 싶다.

자수성가해서 부자가 되는 것은 말처럼 쉬운 것이 아니다. 고통스럽고 남들에게 이상한 행동을 한다고 손가락질을 받아 가며 살아야 부자가 될 수 있는 것이다.

내가 힘들게 살아왔던 터라 자식에게는 나의 전철을 밟게 해 주지 않으려 내 경험을 가르쳐 준다지만 솔직히 두렵다. 나의 방식이 모두 맞을 수는 없고, 가르쳐 준다고 모든 인생이 성공하지는 않기 때문이다. 설령 실패했을지라도 고군분투하며 슬기롭게 극복해 나갈 수 있도록 뒤에서 응원해주리라. 부모의 절대적인 응원이 사랑하는 자녀에게 줄 수 있는 최고의 증여이며 상속이 아닐까.

부모가 걸어왔던 길처럼

화제의 드라마였던 〈응답하라 1988〉에서 아빠 성동일과 딸 덕선의 대화를 보며 느낀 점이 많았다. 딸의 생일을 챙겨주지 못해 미안한 아버지가 이렇게 말했다.

"너의 아빠도 태어날 때부터 아빠가 아니었어. 아빠도 아빠가 처음인께…… 우리 딸 쪼까 봐줘……."

그렇다. 우리네 인생은 연습이 없다. 우리 모두는 처음 인생을 살고, 모든 과정이 처음인 것이다. 때문에 연발 실수를 하며 사는 게 아닐까.

나도 아빠가 처음이고 아내도 엄마가 처음이다. 자식들이 보기에는 완벽해 보이는 아버지 어머니일지 몰라도 모르는 것이 많아 두려움을 느끼며 하루하루 살아가는지도 모르겠다.

나는 이제 삶의 두려움을 자식에게 들키지 않으려 씩씩한 모습만 보이려고 애쓰지 않으리라. 내가 사는 동안 남편과 아버지로서의 역할에 최선을 다하겠지만, 나는 남편과 아빠이기 이전에 나의 인생으로서의 길도 최선을 다하리라.

나는 아직 내가 정한 목표에는 도달하지 못했다. 나는 분명 더 멋진 목표를 향해 두려움 가득한 저 강을 건너가는데 주저하지 않으리라. 그러나 지금껏 살아왔던 것처럼 애쓰지 않으리라. 천천히 주위도 둘러보면서 신의 가호에 감사드리며 겸허한 자세로 인생의 강을 건너가리라.

나는 희망한다. 나의 사랑스러운 자녀들이 어른이 되어 내가 가르쳐준 방법을 모태로 그들만의 더 나은 시스템을 만들어 나보다 일찍 은퇴할 수 있기를. 하여 남에게 돈을 꾸어 줄 만큼 부유하지 않고, 남에게 돈을 꿀 만큼 가난하지 않게 살아가기를.

세상 무엇보다도 정신이 건강하며, 당차게 인생을 살아가되 교만하지 않고 겸손하며, 남을 이해하는 넓은 아량과 자신을 다스릴 줄 아는 성숙한 인품이기를. 인생 앞에 엄숙하되 유머 또한 잃지 않고 인생을 즐길 줄 아는 어른이 되어가기를.

사회의 일원으로서 사회적 약자들을 위해 기부도 하고 봉사도 하며 그들과 더불어 행복한 삶을 살아가기를.

너의 부모가 걸어왔던 길처럼…….

수익형 투자는 느리지만
반드시 부자가 되는 공식이다

42

느리지만 확실히
부자가 되는 방법, 수익형 투자

많은 사람이 매일 시간을 내서 재테크를 공부하고 있다. 재테크 관련 서적을 읽고, 재테크 카페에 가입하여 앞서간 고수들의 너스레 섞인 글을 보며 하루빨리 부자가 되기를 꿈꾼다. 주식, 부동산, 코인 등에 나만의 필살기를 만들어 최고의 투자를 하기 위해 열심히 노력한다.

하지만 현실에서 부자가 되는 길은 너무나 멀고 험하다. 소유한 자산은 기대한 것과는 달리 증가하지 않고 심지어 투자에 실패하여 그나마 모은 자산이 반토막 나는 경우도 종종 있다. '이번 생은 틀렸구나.' 한숨을 내쉬며 좌절한 게 한두 번이 아닐 것이다.

왜 이렇게 재테크는 어려운 것일까? 왜 투자하면 각종 규제가 생기고, 좋았던 시장이 폭락하는 것일까? 나만 불운의 아이콘인가?

누구나 부자가 되고 싶은 욕망이 있다. 얼마나 드러내고 실천하느냐, 아니면 조용히 공부만 하느냐의 차이지 부자가 되고 싶지 않은 사람은 거의 없을 것이다.

자, 지금부터 부자가 된 사람을 상상해보자. 건물주가 된 지인이나, 한 번도 직접 만난 적은 없지만 수십억짜리 빌딩을 소유한 인기 연예인 등을 떠올려보자. 특히 학창 시절에 나보다 공부도 못하고 존재감도 없던 동창이 중심상권에 건물주가 되었다는 소식을 들으면 우리는 부러움을 느끼는 동시에 멀쩡하던 배가 아프기 시작한다. 단순히 친구가 구입한 아파트값이 2배로 올랐다거나, 코인에 투자했는데 몇억 원을 벌었다는 소식을 들었을 때와는 비교할 수 없는 질투심에 사로잡혀 억제할 수가 없을 정도다.

우리는 건물주가 된 사람의 얘기를 들으며 '진짜 성공했구나, 진짜 부자가 되었구나.'라고 감탄하면서 한편으로는 강한 질투심이 뱀처럼 머리를 들고 일어난다. 그런데 우리가 세운 목표에 그토록 부러움의 대상인 건물주가 되는 게 있는가? 건물주가 되기 위해 매일 재테크 공부를 꾸준히 하고 있는가? 빌딩을 구입하는 것을 상상하고 매일 그 상상을 현실로 만들 방법을 실천하고 있는가?

어쩌면 건물주가 되고, 빌딩을 소유하는 것은 내 형편으로는 넘사벽이라 여기며 이번 생에는 불가능한 일로 받아들이고 있는지도 모르겠다. 아무리 노력해도 도저히 뛰어넘을 수 없는 일이라고 단정 짓고 이미 포기했는지도 모르겠다. 심지어 건물주가 되는 꿈을 말하는 친구를 "꿈도 야무지다."며 비웃음에 찬 눈으로 바라보고 있는지도 모르겠다.

나 역시도 30대 초반에는 머지않아 건물을 소유할 거라는 생각을 단 한 번도 하지 않았다. 내 형편에는 절대로 있을 수 없는 일이라고만 여겼다. 하지만 그로부터 10여 년 후에 나는 건물을 여러 개 소유하고 있고 이제는 빌딩을 신축하려고 공부하고 있다. 내가 단순히 운이 좋아서 가능했던 일이었을까?

나는 고등학교를 졸업하자마자 중소기업에 다녔으니 대졸자보다 월급이 훨씬 적었다. 부모님이 물려주신 유산이나 증여는 하나도 없었다. 나는 재테크 공부를 하면서 투자에 눈을 떴고 수익형 자산에만 투자해야겠다는 확신을 얻었다. 투자를 할 때 보통 사람과 내가 다른 점이 있었다면, 나는 시세차익을 노리지 않고 매달 현금이 들어오는 수익형 자산에만 투자했다는 것이다.

지난 몇 년간 투자자산들은 많은 상승을 보이는 불장(Bull Market)이었다. 부동산(아파트), 주식, 코인 가격이 많이 올라 사람들은 투자자산 공부에 열을 올렸다. 하지만 나는 그 불장 가운데서도 20년간 지속해온 수익형 자산에만 투자했으며, 지금도 수익형 투자자산만 공부하고 강의하고 있다.

불장 속에서 많은 사람이 고리타분하게 보이는 투자를 계속 고집하는 나를 비웃었다. 내가 걱정되었는지 주변의 투자자들은 이제 수익형 투자는 그만하고 소유하고 있는 자산으로 강남의 아파트를 사라고 조언해주기도 했다. 언제까지 소유한 건물에 가서 도배하고 수리나 해주면서 살 거냐고 놀리기도 했다. 내가 1년 동안 받은 월세보다 아파트 가격이 더 많이 올랐기에 하는 말이었을 것이다. 하지만 나는 차익형 투자가 사막의 신기루와 같다는 것을 잘 알고 있다.

우리가 돈을 벌기 위해 공부하는 주식, 코인, 부동산(아파트) 투자 등은 모두 차익형 투자다. 그러나 최종적으로 부자가 되는 것은 차익형 투자로 이루어질 수 없다. 단지 부자가 되는 과정 중에 종잣돈 마련을 위한 일종의 수단일 뿐이다. 이것만으로 부자가 되기 쉬운 세상이 절대로 아니다. 만약 차익형 투자를 잘해서 부자가 되었더라도 계속 그 자산을 지키기 위해서는 살얼음판 같은 자산시장을 공부하면서 두려움에 떨어야 할 것이다.

최근 몇 개월 동안 부동산, 주식, 코인 할 것 없이 차익형 자산은 급락하고 있다. 내가 소유한 수익형 자산도 하락했을 수도 있다. 그 이유가 바로 금리 인상인 것을 알고 있다. 급속도로 금리를 인상하고 있어 투자자산들이 모두 얼어붙었고 하락장이 가파르게 시작되고 있다.

하지만 나의 수익형 자산은 오히려 더 많은 현금흐름을 만들어내고 있다. 투자자산이 계속 일하고 있으며 앞으로도 지속될 것을 나는 믿는다.

수익형 투자자산은 느리지만 계속 일한다

부자가 되려면 단순히 꿈을 꾸는 것에서 멈추지 말고 목표를 만들고 실행해 나가야 한다. 물론 꿈을 꾸는 단계는 중요하지만 꿈만 꾸어서는 절대로 부자가 될 수 없다. 꿈이 현실이 되게 목표를 설정하는 계획이 필요하다.

이루고 싶은 목표를 계획하려면 2가지 요소를 알아야 한다. 하나는 금액이고 또 하나는 기간이다. 예를 들어, 주식에 투자할 때는 내가 산 주식이 2배가 오르면 팔아서 이익을 실현해야겠다는 목표를 설정할 수 있다. 그런데 이 목표를 이루는 시점은 언제인가? 목표 금액은 있지만 기간을 설정하기 어렵다. 가령 1년이라는 기간을 목표로 설정했다고 하자. 그럼 이것은 정말 실현 가능한 기간일까? 내가 노력하면 기간이 단축되고 목표가 실현될까? 이 기간은 경제와 정치 그리고 대내외적인 상황에 따라 얼마든지 달라질 수 있다. 내가 목표를 설정하고 노력한다고 이루어지는 것이 아니다.

반면에 목표를 제대로 설정하고 목표를 이룰 수 있는 유일한 투자가 있다. 그것은 바로 수익형 자산에 투자하는 것이다. 단순히 사칙연

산만으로도 내 자산의 증가를 예측할 수 있다. 완전히 정확하지는 않지만 다른 자산과 비교하면 예측률이 매우 높다.

수익형 자산에 계속 투자하기로 계획을 세웠다면, 나의 자산이 10년 후에 또는 20, 30년 후에 얼마나 증가할지 미리 계산할 수 있다. 그러므로 경제적 독립으로 언제 조기 은퇴할 수 있는지 실감할 수도 있을 것이다.

매달 일정 금액의 돈이 일하지 않아도 내 수중에 들어온다는 상상만으로도 즐거울 것이다. 그리고 매달 들어오는 현금이 나의 월급보다 많아진다면 지긋지긋한 직장생활에 매이지 않아도 된다. 매일 잔소리하는 까칠한 상사의 얼굴을 더는 보지 않아도 된다. 상상만으로도 행복하지 않은가? 그런데도 사람들이 수익형 자산에 투자하려고 덤벼들지 않는 이유는 자산의 성장 속도가 느리기 때문이다. 사람들의 대다수는 수익형 자산의 성장 속도가 느린 것만 보고 달콤한 투자의 맛을 외면한다.

특히 우리나라 사람들의 특징인 '빨리빨리 문화'에 비추어보면 크게 와닿지 않는 투자인 것이다. 우리는 빨리 부자가 되고 싶어 한다. 수익형 투자가 느리게 성장하지만 확실히 부자가 되는 방법이라고 알려줘도 하지 않는다.

우리가 갈망하는 수익형 투자이면서도 빨리 부자 되는 투자처가 있을까? 단언컨대, 빨리빨리 수익이 나면서 투자자산의 가치가 하락하지 않고, 매달 많은 현금흐름을 안겨주는 투자자산은 없다. 만약 있다고 한들 보통 사람이 가지고 있는 돈으로는 살 수 없는 자산일 것이다.

　뉴욕 증권거래소 앞 광장에는 총 3,200kg의 동으로 만든 황소 동상이 있다. 주식과 황소는 무슨 연관성이 있을까? 황소는 뒷걸음을 칠 수 없는 동물이라고 한다. 실제로 그런지는 모르겠지만 주식이 뒷걸음치지 말고 앞으로만 성장하라는 의미로 황소 동상이 세워졌을 것이다. 하지만 주식시장의 회복과 번영을 기원하기 위해 세워진 황소 동상과 관계없이 주식은 연일 등락을 거듭하고 있다. 황소처럼 느리지만 뒷걸음치지 않는 투자자산은 주식이 아니라 수익형 자산이다.

　우리는 지금이라도 느리지만 현금흐름이 발생하고, 내가 투자한 돈을 지킬 수 있는 투자를 해야 한다. 내 돈이 매달 내가 일하지 않아도 증가한다면 부자가 되어가고 있는 것이고 반드시 부자가 될 수 있다. 속도가 느리다고 불평하지 말고 계속 앞으로만 천천히 가다 보면 자산이 증가하는 속도는 점차 빨라질 것이다. 그리고 어느 순간에는 자산이 증가하는 속도가 너무 빨라져서 브레이크를 밟아도 멈추지 않는 자산이 만들어질 것이다. 여러분이 나와 같은 수익형 투자로 부자가 되길 응원한다.

43

나무를 보지 말고 숲을 봐라

엉뚱한 상상을 해보자. 우리나라 정부에서 내년부터 주택(아파트)을 모두 환수하고 다시 공평하게 나누어 준다고 한다. 각 세대당 1주택을 원하는 곳으로 배정해준다고 한다. 올 연말까지 희망 주택을 1순위부터 10순위까지 세대마다 원하는 아파트의 동호수를 작성하여 동 주민센터에 제출하라고 한다. 만약 나만 혼자 희망 주택을 지정했다면 단독으로 지정되나 신청자가 많으면 추첨하여 제공한다고 한다. 이런 말도 안 되는 상황은 절대로 가능할 리 없겠지만, 만약 현실화된다면 당신은 어느 주택을 1순위로 작성하겠는가?

당연히 강남의 고가 아파트를 희망 주택 1순위로 꼽지 않을까. 만약 지금 당신이 저가 주택에 살고 있다면 그 주택을 1~10순위 안에

써넣을 가능성은 얼마나 될까? 왜 우리가 모두 원하는 주택은 강남 지역의 고가 아파트일까?

그 이유는 지역의 지대가격 때문이다. 우리가 원하는 좋은 주택이나 아파트의 우선순위는 좋은 구조보다는 좋은 지역이다. 따라서 투자를 할 때는 주택이나 아파트가 어느 지역에 있는지가 가장 중요한 투자 포인트인 셈이다.

그런데 수익형 투자를 하기 위해 꼬마빌딩 또는 다세대, 다가구 건물을 고를 때는 이 원칙을 고려하지 않고 단순히 수익률이나 건물의 외관을 보고 결정하는 경우가 많다. 수익형 투자를 할 때도 어떤 지역에 건물이 있는지가 최우선이 되어야 하는데 단순히 수익률만 따져보고 투자하는 사례가 많아서 안타까울 따름이다.

일정 지역(도시)의 수익형 건물에 투자하는 경우, 단연 월세 수요가 많은 인기 구역이 있고, 인기가 없는 구역도 있게 마련이다. 인기가 없는 구역은 한번 공실이 생기면 쉽게 세입자를 구하기 어려워 공실 기간이 길어지고 부동산중개수수료를 많이 주지 않으면 공실을 메우기가 어렵다. 따라서 투자할 때는 인기 구역을 파악하는 것이 최우선 되어야 한다.

그런데도 보통 사람들이 투자하는 과정을 보면, 발품을 팔아 해당 도시의 건물 물건을 모두 조사한 후 가장 수익률이 좋은 건물이 최고라고 잘못 판단한다. 수익률은 구입가 대비 수익을 나타내는 수치다.

그래서 매매가가 낮아지면 당연히 수익률이 높아진다. 인기 지역의 건물들은 매매가가 비싸므로 수익률이 낮을 수밖에 없다.

투자 구역의 분석 없이 발품을 팔면 비인기 지역의 매물이 좋은 물건처럼 보인다. 따라서 수익형 투자를 할 때 맨 처음 해야 할 일은 인기 지역과 비인기 지역을 구분하는 것이다. 이것을 충분히 알고 발품을 팔아야 한다. 눈에 보이는 게 전부인 양 무작정 투자하는 것은 위험천만한 일이다.

나는 매주 수익형 투자 강의를 하고 있는데, 대다수의 수강생들이 강의 전에 자신들이 눈여겨본 수익형 투자 건물(다가구, 다세대)의 물건에 관해 문의한다. 투자하면 좋을지를 확인받고 싶어 하는 것이다. 하지만 나는 그 물건들이 좋은지 나쁜지를 강의 전에는 알려주지 않는다. 일단 강의를 듣고 나서 투자하는 방법을 배운 후에 그래도 궁금하면 문의하라고 한다. 그러면 수강생의 대부분은 좋은 투자처가 아님을 스스로 알고 더는 질문하지 않는다.

처음 투자를 할 때 놓치는 것들이 있는데, 그중 하나가 공실에 대한 리스크다. 공인중개사가 제시한 수익률만 보고 매달 수익금이 생길 거라고 착각해서는 안 된다. 만약 비인기 지역인 경우에는 공실이 2개만 생기더라도 수익률은 의미가 없어진다. 그런데 대다수 수강생은 비인기 지역의 매물인데도 수익률이 좋은 물건을 찾았다며 나에게 검토해달라고 문의하는 것이다. 진짜 좋은 물건은 쉽게 찾을 수 없고 우리 차례가 올 때까지 기다려주지 않는다. 구체적으로 알아보고 발품을 팔아야 한다. 만약 좋은 물건이 저렴한 가격에 나왔다면 투자 고수들이 먼저 그 가치를 알고 발 빠르게 구입했을 것이다.

그러니 수익형 투자자산을 공부하고 임장을 다니더라도 짧은 시간에 좋은 물건을 찾는 게 쉽지 않다는 것을 염두에 두어야 한다. 우리가 투자하고 후회하는 이유는 시장을 나름 조사하고 그중 상대적으로 좋은 물건을 찾는 방법 외에는 아는 게 없기 때문이다. 자신만의 절대적인 기준을 만들고 투자 물건을 조사한 다음에 좋은 물건이 나오기를 기다려야 한다. 기존 시장의 물건들은 안 팔린 재고 상품으로 간주해야 한다. 수익형 투자를 하는 구체적인 방법은 내가 쓴 책《중소기업 다니던 용수는 수익형 부동산으로 어떻게 월 7,000만원 벌게 됐을까?》에 자세하게 나와 있으니 참고하기 바란다.

수익형 투자 지역을 고르는 방법

우리나라의 인구가 서서히 감소하고 있다는 것은 누구나 아는 사실이다. 하지만 지역을 기준으로 보면, 인구가 증가하는 지역과 감소하는 지역이 있고, 그 차이는 나날이 뚜렷해지고 있다.

지금 인구가 증가하는 지역은 서울을 중심으로 한 수도권이다. 수도권 도시 중에서도 인구가 가파르게 상승하는 지역과 서서히 증가하는 지역으로 구분된다. 인구가 가파르게 증가하는 지역은 일자리가 많고, 특히 취업이 가능한 20~40대가 밀집되어 있다. 이런 젊은층은 정상적인 일자리를 얻어 경제활동을 하는 사람들이다. 어떤 도시든 경제활동을 하는 젊은층이 많이 유입되기를 바란다. 그래서 지자체에서는 이들이 원하는 일자리를 만들기 위해 노력하고 있다. 그래야 지역이 발전되기 때문이다.

혹자는 '내가 사는 도시의 인구가 서서히 감소하는데, 그렇다면 투자지역으로서는 좋지 않으니 다른 곳에 투자해야 하는 건가?'라고 생각할 수도 있을 것이다. 대도시 즉 광역시의 경우에 인구가 서서히 감소하더라도 일부 지역은 젊은 인구가 증가하는 구역도 있게 마련이다. 지역별로 인구 변화를 세세하게 파악하면 일부 지역에 젊은층(20~40대)이 증가하는 게 보일 것이다. 이런 틈새 구역을 찾아 투자하면 인구 감소 지역에서도 성공할 수 있을 것이다.

월세를 받아 수익을 창출하는 수익형 투자는 수요와 공급의 법칙에 따라 수요자가 생기고, 수요는 많은데 공급이 부족하면 월세가 증가하게 되어 있다. 오로지 수요와 공급을 분석하여 투자처를 고르는 것이 현명한 투자다.

정부의 정책과 경제 상황까지 고려하여 계산하고 투자해야 한다면 골머리가 아프다. 투자자 본인이 예측할 수 없는 투자이므로 어떻게 해야 할지 갈피를 잡을 수 없다. 반면에 수익형 투자는 부동산 정책과 금리 등의 영향을 비교적 적게 받는다.

앞으로 일자리를 위해 이사하고 이주하는 사람들이 많아질 것이다. 수익형 투자를 하는 사람은 그것을 빨리 간파하고 그들이 필요로 하는 자산을 구입해 그들에게 임대하여 수익을 만들어내면 된다. 그리고 일자리가 많은 지역은 수년 만에 바뀌지 않으니 안심하고 투자하길 바란다.

예를 들어, 지방 도시인 구미의 경우를 살펴보자. 내가 운영하는 블로그와 카페에 올라오는 질문을 보면 구미의 다세대, 다가구 건물과 관련한 투자 문의가 많다. 내가 봐도 너무 저렴하게 판매되고 있다. 왜 이렇게 낮은 가격으로 다가구, 다세대 건물이 판매되는 것일까?

구미시는 우리나라를 대표하는 전자회사 두 곳의 생산공장이 있어서 다가구, 다세대 원룸의 수요가 많은 지역이었다. 지금 이 두 회사가 공장을 철수하고 있다. 그러니 당연히 많은 수의 주택이 공실이 날 수밖에 없는 형편이다. 이런 상황이 되자 건물주들은 건물을 팔고 이 지역을 떠나고 싶을 것이다. 그러니 구입 가격보다 낮게 팔 수밖에 없어서 가격이 내려간 것이다. 수요과 공급을 모르고 무조건 싸다고 이곳에 투자하면 악성 자산을 떠안게 될 것이다. 투자를 할 때는 적어도 수요와 공급에 대해 간단한 이해가 필요하다.

44

다시 돌아온 하우스 푸어

몇 개월 전만 해도 영끌로 투자한 30대들의 이야기가 연일 뉴스 톱을 장식했다. 그때는 이들을 향해 하우스 푸어라고 언급하지 않았다. 이러한 현상은 30대만의 문제가 아니다. 아파트 가격이 치솟아서 영끌 안 하고 월급을 꼬박꼬박 모아서는 집을 살 수가 없다. 대출 없이 실입주할 아파트를 사는 것은 아마도 대한민국에서 불가능한 일이 되어버렸는지도 모르겠다.

더욱 심각한 문제는 실제 입주도 못 하고 전세를 끼고 사는 갭투자다. 갭투자는 대출이 없으니 상관없다고 생각할 수도 있지만, 나머지 잔금마저도 대출을 받아 투자한 이들도 많이 있으니 문제라는 말이다. 현금흐름이라고는 맞벌이로 버는 월급뿐인 사람들이 가능한 모든 대출을 받고 부족한 돈은 전세를 놓아가며 한 번도 실입주한 적 없는 집을 구입한 것이다. 그리고 구입한 집의 가격이 상승을 이어가니 돈 벌었다고 뿌듯해하며, 허리띠를 졸라매면서 생활비를 아끼고 나머지 돈은 모두 대출이자에 쏟아부으면서 살아간다.

그러나 지금은 하루가 다르게 물가가 오르고, 한두 달 사이에 금리도 큰 폭으로 오르고, 아파트 가격은 하락을 면치 못하고 있다. 갭투자를 노리고 집을 산 사람들의 현금흐름은 더욱더 어려워지고, 동시에 급락한 아파트 가격으로 심리적인 압박을 받으며 살아가고 있다. 그런데 뉴스에서 아파트 가격 하락으로 깡통 전세가 나온다고 하니 갭투자를 한 사람들은 발만 동동 구르면서 두려움에 떨고 있는 것이 사실이다. 이런 상황이다 보니 뉴스에서는 하우스 푸어라는 말이 심심치 않게 다시 나오고 있다.

나는 부동산 상승기였던 지난해에도 그들이 하우스 푸어로 보였다. 그때 내가 하우스 푸어를 언급하자 사람들이 나에게 "고리타분한 얘기 좀 그만해라" 하며 놀리거나, "네가 부동산을 알면 얼마나 아냐?"라며 핀잔을 주었다. 내 관점으로는 부동산 상승기의 그들은 '하우스 해피 푸어'였고, 지금은 '하우스 언해피 푸어'인 셈이다.

왜 사람들은 부동산 상승기에는 집을 못 사서 난리법석을 떨고, 부동산 하락기가 시작되면 언제 그랬냐는 듯이 부동산을 쳐다보지도 않을까? 나는 이제 비로소 부동산에 투자할 좋은 기회가 왔다고 생각한다. 물론 나는 차익을 실현하기 위해 투자하는 사람은 아니다. 금리 상승기가 시작되면 수익형 투자자산인 다가구, 다세대 등도 가격이 하락한 매물, 급매물도 나올 것이다. 그뿐만 아니라 경매로도 많은 물건이 몰려 낮은 가격으로 부동산을 취득할 수 있는 부동산 세일 기간이 도래할 것이다.

백화점이나 마트에서 세일을 하면 필요 이상으로 많은 물건을 사면서, 왜 부동산 하락기 즉 부동산 세일 기간에는 아무도 구입하지 않으려고 하는 걸까?

나는 백화점이나 마트에서 세일을 하더라도 필요 이상의 과소비를 하지 않는다. 필요치 않은 물건을 미리 사서 쌓아두는 것은 미래의 돈을 미리 당겨서 쓰는 행위와 다를 게 없다. 필요할 때마다 그때그때 구입하는 게 나로서는 좋은 소비다. 그러나 부동산 시장이 세일에 들어가면 이야기는 달라진다. 이때는 수익형 부동산도 일부 동반 하락하기에 투자하는 데 좋은 기회이고 가격을 흥정하기도 쉽다. 아무도 구입할 기미가 보이지 않는 상황이라면 구매자가 갑이기 때문이다.

수익형 자산을 보유한 투자자들은 이러한 부동산 하락기가 와도 대부분 수익형 자산을 그대로 보유한다. 굳이 매달 현금흐름이 발생하는 자산을 하락기에 팔아치울 이유가 없기 때문이다. 월세를 받다 보면 다시 좋은 날이 올 거라고 믿고 시간을 보내면 된다. 그리고 맑고 화창한 날은 반드시 온다.

그런데 왜 어떤 이들은 이 알토란 같은 수익형 자산을 파는 것일까? 수익형 자산을 건전하게 유지하지 못한 이들이 부동산 세일 기간에 울며 겨자 먹기로 매도하는 것이다.

수익형 자산인 다가구, 다세대는 한번 투자해놓으면 월세 수익을 얻을 수 있다. 그리고 일부 호실을 전세로 전환하면 1~2억을 손에 넣는 게 너무나 쉽다. 지금처럼 주택담보대출이 안 되는 시기에 수익형 자산을 소유한 투자자들은 1~2억의 자산을 쉽게 전세로 만들 수 있다. 그런데 이 돈으로 다른 투자처에 투자하여 현금흐름에 역행하는 실수를 많이 한다. 실수라기보다는 부동산 가격이 오르는 시기에 부동산에 투자하고 싶은 욕심은 누구에게나 있으니까 말이다. 이렇게 현금흐름이 낮아진 수익형 부동산 투자자들은 금리가 오르면 더는 수익이 나지 않거나 100만 원도 안 되는 수익으로 전전긍긍하며 살아간다. 그런데 앞으로도 금리가 더 오를 수도 있다는 소식을 듣고 알토란 같았던 수익형 자산을 어쩔 수 없이 매도하는 것이다.

나는 수익형 투자만을 20년간 해오면서 이러한 유혹을 많이 느껴보았기에 그들의 심정을 잘 알고 있다. 내가 투자를 시작한 시점부터 지금까지 여러 번의 부동산 상승기와 하락기를 맞이했다. 그런데도 20년 전이나 지금이나 지속하여 수익형 투자만을 한다. 가끔 유혹을 느끼지만 아직까지는 흔들리지 않고 앞만 보고 가고 있다. 20년간의 일관된 투자에 보답하듯 수익형 자산에서 매달 7,000만 원의 현금흐름을 안겨주고 있다.

수익형 투자만 고집하는 나를 지켜본 지인들은 이제는 차익형 투자도 일부 해보라고 권면하기도 한다. 여유자금으로 조금씩 투자하는 것은 나쁘지 않은 선택지일 수도 있다. 하지만 내가 쓴 책을 보고 부자를 꿈꾸는 모든 이들을 위해 앞으로도 차익형 투자는 하지 않을 것이다. 솔직히 차익형 투자를 하고 싶은 마음이 들지 않는다. 자산을 늘려나가는 것은 이제 내가 추구하는 목표가 아니기 때문이다. 나의 목표는 내가 일하지 않아도 나의 돈이 일하게 하는 것이다. 그것이 즐거움이고 보람이다.

하우스 푸어는 부동산 상승기나 하락기나 할 것 없이 모두 하우스 푸어다. 투자를 할 때 명심해야 할 것이 있다. 투자하는 순간 수익이 나오는 데에 투자해야 한다. 우리가 실거주하는 집은 절대로 투자 대상이 될 수 없다. 내가 거주하는 주택 말고 수익을 내기 위한 투자를 할 거라면 매달 현금흐름이 나올 수 있는 데에 투자해야 한다. 그것만이 진정한 부자의 자산이다. 앞으로 다시 부동산 상승기가 오더라도 이 점을 꼭 기억하길 바란다.

45

투자하는 순간
수익이 들어오는 것에 올인하라

20년 전 읽었던 로버트 기요사키의 《부자 아빠 가난한 아빠》는 지금도 베스트셀러이다. 많은 이들이 이 책을 읽고 여러 분야에서 재테크 전문가들이 되었다. 구독자가 많은 부동산 유튜버들은 수많은 재테크 책이나 성공학 관련 책을 탐독했지만, 특히 이 책에서 영감을 얻어 부자가 되는 꿈을 꾸고 열심히 노력하여 부자가 되었다고 털어놓았다.

내 주변에도 《부자 아빠 가난한 아빠》를 읽은 사람들이 많다. 그런데 왜 이 좋은 책을 읽고도 부자가 되는 길을 선택하지 않아서 매달 돈에 쪼들려서 사는지 이해할 수가 없다. 몰라서 못 하는 것과 아는데도 실천하지 않는 것은 다르다. 공부하지 않고 실천하지 않으면 절대로 부자가 될 수 없다. 물론 배운 대로 실천했는데 잘되지 않는 경우도 있다. 그럴 때는 낙심하기 전에 무엇을 잘못했는지 분석해보면 답이 나온다.

로버트 기요사키는 《부자 아빠 가난한 아빠》에서 내 주머니에 돈이 들어오게 하는 것은 '자산'이고, 내 주머니에서 돈이 빠져나가게 하는 것은 '부채'라고 했다. 나는 이 책을 읽은 후 '투자하는 순간부터 수익이 나오는 것에 투자한다.'라는 원칙을 세웠고, 그의 가르침대로 수익형 투자를 선택했다. 지금도 그 원칙을 지키며 투자하고 있다. 내 인생의 투자원칙인 셈이다.

하지만 많은 이들은 이 책을 읽고 머릿속에 차익형 투자를 떠올려서 부자가 되고 계속 그 투자방식을 고수하고 있으며, 강의나 유튜브 방송을 하고 있다. 같은 책을 읽고 투자했는데 나는 수익형 투자를 하고, 그들은 차익형 투자를 하고 있는 셈이다. 무슨 투자를 했든 부자가 되었다면 좋은 것이긴 하다.

만약 내가 젊은 나이에 종잣돈을 마련해 토지(땅)에 투자했다면 언제 그 이익이 실현됐을까? 그 당시 직장에 다니며 생활하기에도 빠듯한 월급으로는 많은 종잣돈을 마련하지 못했을 것이다. 그러니 대출을 받아 무리해서 땅을 샀을 것이다. 상상만 해도 끔찍하다. 그 땅이 20여 년이 지난 지금까지도 오르지 않고 있다면 말이다. 다행히 그때 산 땅이 10년 후에 가격이 10억 원 폭등했다고 치자. 나는 그야말로 행운의 사나이였을 것이다. 주변 사람들 앞에서 어깨에 힘 주며 땅 투자를 해야 부자가 될 수 있다고 너스레를 떨었을지도 모른다. 하지만 수익금으로 또 땅을 사고 다시 오르기를 기다리는 신세에서 벗어나지 못했을 것이다.

나는 돈이 일하는 방법을 일찍 이해하고 나와 함께 돈이 일하는 느린 부자의 길을 선택했다. 이것을 천만다행으로 알고 감사하는 마음으로 살고 있다. 나는 수익형 투자로 점차적으로 자산이 늘어났고 40살에 나의 근로소득보다 많은 돈을 벌어들이기 시작했다. 그 이후 47살이 될 때까지 나의 돈이 일해서 벌어들이는 것보다 더 많은 근로소득을 얻어본 적이 없다. 심지어 지금은 회사 대표이사로 많은 월급이 나오고 거기에 강연 수입까지 더한다면 매달 수천만 원을 근로소득으로 벌고 있다. 그런데도 나의 자산에서 나오는 소득은 내가 온종일 일해도 추월할 수 없을 정도로 많아졌고 지금도 계속 증가하고 있다. 앞으로 남은 여생 동안 나의 자산에서 나오는 소득을 추월할 만큼의 근로소득을 받는 일은 없을 듯하다.

나의 자산은 내가 잠을 자든, 휴가를 떠나든 쉬지 않고 계속 많은 현금흐름을 만들어 내고 있다. 여러분도 인공지능처럼 일하는 자산을 만들고 싶지 않은가? 그 시작은 투자하는 순간 수익이 들어오는 것에 투자하는 것이다.

내 재산 중 사는 집, 고급 자동차, 운영하는 제조업 회사는 자산 항목에 넣지 않는다. 사는 집은 내가 살고 있는 한 매달 수익을 안겨주지 않는다. 수익은 고사하고 지출만 하고 있다. 내가 타는 고급 자동차도 마찬가지다. 매주 기름을 넣어줘야 하고 자동차세, 보험료 등을 납부하니 지출만 늘어난다. 내가 운영하는 제조업 회사는 부동산 가치로만 따져도 50~60억 원은 되지만 나의 자산 항목에 이 회사의 어떤 것도 포함하지 않고 있다. 내가 설립했고 아끼는 회사이지만 언젠가 망할 수도 있기 때문이다. 오히려 나는 이 회사의 재정 상태가 악화되어 나의 다른 자산에 영향을 줄까 봐 분리하는 데 더욱 신경을 쓰고 있다. 그렇다고 이 기업을 고의로 부도를 내려는 것은 아니지만 말이다. 어느 순간 나는 이 기업을 매각하든 우수한 직원에게 물려주고 싶다. 나는 더 이상 제조업으로 부자가 되는 사업가의 길을 가고 싶지 않다. 내가 일하지 않아도 되는 사업을 하면서 편하게 살기를 원한다.

부자가 되는 아주 간단한 법칙

매달 나의 순자산이 증가하면 부자가 될 수 있다. 증가하는 금액은 의미가 없다. 매달 살아가면서 전달보다 더 많은 돈이 들어오면 부자가 될 수 있다.

나는 매달 말일에 아직도 자산평가서를 쓰고 있다. 자산평가서의 순자산액이 매월 증가하게 만드는 것은 쉬운 일처럼 보이지만 매우 어렵다. 예를 들면, 나는 매달 자산에서 나오는 소득이 7,000만 원 정도 된다. 한편으로는 많은 돈을 지출하기도 한다. 보통 사람들과 비교해보면 많은 돈을 지출하지만, 수익 7,000만 원에 비하면 아주 적은 돈을 지출하고 있다. 최소 매달 5,000만 원 이상은 증가한다. 내가 근로 또는 강의로 벌어들이는 소득을 합하면 순자산의 증가는 매월 7,000만 원 이상이다.

그런데 순자산이 감소할 때가 가끔 있다. 7,000만 원 이하의 자동차를 현금으로 구입해도 순자산액이 감소하지 않을 정도이기는 하지만, 몇 년에 한 번은 순자산이 감소한다. 그때는 수익형 자산을 추가로 취득하는 경우인데, 이때 취등록세 같은 세금을 많이 납부하기 때문이다. 지난달에도 1억 3,000만 원의 취등록세를 납부하는 바람에 순자산액이 감소했다. 이렇게 나의 자산평가서의 순자산액이 감소한다. 세금은 그냥 지출이기 때문이다. 만약 내가 취등록세를 7,000만 원 이하로 내는 자산을 구입했다면 순자산액은 감소하지 않았을 것이다.

대다수 사람들의 순자산은 들쑥날쑥하면서 우상향하고 있다. 지속적으로 순자산액이 증가하는 사람이라면 그는 지출보다 수입이 몇 배 많은 사람인 것이다.

여러분이 투자를 해나갈 때 반드시 차익형 투자의 유혹에 빠질 수 있다. 이제부터라도 단단히 마음을 고쳐먹고 차익형 투자자산을 수익형 자산으로 하나씩 전환해나가야 한다. 그렇게 해서 건전한 수익이 나오는 파이프라인을 만들기 바란다. 차익형 투자 유혹에 흔들릴 때는 크게 소리쳐야 한다.

"나는 앞으로 투자하는 순간 수익이 들어오는 것에만 투자한다. 이것이 부자가 되는 지름길이다."

46

총자산 증가는 신기루다

강의를 할 때 수강생들에게 부자의 기준 또는 어느 정도의 목표를 정했는지를 물어본다. 내 유튜브 영상을 보았거나 내가 쓴 책을 읽고 공부한 수강생은 자산액을 말하지 않고 매월 현금흐름으로 답변을 한다. 이럴 때 많은 보람을 느낀다. 하지만 대다수의 사람들은 부자의 목표를 자산액으로 생각하는 경향이 있다. 자산 10억 또는 50억, 100억 등 각자의 나이와 처한 경제 상황에 맞춰서 목표를 정한다.

내가 사는 평택에는 땅값이 많이 올라서 오랜 세월 농사를 하신 어르신들의 경우 자산 즉 부동산의 가격만 봐도 50억, 100억이 넘는 자산을 보유하신 분들이 많다. 이런 어르신들은 여전히 그 금싸라기 같은 땅에서 농사를 지으면서 살아가신다. 물론 아무 일도 하지 않고 돈을 쓰기보다는 소일거리로 농사를 지으면서 살아가시는 게 정신적, 육체적으로도 좋을 것이다. 하지만 한평생을 검소하게 절약하며 살아오셨는데 땅값이 그렇게 올랐는데도 쇠고기 한 근을 본인을 위해 사 드시지 않는다. 이런 어르신들은 농작물을 수확하면 나에게 조금이라도 나누어주시곤 한다.

"어르신, 힘들게 농사를 지으셨는데 저를 주시면 어떻게 해요?"라고 말씀드리면, 농사가 잘돼서 혼자 다 못 먹는다고 하신다. 주말에 자식들이 오면 손주 녀석들하고 함께 먹으라고 차에 한가득 실어 보내주고 싶은데 다들 바쁘게 살다 보니 내려오기가 쉽지 않다고 하신다.

어르신께 "자식들이 자주 안 와서 속상하시죠?"라고 여쭈었더니, 한 시간가량을 나에게 하소연을 늘어놓으셨다. 그분은 50억이 넘는 자산(땅)을 보유하신 부자인데, 왜 자식들이 외면하고 찾아오지 않을까?

"어르신, 제가 자식과 손주들이 자주 오게 하는 방법을 알려드릴까요?"

이렇게 말씀드렸더니 어르신은 귀를 기울이며 흥미롭게 내 말을 들으려고 하셨다.

"어르신, 아들한테 전화해서 소유한 땅의 일부를 팔았다고 하세요. 그리고 그 돈으로 자동차도 사고, 오래된 집수리도 하고, 남은 돈은 생활비로 쓸 계획이라고 말씀하세요."

어르신은 "그러면 정말 자주 올까?" 하시며 반신반의하셨다.

"그럼요. 아무리 바빠도 이번 주말에는 자식들이 다 올 거예요. 그리고 어르신은 올 때마다 며느리와 손주들에게 용돈을 주세요. 그럼 한 달에 두 번은 올 겁니다. 아마도 며느리가 어르신 좋아하시는 반찬도 만들어 올 거 같은데요."

내가 이렇게 이야기하자 어르신은 깊이 공감하셨는지 연신 고개를 끄덕이셨다.

매달 현금흐름이 부자의 길이다

많은 경제연구소에서는 은퇴자금에 관한 연구를 하고 있다. 보통 현금 3억, 5억, 8억 등 서로 다른 의견을 내고, 각자 타당한 이유 또한 그럴싸하게 발표하고 있다.

은퇴자금 계획도 2가지가 있어야 가능하다. 첫째는 은퇴자금(돈)이고, 둘째는 생존 가능한 기간이다. 한 치 앞도 모르고 사는 우리가 언제 죽을지 예측할 수 있을까? 만약 생존 가능한 시기를 90세로 잡았다면 그 이상 살거나, 89세에도 건강한 상태라면 1년 남지 않은 기간을 생활비로 살아가야 하는 것이다.

오 헨리(O Henry)의 단편소설 〈마지막 잎새〉는 누구나 한 번쯤 읽어보았을 것이다. 주인공 존시는 담쟁이 덩굴의 마지막 잎새가 떨어지면 자신도 죽는다고 생각한다. 이런 존시를 살리기 위해 노화가 베어먼은 밤새 거센 비바람을 맞으며 명작을 남기고 죽어간다. 나는 이

소설을 읽으면서 마지막 잎새를 은퇴자금으로 생각해보았다. 만약 은퇴자금의 잔액이 줄어드는 것을 보고 살아간다면 얼마나 무서운 일인가. 두려움에 사로잡혀 과연 그 돈을 쓸 수 있을까?

경제연구소에서 발표하는 은퇴자금은 이렇게 무서운 돈이다. 언젠가 우리에게 다가올 일이고, 앞으로는 오래 산다는 것이 축복이 아닌 재앙이 될 수도 있다.

우리는 하루라도 빨리 근로소득을 모아서 매달 나오는 자산소득을 만들어내야 한다. 내가 일하지 않아도 자산에서 돈이 나오게 해야 은퇴를 해도 경제적 자유를 누릴 수 있다.

우리나라에서 직장인을 상대로 연금 저축, 퇴직연금 IRP 등에 가입하면 연말정산 소득공제를 해주는 이유는 우리의 노후를 걱정해서가 아니다. 우리가 은퇴하고 가난하게 살면 사회문제가 되고 국가가 일부 책임져야 하므로 절세 혜택을 주면서까지 가입을 유도하고 홍보하는 것이다.

부자가 된다는 것은 자산에서 나오는 소득이 급여를 넘어서는 것을 의미한다. 이렇게 되면 우리의 노후 플랜 미션은 완성된 것이다. 국민연금, 공무원연금, 개인연금 등을 믿고 살아간다면 가난하게 살아갈 것을 선택한 것이나 다름없다.

젊은 날에 열심히 일하고 노후에 사랑하는 아내와 즐겁게 여생을 보내고 싶지 않은 사람이 어디 있겠는가. 우리가 꿈꾸는 노후는 근근이 텃밭에 채소를 키우고, TV 앞에서 시간을 보내고, 가끔 등산이나 하는 게 아닐 것이다. 1년에 한두 번은 해외여행을 가고, 한 달에 한두 번은 골프를 치고, 저녁은 아내가 번거롭지 않게 외식을 하며 지내고 싶을 것이다. 이렇게 살고 싶다면 나의 자산이 일하는 시스템을 만들어야 한다. 가끔 나의 돈이 일을 잘하는지 확인만 하면 된다. 이것은 늙어서도 얼마든지 할 수 있는 일이다.

지금도 늦지 않았다. 우리의 부자 되는 목표는 자산의 총량이 아니라 자산에서 나오는 현금흐름을 기준으로 잡아야 한다. 이렇게 목표를 잡고 나만의 마스터플랜 즉 계획을 만들다 보면 자연스럽게 자산의 포트폴리오가 수익형 자산으로 변화할 것이다. 여러분이 부자의 기준을 바꾸면 안정적이고 행복한 노후가 만들어질 것이다. 현금흐름을 이용하여 노후를 살아가다 그 현금의 파이프라인과 자산 시스템을 나의 사랑하는 자녀에게 양도(상속)하고 죽으면 되는 것이다. 우리의 사랑스러운 자녀들은 부모가 은퇴자금(자산)을 모두 사용하고 죽기를 원하지 않을지도 모른다.

47

군사 훈련처럼
자산을 매년 트레이닝하라

여성들이 회식 자리에서 가장 재미없어 하는 대화거리는 단연코 남자들의 군대 이야기라고 한다. 그리고 두 번째로 싫어하는 대화거리는 축구 이야기라고 한다. 요즘은 축구를 좋아하는 여성들도 많지만 말이다. 우스갯소리로 술자리에서 여자들이 안 가고 안주만 축내고 있으면 군대 또는 축구 이야기를 하면 따분해서 집에 간다고 한다. 그래도 여성들이 안 가면 군대에서 축구한 이야기를 하면 곧바로 자리에서 일어난다는 근거 없는 이야기가 있다. 웃자고 하는 말이겠지만.

여성들이 재미없어 한다는 군대 이야기를 하나 해볼까 한다. 군대에 가면 수많은 훈련을 한다. 군대생활은 훈련의 반복이다. 왜 군인들은 훈련을 반복해서 하는 것일까? 한 번도 해보지 않은 전쟁을 미리 대비하여 준비하는 것이 훈련이다. 위기 상황을 만들어 놓고 대결하거나, 가상의 적과 실전처럼 싸우는 훈련도 하고 있다. 군사 훈련을 할 때 병사들은 온종일 힘들게 행군하고, 참호를 파고, 유격 훈련을 하는 등 몸으로 미션을 수행하는 데 반해 영관급 장교들은 작전본부에서 적의 병력과 우리의 병력을 비교해가며 전쟁 시뮬레이션을 한다. 완전 스타크레프트 게임과 같이 병력과 화력 등을 기반으로 실전처럼 전략과 전술을 세운다. 그런 과정에서 부족한 부분에 군사력을 집중하기 위해 국방비 예산을 신청하여 보강하는 작업을 수십 년간 해왔을 것이다. 그래서 지금 우리나라의 군사력은 세계 10위권에 들어가는 강한 나라가 된 것이다.

나는 매년 나의 재정 상태를 보강하기 위해 군사 훈련 같은 일을 하고 있다. 매년 11월에 이 훈련을 시작하는데, 수년간 훈련을 해 와서 이제는 몇 시간 만에 끝난다. 이 훈련은 나의 재정 상태가 건전한지 아니면 허약한지를 평가하는 것이다. 한마디로 나의 현재 재정 상태로 과연 위기를 극복할 수 있는지 평가하는 훈련이다.

일단 우리나라의 역대 위기 상황을 살펴보면, 1997년 IMF 외환위기, 2008년 금융위기, 2017년 서브프라임모기지 사태, 2021년 코로나 팬데믹 등을 꼽을 수 있다. 더 이전에 6.25 전쟁이나 오일쇼크도 있었지만, 최근 위기 상황만 열거한 것이다. 1997년 외환위기 때 많은 국민이 직장을 잃고 달러 가격이 치솟고 금리가 하늘 높은 줄 모르고 올라갔다. 이때 많은 자영업자와 기업들이 줄도산을 했다. 6.25 전쟁 이후 최대의 위기였다. 나는 이때 직장인이어서 당시 상황을 잘 알고 있다. 다행히도 젊은 나이에 빚도 없고 집도 없었으니 개인적인 손해를 보거나 위기를 겪지는 않았다.

우리나라의 위기 상황에서 어떤 일이 있었는지 알아보자.
일단, 기준 금리를 살펴보면 다음과 같다.

1997년 외환위기: 최대 25.33%
2008년 금융위기: 최대 5.25%
현재(2022.8): 2.25%

저금리를 지속하는 상황에서 보면 지금의 기준 금리는 2.25%로 살인적인 금리로 보이지만, 예전 위기 상황과 비교하면 정도가 심하지 않다. 만약 기준 금리가 최대 5%대로 상승한다면 금융위기 때 상황과 비슷한 수준이 된다. 기준 금리가 5%대가 되면 우리의 대표적인 주택담보대출은 7%대일 것이다. 그러면 우리 가정의 경제 상황은 안전하지 않을 것이다. 만약 외환위기 때와 같이 금리가 20%대 이상의 상황이 지속된다면 과연 얼마나 생존할 수 있을지 미리 따져보아야 할 것이다.

하지만 다행히도 급속도로 금리가 상승하고 나면 다시 급속도로 하락한다. 그러나 이러한 상황에서도 우리의 현금흐름으로 생존할 수 있는지 반드시 검토해봐야 한다.

위기 상황 때의 실업률을 알아보자.

1997년 외환위기: −10%
2008년 금융위기: −8.4%
현재(2022.8): −1% 또는 −2%(전망에 따라 상이함)

실업률이 높아지면 나의 수익형 자산의 임대료는 줄어들 것이다. 정확한 근거는 없지만 나만의 기준으로 −10%의 실업률이면 30%가량이 임대료를 미납할 것으로 예상하여 계산해본다. 보수적으로 잡는 게 안전하므로 나는 1997년 외환위기 때와 같은 실업률이 예상되면 나의 자산의 임대료 즉 현금흐름은 일시적으로 30% 하락한다고 기준을 잡는다.

위기 상황 때의 회복 기간을 알아보자.

1997년 외환위기: 2년(IMF 채무청산)
2008년 금융위기: 18개월
현재(2022.8): ?

외환위기와 금융위기의 3가지 자료(기준 금리, 실업률, 회복 기간)를 기준으로 나만의 전쟁 시나리오를 만들고 나의 재정 상태가 안전한지 위험한지를 분석해보는 것이다. 나는 이와 같은 훈련을 매년 11월에 하고 있다. 부자들은 자산을 지속적으로 키워나가는 것보다 자산을 지켜나가는 것에 더욱 중점을 두고 있다.

나는 매월 자산을 분석하는 자산평가서를 쓰고 있으며, 매년 주기적으로 정기적인 훈련을 통해 나의 자산의 건전성을 평가하고 있다. 이러한 자산평가서 작성과 정기적인 훈련은 나의 자산을 건강하게 하는 예방 백신인 셈이다.

만약 정기적 훈련을 통해 나의 자산이 위험한 상태에 있다고 판단하면 어떠한 투자도 하지 않고 건전한 상태로 유지될 때까지 투자를 멈추고 부채 비율을 낮추는 데 총력을 기울인다. 이러한 시기에는 아무리 좋은 자산을 소개해준다고 해도 절대 구입하지 않고 자산 안전화에만 힘쓴다.

사실 IMF 외환위기와 같은 상황이 불어닥치지는 않겠지만, 남북평화회담을 한다고 우리 국군이 훈련을 소홀히 하지 않는 것처럼 나역시도 그렇게 하려고 노력하고 있다. 나의 소중한 자산을 지키는 것이 나의 최고의 목표이기 때문이다. 우리 가족의 행복한 미래를 위해서 말이다.

많은 자산을 가지고 있는 부자들은 넘쳐난다. 하지만 외환위기, 금융위기가 닥치면 다시 가난해질 사람들 또한 많은 것이다. 그래서 다시 돈은 돌고 돈다. 앞으로 경제는 위기와 안정을 되풀이할 것이다. 그 간격은 아무도 예측할 수 없다. 누가 코로나바이러스 하나로 전 세계가 위기 상황에 직면하고 2년 넘게 마스크를 쓰고 다닐 줄 상상이나 했겠는가. 아무리 자산이 많아도 자신만만해하지 말고 나의 소중한 자산을 지키려면 매년 정기적인 훈련을 통해 대비해야 한다. 그렇지 않으면 내가 가진 부는 위기 상황을 대비한 사람에게 넘어가고 말 것이다.